RENAISSANCE OF CHINESE CIVILIZATION

中国文化产业实战经验**鉴典**

Sharing of
Chinese Cultural Industry
in Practical Experience

张普然 著

复兴文明

XI'AN REVIVAL OF
CHINESE CIVILIZATION
CULTURAL TOURISM GROUP CO.LTD

陕西师范大学出版总社

图书代号　SK19N0385

图书在版编目（CIP）数据

复兴文明：中国文化产业实战经验鉴典／张普然著．—西安：陕西师范大学出版总社有限公司，2019.4

ISBN 978-7-5695-0377-7

Ⅰ.①复…　Ⅱ.①张…　Ⅲ.①文化产业—产业发展—研究—中国　Ⅳ.①G124

中国版本图书馆 CIP 数据核字（2018）第 252561 号

复兴文明：中国文化产业实战经验鉴典

Fuxing Wenming: Zhongguo Wenhua Chanye Shizhan Jingyan Jiandian

张普然　著

出 版 人　刘东风
责任编辑　徐小亮
责任校对　刘　定
封面设计　西安复兴文明文化旅游（集团）有限公司
出版发行　陕西师范大学出版总社
　　　　　（西安市长安南路 199 号　邮编 710062）
网　　址　http://www.snupg.com
印　　刷　陕西思维印务有限公司
开　　本　787mm×1092mm　1/16
印　　张　31.5
插　　页　2
字　　数　380 千
版　　次　2019 年 4 月第 1 版
印　　次　2019 年 4 月第 1 次印刷
书　　号　ISBN 978-7-5695-0377-7
定　　价　168.00 元

读者购书、书店添货或发现印刷装订问题，影响阅读，请与营销部联系、调换。
电话：（029）85307864　传真：（029）85303879

本书顾问委员会

总 顾 问：郭立宏

顾　　问：耿国华　吴振磊　张宇轩　侯　斌

本书编辑委员会

总 策 划：周明全　代紫暄

策　　划：耿国华　刘　会　张立勇　李　康　周蓬勃　陈建淅
赵　雪　蔡永威　童兰芝　张　咪　王天然　朱铭莹

品牌运营：张　欣

设　　计：蔡永威　孙杰

插　　图：赵浩彤

文　　字：朱铭莹

音　　频：朱铭莹　赵　沛　任秀霞

英文翻译：赫晓静

要系统梳理传统文化资源，
让收藏在禁宫里的文物、
陈列在广阔大地上的遗产、
书写在古籍里的文字都活起来！

——习近平

扫码听书

图书简介 Book Introduction

中华文明坐拥上下五千年的文化资源，面对当今世界经济的变革浪潮以及如火如荼的全球文化娱乐市场，中国文化产业从事者该如何将中华文化的优质资源转化为国内外广大消费者喜闻乐见的文化产品，讲好中国故事，促进中国文化产业的兴盛繁荣，进而推动中华民族的复兴伟业？

上述严肃问题的答案，就在《复兴文明——中国文化产业实战经验鉴典》这本书中。

本书作者张普然先生是一位从事历史文化产业十余年的资深专业人士，业内著名的“智造者”。他的这部新作就是立足于自己的丰富实践经验，专门讲述中国文化产业及文明复兴的发展模型。

作者明确主张：当以“在创新中传承”为核心，秉承“借船出海”和“造船出海”的双轮驱动思路，把握“资源驱动型、政策驱动型、市场驱动型”三种引导路径，遵循“历史成为资源—文化带动产业—科技提升服务—旅游复兴文明”的四步文明复兴模式，善用“谋（顶层战略）—术（战术方法）—孵（孕育项目）—策（把握政策）—形（产品形态）”的文化产业项目五行理论，熟悉文化产业的六大体系，吃透文化企业的五层界别，领悟文化 IP 和“水性哲学”的妙谛，从而做好文化产业项目，做大做强文化企业，繁荣中国的文化产业架构。

本书结构简明完整，内容不蔓不枝，每个部分既有精辟的阐述，又辅之以具体的国内外成功及失败的实例说明，堪称一部中国大力发展文化产业的攻略性实战宝典。

张普然传记

Zhang Puran Biography

2015年11月24日，中国首部大型编年体史诗动画纪录片《帝陵》在央视10套《探索·发现》全球首映，此片一经播出，引发国人对大汉文明的浓厚兴趣，全新的表现手法让业界同行哗然，耳目一新的表现形式，标志着一种全新的影视载体类型的诞生。同时作品从创意构架之初就以文化产业模式打造，通过纪录片切入，构架出一条完整的汉文化产业链。本作品在内容故事、表现手段、运作模式都有独特首创。

这部纪录片形式新颖，通过手工制作泥塑角色模型和微缩场景模型，结合中国传统壁画的表现风格，通过自主研发的专利技术“数字多空间要素定点跟踪融合匹配”拍摄模式，集泥塑动画、壁画动画、地图动画、三维动画和数字实景拍摄为一体的融合新技术，为影视纪录片模式创新揭开了新的一页。

业界认为，《帝陵》意义重大，为中国历史文化创新与传承，找到了从文化资源到文化产业转化的“金钥匙”，为中国从文化资源大国向文化产业强国迈出了坚实的一步。

说《帝陵》在中国纪录片界是一个新的突破，树立了一个新的标杆一点都不为过，那么有谁知道作品的背后，为此片的研发成功，有一个人历时五年奔走万里，带着400多人的团队，融资千万元，他辛勤、努力、耕耘、积累了十多年得此成果，这个人把复兴华夏文明当作自己的使命，把不可能变成了可能，被业界誉为“历史文化的传承者，文化产业的智造者”，这个人就是《帝陵》的总策划、总导演——张普然。

张普然老师现任中国复兴文明文化产业（集团）有限公司董事长，西安复兴文明文化旅游（集团）有限公司董事长，甘肃复兴文明骆驼城文化产业有限公司董事长，辽宁复兴文明文化旅游开发有限公司董事长，国家发改委文化遗产数字化国家地方联合工程研究中心副主任，中国人民大学特聘教授，西北大学历史文化产业研究院副院长，美国国际文化科学院院士，中国文明促进会会长，中国文明文化产业研究院院长，中国文化软实力研究会副秘书长，中国武则天研究会研究员，CCTV-10《探索·发现》大型编年体史诗动画纪录片《帝陵》总导演总策划，中央财政部、文化部专项项目大型光影全息展演《丝路花雨》总策划总导演，大型新媒体创意展演国际纪录片《丝路大遗址》总制片总策划总导演等。

张普然老师多年参与国家各部委、省市厅局相关部门的多项重大项目，并担任负责人，是国家科技部科技支撑计划“文化资源数字化关键技术及应用示范”项目、“研究城市文化资源数字化展示技术研发”项目、“城市数字文化资源及应用示范建设”项目 、“地区文化资源数字化应用示范”项目、“西安文化资源数字化与旅游电子商务协同服务平台”项目、陕西省科技厅科技统筹创新工程“数字内容版权保护、集成、存储、分发及传输技术研发应用与新业态发展——微时间”项目、国家科技支撑计划“盛唐文化全息虚拟成像协同实景展示系统技术集成及应用”项目、新闻出版总署“原动力”中国原创动画出版扶持计划项目 、甘肃省科技厅重大专项“复现大遗址”项目、西安市科技计划“实景物体 + 真人演员 + 数字三维三度空间要素数字定点跟踪匹配融汇技术在新数字影视传媒产业化应用”项目、国家旅游总局“数字新媒体智慧旅游服务平台”项目、文化部创新工程“数字色彩标准化研究”项目、陕西省科技厅“大型全景唐墓壁画数字化技术研发及应用”项目、中央文化产业发展专项资金“《丝路花雨》实景与数字空间扩展演艺系统及应用示范”、科技部科技支撑计划项目“丝绸之路特色文化旅游移动服务技术研发与应用示范”、中央文化产业发展专项资金项目（“互联网 + 中华文明”部分）“面向 11 座西汉帝陵及陵邑数字展示与文物旅游服务示范”、国家重点研发计划“现代服务业共性关键技术研发及应用示范”项目“民族民间文化资源传承与开发利用技术集成与应用示范”、陕西省科技厅重点研发计划项目“丝绸之路大型史诗全息数字展演实景与数字空间扩展演艺系统及应用示范”等众多项目的负责人与重要主持人之一。

早在 2003 年，张普然老师就被评为美国 AVID 国际影视动画顶级认证师，2005 年独立创作的上古文明作品《逐鹿定华夏》荣获美国迪士尼国际原创动画奖和中国动画最高奖金龙奖，同年国家公派出国领奖并进行文化产业访问交流。作品《独角戏》《树的记忆》《唐太宗》《抚仙湖》等影视作品均获国内外电影节大奖，由其总策划和总导演的大型编年体史诗动画纪录片《帝陵》荣获 2013 年第二届中国西部（国际）电影节最佳动画奖，入选 2013 年第三届中国纪录片学院奖音乐音响奖单元、2013 年新闻出版总署“原动力”中国原创动漫出版扶持计划项目（陕西省仅此一项入选），荣获 2015 年中共陕西省委宣传部重大文化精品工程奖、2015 年中共西安市委宣传部年度优秀文艺作品奖，荣获 2016 年国家新闻出版广电总局推荐第一批优秀国产纪录片，荣获 2016 年四川金熊猫国际纪录片节国际节目。2016 年荣获美国国际文化科学院突出贡献奖，荣获澳洲国家画院最高新媒体艺术贡献奖，作品《国脉——汉文明探源工程》荣获美国纽约出版社文化产业类畅销书奖，荣获美国纽约出版社最具影响力行业类图书。

张普然老师作为文化产业总策划和总规划师，帮助国内众多国家级 5A/4A 旅游景区运筹帷幄，构架顶层商业模式和运营体系，为汉长安城丝绸之路博览园、河南省登封市天地之中文化园、安徽蒙城幸福文化产业集群地、安徽蒙城龙泉寺——东方那烂陀策划项目、安徽老集村民俗体验项目策划、辽宁省北票市中华文明园项目、辽宁省开原市全域文化旅游总体策划项目、辽宁省朝阳市全域文化旅游总体策划项目、黄河部落民俗文化园、平凉仙侠民俗园、张掖焉支山民族融合园、北凉故都骆驼城遗址、芒砀山汉文化旅游区、中国工农红军西路军纪念馆、边塞重镇峡口古城、周文明主题公园、函谷关道文化主题景区、鸿门宴历史文化主题景区、马蹄寺文化旅游景区、裕固族风情园走廊景区、玉水园旅游景区、大佛寺旅游景区等近百个文化旅游项目，付出了文化产业文明复兴的智慧。

其中河南省登封市世界文化遗产“天地之中文化园”项目、安徽省亳州市“中国左岸幸福文化产业园”项目、甘肃省肃南县“全域旅游总体规划”项目是集团 2016 年初的重点项目，三个项目分别以“人类命运共同体”“中国幸福地”“中国首批全域旅游示范区”为工作主题，三个项目操盘总投资 100 多亿元人民币，都是三省“十三五”计划重点文化产业项目！

张普然老师提出中国文化文明产业核心理念：“要从创新中传承，不宜传承中创新”，并结合核心理念提出了中国文化文明发展的商业模式“历史成为资源、文化带动产业、科技提升服务、旅游复兴文明”，同时针对每个文化产业项目提出行之有效的文化产业五行学说“谋、术、孵、策、形”的运作体系，全力打造“传承中华文化　复兴华夏文明”的文化产业平台。始终践行习近平总书记提出的“中国梦”和“世界梦”伟大发展战略，引领实现“中华民族的伟大复兴”和世界人民的“人类命运共同体”的千秋伟业。

扫码观看

扫码听书

集团简介 Group Introduction

传承中华文化　复兴华夏文明

中国复兴文明文化产业（集团）有限公司始终以复兴华夏文明为使命，以中华民族伟大复兴为目标，是一家以“产、学、研＋金融”为核心模式的文化产业全产业开发、顶层操盘集团。

集团跨越多地，目前已在香港、北京、陕西西安、四川成都、安徽亳州、甘肃张掖、辽宁沈阳等城市落户。主要从事文商旅项目策划、规划、融资、投资、建设、运营为一体的全产业链整体操盘，大型数字全息展演，文化资源产业化、数字化创新展示工程，文明级大型影视作品策划、投资、拍摄、发行，整体文化产业工程类产品研发、图书出版及相关文化创意产品开发等业务，积极打造“中国最大的全产业链文明产业平台”。

集团快速发展十余年来，发展业务根植于丰厚悠久的中华文化。集团以文化产业发展及需求为导向，下设西安复兴文明文化旅游（集团）有限公司、甘肃复兴文明骆驼城文化产业有限公司、辽宁复兴文明文化旅游开发有限公司。创建中国文化产业研究院，包括文旅、文创、文产三大职能分院。集团联合中国人民大学创建“创意设计模式工作室”，联合西北大学共建“历史文化产业研究院”。为大力促进中国传统文化的传播与交流，深入开展中国文明文化软实力的研究，集团汇聚社会各界文化专家学者，共同组建中国文明促进会。集团受邀于中国文化软实力研究会和陕西文化软实力研究会，成为其理事成员单位。

凭借以上全产业链的服务运作模式和对历史文化的潜心钻研，集团落实习近平总书记“要系统梳理传统文化资源，让收藏在禁宫里的文物、陈列在广阔大地上的遗产、书写在古籍里的文字都活起来！”的重要讲话，真正做到了“在文化中创新，在创新中传承”，让悠久的中华文明得到伟大复兴！

中华文明从无到有，从小到大，由弱变强，由强入盛，经历了令人叹为观止的宏观进化，创造了丰富的历史文化资源。如何挖掘、开发和利用好我们丰富的历史文化资源，既是文化产业从业者面对的问题，也是我们的历史使命。

张普然，复兴文明的缔造者，“中国梦”的践行者！十余年风雨征程，探索出了“历史成为资源、文化带动产业、科技提升服务、旅游复兴文明”全新文化（文明）产业开发模式，同时针对项目的产业特点，提出行之有效的文化产业五行学说——“谋、术、孵、策、形”的运作体系。

通过 PPP、融资租赁、入股代建、公募基金会、政府设基金、风投直投等多种模式贯通资本，构建起强大的“产、学、研 + 金融”综合型文商旅项目全产业链开发集团。

集团针对不同地区的文化特色，从文明提炼、顶层战略、项目策划、产品布局到融资投资、建设开发、商业运营，实现地区专属文商旅项目顶层全局操盘、统一运作、全盘落地，切实解决项目文化产业建设发展模式、资金、运作等各项难题。

集团自成立至今已成功规划国内多项国家级 5A/4A 旅游景区项目，从文化中萃取文明，从文明中发展产业，以全产业链顶层操盘点亮中华大地文明脉动熊熊之火。

辽宁：北黄海温泉小镇文旅项目、开原市全域文化旅游总体策划项目、朝阳市文商旅整体策划项目；北京：汉宫·汉文化体验馆项目；福建：莆田千秋妈祖文化产业集群、莆田广华寺佛教文化产业集群项目；安徽：蒙城中国幸福产业集群地、老集村乡愁民俗文化旅游产业集群地；河南：天地之中文化园项目、永城芒砀山汉文化景区项目、汝州市南天门文旅策划项目；陕西：世界文化遗产汉长安城遗址项目、鸿门宴大遗址景区项目、凤翔县秦雍城大遗址项目、庆山寺临潼丝路非遗临潼博物院项目、唐城墙遗址丝路长安历史文化交流中心项目、西安市西咸新区规划成果展览馆项目、中国·秦汉文明产业集群区；甘肃：山丹县峡口古城边塞文化旅游体验式景区、焉支山民族融合文化旅游景区、白银市黄河部落民俗展演文化旅游景区、平凉市印象崆峒仙侠民俗园文化旅游体验景区、高台县骆驼城古遗址保护利用项目、高台县西路军纪念馆红色旅游项目、肃南县全域旅游发展纲要；四川：遂宁市圣平岛观音文化旅游产业项目、广元市盛唐武周时代旅游产业基地项目；新疆：伊宁县区域文化旅游片区总体规划项目、若羌县和温泉县等县市文化产业项目、中国·新疆维吾尔自治区西域文明文化产业平台。

近百个文化旅游项目如星星之火正壮大成为文化产业文明复兴的燎原之势！

序 Preface

扫码听书

我所熟知的普然，是一位学识丰厚的实干家，他的《复兴文明——中国文化产业实战经验鉴典》著书问世，再次证明了这一点。这本书所展现的从实践中提取出来的智慧，皆是富有营养的真知灼见，更令人高兴的是，普然经过十年深耕已经从实践层面提升至传承层级，这是文化产业界的一个喜讯，也是一件幸事！

最近几年我国文化产业界迎来百花齐放局面，催生了一大批人才和优秀作品，但与此同时，也带来了高速发展过程中常见的浮躁病。众多一知半解的半专业人士怀着这样那样的心态，一头扎进了文化产业开发浪潮中，搅起一片泥沙。

但市场是容不得虚假的，潮头过后，空留一地蚌壳，尤其是这几年各类动辄数十亿元投资的大项目，撑不过两三年便轰然倒塌。

产业本身的兴盛必然会掩盖一些伪劣产品，功利心驱动之下，仍然会有一大批逐利者前赴后继。在这种不健康状态下，不仅人才和资本的浪费令人惋惜，大量优质文化产业资源被糟践更是让人痛心疾首。

在这样的大浪淘沙情势中，《复兴文明——中国文化产业实战经验鉴典》一书给整个行业打了一针镇静剂，让躁动的人心沉静下来。凡认真读此书都会明白一个道理：脚踏实地学本领，平心静气搞钻研，认真实践努力创新，才是文化产业从业者该走的康庄大道。

该书紧紧围绕“文化产业开发的典型案例分享解析”这一主题，以中国历史深度为纵轴，以国内外各文化相关产业的广度为横轴，构建了一幅完整清晰的文化产业开发案例立体解析图。文化产业入门容易，精通很难，实践更难。古今中外，成功促成文化产业发展的案例不少，不幸倒下的机构或团体更多。成功者的经历大同小异，失败者的原因则是百怪千奇。《复兴文明——中国文化产业实战经验鉴典》一书的目的，就是引导文化产业从业者在汲取成功经验的同时，尽可能地以史为鉴，绕过文化产业开发过程中可能出现的波折和陷阱，去追逐胜利的脚步。

《复兴文明——中国文化产业实战经验鉴典》的另一大特点在于其全面性。普然关于“文化产业谋、术、孵、策、形五位一体”这一理论让人们产生了很大的共鸣，文化产业是一门科学，文化资源、运营策略、招商引资、政府支持等等缺一不可，并不是简单的靠山吃山、靠水吃水。相关从业者要有读万卷书、行万里路的觉悟与决心，才能攀登高峰，在这方面普然为我们竖立了一个榜样。

“为天地立心正气浩荡，为生民立命宠辱皆忘，为往圣继绝学智慧未央，为万世开太平人类无疆！”普然是这么想的，也是这么做的。在此我衷心祝愿普然与他的复兴文明团队，勇攀新高峰，再创新辉煌！

丁方

中国人民大学文艺复兴研究院院长

前言 Foreword

扫码听书

传承文明　其命维新

随着我国经济发展的不断进步，文化事业的重要性无限凸显。重塑民族精神，重拾文化自信，中华民族正意气风发地走在民族复兴的伟大道路上。

正如国家主席习近平反复强调的：一个国家、一个民族的强盛，总是以文化兴盛为支撑的。没有文明的继承和发展，没有文化的弘扬和繁荣，就没有中国梦的实现。中华民族创造了源远流长的中华文化，也一定能够创造出中华文化新的辉煌。要坚持走中国特色社会主义文化发展道路，弘扬社会主义先进文化，推动社会主义文化大发展大繁荣，不断丰富人民精神世界，增强人民精神力量，努力建设社会主义文化强国。而提高国家文化软实力，要努力展示中华文化独特魅力。

在五千多年文明发展进程中，中华民族创造了博大精深的灿烂文化，而我们的使命是使中华民族最基本的文化基因与当代文化相适应、与现代社会相协调，使其以人们喜闻乐见、具有广泛参与性的方式推广开来，把跨越时空、超越国度、富有永恒魅力、具有当代价值的文化精神弘扬开来，把继承传统优秀文化又弘扬时代精神、立足本国又面向世界的当代中国文化创新成果传播出去。我们要系统梳理传统文化资源，让收藏在禁宫里的文物、陈列在广阔大地上的遗产、书写在古籍里的文字都活起来。

作为人类历史上屈指可数的古代文明之一，中华文明绵延五千余年至今未曾遭遇重大断裂，这堪称人类文明演化历程中惊人的奇迹。与中华文明并称为四大古文明的古埃及文明、古巴比伦文明、

埃及文明

两河文明

印度文明

中华文明

古印度文明，早已消逝在历史的烟波之中，这些文明曾经所在的地区今天被不同的民族和国家承续，都或多或少地存在着各种各样的民族问题与文明矛盾。中国则不然，数千年来，中华文明从无到有，从小到大，由弱变强，由强入盛，经历了令人叹为观止的宏观进化。而在微观层面上，不同时代的人文风貌又共同构筑起这个文明纵横交错的血脉。这是一个曾经纵横寰宇的强大文明，有着优质的文明基因与传承记忆，在文明演进之路上创造了丰富的历史文化资源，其数量和质量而且其完整性是前所未有的；这也是一个曾经历经磨难的文明，曾经历几度兴衰更替，也曾面临外族入侵的沉重压力，但在其骨子里始终存留着“国可亡，朝可更，民族基因不可断”的强韧印记，这是属于整个中华民族的伟大印记，更是中华民族奉献给全人类的宝贵遗产。

这就是中华民族赖以生存、生生不息的文明基因密码。如何有效地开发利用好祖先留给我们的丰富文化宝藏，将其转换为既有社会效益又有经济价值的文化产业？如何有效地传承文明精髓，并细化为具体的商业模式？面对这些问题，今天的我们该如何回应与解读？又如何在实践中逐步完善，将我们的文明更好地传承与发扬？这既是我们新一代文化产业从业者的历史使命，也是一直困扰着我们每一个工作者的难题。尤其是一些国宝级别的大遗址，一直以来都是地方政府相关部门的“烫手山芋”——由于文物法的限制，他们对这些文化遗址想动不敢动，也不知道应该怎样动，而闲置着又觉得可惜。究竟应该以一种什么样的方式利用好祖先留下的历史遗产，使它们成为推动地方经济发展和满足人们精神文化娱乐需求的优质文化产品，这恐怕是很多坐拥历史文化遗址的地方政府都共同面临的课题与挑战。

长久以来，我一直进行着这样的思考：保护与利用大遗址这个

易经八卦

课题，涵盖的领域非常广泛，必须吸纳不同行业的思路，创造出能够适应这个时代发展的保护开发理念。对待大遗址，不能只谈保护不谈利用，更不能只谈利用不谈保护。保护与利用，这两者相得益彰互补所缺，如果只是一味地保护，不让世人所见，不为世界所知，这样的保护还有什么意义呢？大遗址的文化价值没有与世人的感受接轨，这束之高阁的文明遗产只会消亡得越来越快。留下遗址忘记文化，必将失去遗址的意义。反之，如果不以保护大遗址为前提，过度地开发乃至破坏各种文明遗迹遗产，要不了多久，文明遗产就会丧失殆尽，留给人间的只有无尽的悔恨和追思。

因此，“传承中华文化，复兴华夏文明”不仅始终要以“传承”为重点，更要以“创新”为方法。文化遗产的精髓和意义不仅仅是遗产本身，而是依托于其具象形态所传达的文化内涵与精神诉求。单纯从遗产本身入手，是很难传承文化内涵的。实际上，中国古代文明中的至高哲学内涵已经对我们进行了启示：在《易经》中，中国古代哲学对世间万物已经有清晰的认知方法，并建立了完善的发展理论模型，即所谓的“太极生两仪，两仪生四象，四象生八卦”，这是一种动态发展和不断衍生的“生长体系”，也是中国传统文化中最被推崇的“万物生长”模式。应用到如今的文化产业中来，《易经》的思维模式可以帮助我们挖掘新的发展模式，并解析文化内涵与产业形态之间的联系。

所谓“太极”，就是中华文明核心的文化内涵；所谓“生两仪”，则是“文化非物质资源”与“文化物质资源”两者的有机结合。资源与载体一虚一实，通过文化内涵反映文化载体，通过文化载体支持文化内涵，滚动螺旋发展。把文化软实力转化成文化硬实力，把文化硬实力再转化成文化软实力，这样一来一往，一收一放，就能打造出产业发展的创新之路，实现社会与经济的双重收益。这样的

红山文化

迪士尼乐园

人机互动

虚实结合，互为推动力，并通过以虚养实，螺旋滚动发展，越做越大，越做越实，最终成为形神兼备的文化遗产发展新模式。只有依托文化遗产，又不完全依赖文化遗产，才能摆脱传统发展模式中对物质的依赖。并且，在此过程中，将“互联网 +”“文化 +”的思维模式融合其中，从线下做到线上提高产业发展的生命力，从文化资源转化为文化产业。

基于这样的思路，我提出了“传承中华文化，复兴华夏文明”的新模式——历史成为资源 + 文化带动产业 + 科技提升服务 + 旅游复兴文明的历史文化旅游产业的全新商业模式。

历史成为资源

中国是文化资源大国，但不是文化产业强国。美国是文化资源弱国，却是文化产业强国。我们要把中国丰富的历史文化资源当作金矿、银矿，不仅仅将它们看作丰富的文化资源，更应该将它们看作经济资源。没有经过提炼、萃取、冶炼等工序，金矿、银矿的矿石便始终是矿石，无法成为真金白银，也就没有了经济价值和社会价值。如何挖掘、开发和利用好我们丰富的历史文化资源，既是文化产业从业者面对的问题，也是我们的历史使命。

文化带动产业

美国迪士尼是世界上最成功的文化产业企业，每年的文化产业产值多达千亿美元。迪士尼利用全世界的文化资源制造快乐文化产业，并将其带给全球消费者，让更多的人感受迪士尼的文化产品的同时，也得到巨额的收入。由此可见，文化工作者要有产业的全局观，一种文化资源的挖掘和梳理是艰苦且烦琐的，因此文化工作者一定要有多种文化产业全局意识，在开发一项文化资源时，切忌以单薄的单一产品问世就虎头蛇尾地寥寥收场。要带动相关的系列文化产品，使得文化产品丰富起来，让大家在文化娱乐感受逐步加深

大明宫国家遗址公园

汉阳陵博物馆

马嵬驿民俗景区

的同时，增强文化娱乐产品的消费意识，促进文化产品销售的增长，这样就能实现社会效益和经济效益的双重产出。

科技提升服务

科技是第一生产力，先进科技是活化文化资源、复兴中华历史文化文明的最佳手段。虚拟现实技术、混合现实技术、人机交互技术、极光互动技术、三维全息技术等等，都是活化文化资源的最佳实现手段。同时，“互联网 +”和大数据的出现，使得我们可以通过文化与科技的全面结合，让文化资源实现数字化、传媒化、延伸化、永续保存化。我们作为文化产业从业者，一定要为中华文明插上科技的翅膀，从而推动它远播四海。

旅游复兴文明

文化遗产作为旅游景区是传承历史文化最有利的载体，对复兴文明有着重大的推进作用，对重塑民族信仰有着重要的支持作用。现在大多数文化遗产已经开放成立景区，但是多为粗放型的观光型景区，如古陵墓、古都城、古镇寨、古寺庙等等。如何将文化遗产保护与开发的细节做好，是接下来一个阶段的重要课题。通过对文化遗产对应的历史文化基因与记忆的充分挖掘与萃取，将文化产业发展模式与现代科技手段相结合，使游客身在其中，心有所感，能够以更加真切的方式触摸文明印记，感悟古老的中华文明一脉相传的文化内涵。如此，则文化产业与文明复兴相得益彰，游客也沉浸其中，流连忘返。

《复兴文明——中国文化产业实战经验鉴典》的横空出世，为探索中国历史文化产业的新模式提供了可借鉴、可操作的方法。中国的历史文化产业发展与其他国家不同，历史遗迹之多，年代之久，非同寻常。虽然中华历史文化可开发的内容十分丰富，却也受限颇多。文物保护、土地开发限制、可传承性等因素，让很多有价值的

联合国新闻

新闻中心 | 电台 | 电视与录像 | 联合国图片 | 网络直播 | 媒体核证 | 联合国秘书长 | 更多资源

亚洲及太平洋 | 非洲 | 中东 | 欧洲 | 美洲

中国国家主席习近平访问联合国日内瓦总部：构建人类命运共同体，实现共赢共享

联合国日内瓦办事处。图片/ Jean-Marc Ferré

2017年1月18日 古特雷斯秘书长1月18日在联合国日内瓦办事处对到访的中国国家主席习近平表示了热情的欢迎。古特雷斯表示，中国是一个致力于在国际社会发挥作用的 “中心支柱”。古特雷斯还祝贺中国在签署气候变化《巴黎协定》和促进联合国可持续发展目标议程方面发挥的关键作用。

古特雷斯说：“中国现在对多边主义的承诺比以往任何时候都更加必要。我们看到世界各地的冲突倍增，冲突越来越复杂，而且与全球恐怖主义这种新现象联系在一起。我们看到人口增长、气候变化、人口流动、粮食不安全和水资源短缺是如何叠加在一起，造成不稳定和动乱甚至冲突。现在是只有全球办法可以解决全球问题的时刻，是只有多边主义才是答案的时刻。”

历史遗迹躲在角落里酣睡，不为世人所知。如何在保护它们的基础上挖掘其文化价值和经济价值，是我在撰写《复兴文明——中国文化产业实战经验鉴典》一书时同步思考的课题，也希望这样的思考能够成为探索中国文化产业发展的一个新视角。

中国的历史文化资源卓然于世，令中华儿女倍感骄傲。中国拥有逾五千年的悠久历史和灿烂文化，是世界上绝对的文化资源大国。得天独厚的文化资源是中国发展文化产业的重要前提，是实现民族复兴梦的良好素材，是“讲好中国故事”的基础，也是我们最深厚的文化软实力。国家对全民文化的重视程度与日俱增，习近平主席更是在各种会议上多次强调中国文化软实力的重要性并提出“系统梳理传统文化资源，让收藏在禁宫里的文物、陈列在广阔大地上的遗产、书写在古籍里的文字活起来”。足可见，当下国家正以举国之力开展文化建设。

放眼世界，当代全球社会正面临着国际安全、环境污染、资源短缺、气候变化、人口爆炸、粮食安全、网络攻击、跨国犯罪等一系列发展难题，迫切需要构建新的和谐国际秩序，创立新的普世价值观。为此，中国国家主席习近平在联合国大会论坛上倡议世界各国携手共建合作共赢的“新型国际关系”，期待推动和形成“人类命运共同体”。在这一宏大国际背景下，对外输出中华文明的优秀成果，同样具有重大的社会政治意义和经济价值。

回顾历史，我们感慨万千；立足当下，我们展望未来。我们传承文明，我们其命维新——文明复兴之路漫漫久远，吾辈义不容辞、责无旁贷，必将始终上下求索，为天地立心正气浩荡，为生民立命宠辱皆忘，为往圣继绝学智慧未央，为万世开太平人类无疆。

目录
Contents

INTRODUCTION
绪 言

复兴文明
使 命

MISSION
REVIVAL OF CHINESE CIVILIZATION

扫码听书

人类拥有漫长的演化历史，但文化的发生却相对较晚，至于文明的诞生，则更是一万年以内的事情。如同深埋于古代地层中的动植物遗体最终转变为当今世界赖以生存的矿物能源一样，文化与文明留给人类世界的宝贵财富也必将成为人类社会始终保持前进的珍贵动力。当社会经济发展使得人们的物质需求得到较大满足之后，大家对文化生活的渴求变得更为迫切和广泛。在这样一个微妙的历史转折点，习近平主席在不同时间、不同场合反复强调文化自信的重要性，这不是一个偶然事件。

由于种种原因，中国在过去近四十年改革开放的伟大进程中，一定程度上有意无意地忽略了文化建设和文化产业的发展。2008 年世界金融危机爆发之后，全球经济下行，当制造业、金融业等传统产业受到严重冲击的时候，文化产业作为活力日盛的重要产业品类开始得到全世界各个国家的重视。

实际上，文化产业在过去的半个多世纪中，在西方发达国家已经得到了相对比较充分的发展。其中，尤以美国和日本两国的文化产业开发最为成功，几乎已经成为世界文化产业的标杆。美国是一个历史积淀有限的新兴国家，在缺乏历史文化资源的情况下，能够成功地向世界各国输出包括电影、动漫、游戏等不同形态的文化产品，形成庞大的文化产业链条，其背后的规律和方法值得我们深入挖掘和学习。日本的历史文化资源相比中国也显得单薄，但这个国家在打造和包装历史文化产品方面已臻化境，其历史故事与人物，竟然能够做到被整个世界接受，这不能不说是一个奇迹。

包括发达国家中的小兄弟韩国，近二十年间的文化产业发展非常迅猛，其文化娱乐产品以“韩流”的不凡气势在亚洲乃至世界风靡一时。

美国好莱坞

古卜力工作室及创始人宫崎骏

首尔小法国村

首尔明洞街道

反观我们国家，拥有曾经在几千年时间里始终保持世界领先地位的优质文明，古代文明在各个方面的发展成就全世界有目共睹，然而坐拥如此庞大的文化资源，我们却还没有形成能够烙上自己鲜明印记的文化产业生态圈，这不能不令我辈从事文化事业的人汗颜。可以说，在文化产业方面，中国是一个“捧着金饭碗要饭”的“落魄富二代”，而幸运的是，随着全球经济格局重组，尤其是中国正在经历的波澜壮阔的经济崛起和产业升级，中国优秀的历史文化资源正一件件地从地下被“请”出来，登堂入室，成为我们这个国家崭新的名片。

既然决定要大搞文化产业，有一些概念需要弄清楚：

究竟什么是文化？文明又是什么？文化与文明之间的关系到底是怎样的？说到底，我们究竟做的是文化还是文明？中国的文化与文明资源在世界上到底处于一个怎样的地位？现阶段在开发商层面又处于什么样的状态？

所有这些问题，我们都要一一进行分析。

扫码听书

文化定义与解读

今天，我们动辄谈及文化，可是当我们在谈论文化时，我们究竟在谈论什么？

这是一个看似简单实则让很多人摸不着头脑的问题！

古往今来，曾有无数的智士与学者思考和推究，哲学家、社会学家、历史学家、文学家甚至是建筑师都试图从各种视角去解读和界定令人难以捉摸的“文化”概念，但是截至 20 世纪上半叶，世人还是未能就文化的标准定义达成一致。

好在，现代社会学家终于破解了这个难题。如今，国际学界对所谓“文化”有这样一个共同认知：文化是有智社会的一种现象，相对于自然及本能，需要专门的学习才能掌握和传承的认知和能力体现就属于文化。

肚子饿了要吃饭，这只是身体的本能。然而，高明的大厨烹制出一桌色香味美的粤菜或法式大餐，这才算得上是饮食文化。一个人，成年后要生儿育女，度过一生。然而，男女相亲相爱遵循的模式、结婚时的礼仪、婚后维系家庭生活和教育子女的观念，这些才属于文化范畴。

总而言之，文化涉及物质存在、人类意识和行为，是个三维支持的复合概念。所以，人们在很晚的当代才准确把握了其内涵的本质。

文化的具体表现形式丰富多样，通常我们说到文化，主要是指民族或国家的历史、生活方式、风土人情、传统习俗、科学技术、语言及文学、人文艺术、价值观念、行为规范等等。

张普然老师《丝路大遗址》纪录片拍摄

文化积淀于历史，又会随着时间前进而不断动态演化，具有物质性与意识性的典型两面，所以，自然就衍生了传承、融合、创新与升华等需要及现象。文化活动的意义也就在于继承历史、开创未来，不断推进和提高人类社会的生活品质与精神层次。

现代汉语的“文化”一词借自日语，而日本人是在明治维新时期赋予了相关古汉语以现代含义。

《易经·贲卦·彖辞》有云：“刚柔交错，天文也；文明以止，人文也。观乎天文，以察时变；观乎人文，以化成天下。”日本人在翻译当年的西方著作时，取“人文化成”之意而定位“文化”，如同“经济”源生于“经世济民”一样，着眼点都是作用或者说是功效。包括在我国古典文献中出现的“文化”一词，也主要是教化世人和谐社会的意思。

在此，我们关注与当代文化产品开发及文化产业建设关系更为直接的话题。

把握准了文化的概念和内容，我们也就看清楚了文化工作者作为一个整体应当努力的方向。从传承的角度讲，需要让世人认识并重视我国的丰富文化资源，包括历史的和现代的。大家喜欢中华文明的优质成分，如果相关的文化产品或作品能够很好地满足人们的消费需求，就有条件扩散，就可能输出国门走向世界，也就达到传承和弘扬的目的了。从升华的角度来看，需要通过改良、融合与创新的手段来推动文化要素的更新升级，使我们的社会文化更为适应现代文明并进而在当代焕发出新的旺盛的生命力。

具体到不同的个人和机构，则可以依据所从事行业的特点和个人偏好来选择发力点。比如，我个人的努力方向，包括我们的中国复兴文明文化产业（集团）有限公司（以下简称“复兴文明集团”）这一平台，就主要着眼于我国历史文化资源的梳理与转化，遵循经

《画江湖之不良人》动漫网络剧

《画江湖之不良人》真人版网络剧

《画江湖之不良人》手游

济规律与商业法则，致力于让我国的历史文化及传统文化资源与现代社会接轨，使之超越静态与过去式，成为活态的、当代的文化产品及文化产业，从而实现社会价值与经济价值的双重落地。

当代科技的日新月异赋予了我们更为丰富又强大的手段去激活我国的历史文化资源，国家在社会经济领域的快速进步使得人们的文化消费需求愈发强劲，这些都让今天从事文化工作的我们有了更为广阔的表现空间。如果能够用心又聪明地做好自己的手头工作，就可能依托某个历史文化要素推出一个很好的文化产品，完成一个优秀的文化项目，甚至引领某种文化时尚乃至是文化潮流。

※ 说明案例 《画江湖之不良人》：如何用一度热点引爆多点?

就影视作品《画江湖之不良人》来说，它的网络版动画剧成功了，不久就诞生了网络真人剧及相关电视剧和手游，之后又拍成了电影。唐末的历史本来是大家不太关注的，“不良人”这一唐代侦缉机构更是一般人闻所未闻，而通过影视作品的影响力，使其就从历史的角落又回到了现代人的视野里，包括其中的冥鬼文化也活起来了。而且，围绕着影视作品的成功，或许后面还可以在其他领域进行更深度的开发。

扫码听书

文化是宝贵资源

我们需要明确意识到：文化是一种宝贵又极富弹力的资源！

资源的概念大家都清楚，是支撑个体及社会存在、运行与发展的客观要素，囊括了一切可被人类开发和利用的物质、能量、信息、资本和社会关系。

资源包括自然资源与社会资源两大类别，文化就是一种典型的社会人文资源，从经济学的角度来考量，同样属于非常重要的生产要素。

依托文化因素为生产系统的输入项之一，我们可以在产出端创造出形形色色的商品及服务等价值来。比如，建成一个遗址景区，制作一部历史题材电影，传统金融信用文化漂移嫁接到电商领域催生支付宝，或者是诞生了一部提高社会某领域秩序与安全的法律。

而且，随着世界经济的发展，与工业化时代主要依赖自然资源消耗、规模化生产各种工业制成品、大肆推进交通运输设施体系的经济扩张模式不同，当今信息时代的各国更加重视以科技与文化的力量来占领全球产业链分工及商业市场的高端，形成了一流国家输出文化、价值观与高科技商品，二流国家生产常规工业品，末流国家贩卖自然资源为生的明显格局。

※ 分析案例　英国文化产业如何超越德、法双雄?

英国是世界上第一个完成工业化的国家，二战前还以日不落帝国的雄姿傲视世界。然而，二战后，英国衰落成了“病人”，经济上

2012 年伦敦奥运会

电影《哈利波特》拍摄场景

《哈利波特》图书

被德国（当年尚未统一）和法国迅速超越，直到 1990 年，骄傲的英伦人拿自家经济的质量和景气度与德、法相比时都感到郁闷，甚至人均 GDP 还落在了意大利的后面。可是，经过二十多年的产业转型与升级，英国经济再度雄起了，2015 年英国的人均 GDP 在欧洲三大国中位居榜首。2016 年时面对经济不景气的欧盟，英国人甚至有底气宣布启动脱欧程序。英国经济发生了怎样的转变？他们凭什么反超了德、法双雄？他们凭的就是文化产业的醒目崛起，靠着对英伦文化资源的开发与经营，实现了经济的弯道超车。今天，人们谈到英国时，核心话题不再是工厂、机器，甚至也不是不朽的伦敦金融街，而是英国的教育产业、英超、天空电视台、2012 年伦敦奥运会的盛况、英国音乐和罗琳的《哈利波特》小说等。我国这些年来最为热闹的电视选秀及各类真人秀节目，效仿的源头鼻祖就是英国电视台在 2001 年推出的《流行偶像》（*Pop idol*）。这就是文化产业之于社会经济发展的力量！

他山之石，可以攻玉。英国人围绕其文化资源的开发与经营做了一篇好文章，我们国家的深厚文化资源同样具有为社会经济良性发展提供强劲动力的不俗潜质。

然而，资源本身并不能实现超额的市场价值。森林中的树木不如货场里的圆木值钱，而后者的身价与宜家出品的家具又有天壤之别！文化资源同样如此，甚至有时候并不天然具备市场价值，必须通过精心的梳理、开发、加工与包装等一道道工序，才可能转化为吸引消费者的产品或服务。这些年来，我们一直专注于我国历史文化资源的开发及转化工作，仅就这一领域而言，必须在产品化与产业化上狠下功夫，毕竟原材料、半成品与精品的市场价值差异是不言而喻的。

张普然老师项目地考察与指导

一项潜质不错的文化资源，怎么才能顺畅而有力地予以开发转化？如何才能实现社会价值与经济回报的双重回归？实践中，是需要相当的智慧与技巧的。这本书的核心也正是与大家交流相关的思路与方法，我会在后续的章节逐步展开。这里，大家先有个基本概念，文化也是一种资源，但其价值的彰显需要精心细致的布局。

同时，大家还需要注意，相比传统的物质型自然资源，文化资源具备一些非常突出的特点：

1. 形态复杂性

首先，文化资源的形态相对复杂，既可能以相对纯粹的信息态存在，比如羌族口耳相传的史诗 ，又可能是一种横跨物质与精神领域的复合形态。

2. 价值多元性

文化资源的价值可能是多元的，或者说是分层次的。比如一处历史文化遗址，考古工作者发现了它，并完成了相关考古报告，这里可能实现了考古价值、学术价值乃至文化价值；进一步，当这处遗址最终被有效保护并成功建设为一个开放景区时，它的价值实现了飞跃，遗址被更多的人认识了，开发保护者得到了更多的保护与再开发资金，消费者满足了自己的观光欲望，也就是说这个遗址被“复活”了。更进一步，这处遗址通过更深层次的产业化开发，做成更多类型的文化产品时，再通过线上线下的海量传播和延伸开发的话，这种文化资源的价值将更加意义非凡。

3. 社会属性

文化资源天然具有社会性，有些还属于经济学上所谓的公共资源，这种社会性及公共性还可以是超越国界、超越种族关系的。所以，就开发或应用来说，谁都可以掌握并利用其来创造价值和财富，

环境污染

汉长安城遗址遭破坏

尤其是针对非物质型的精神文化资源而言。

4. 非消耗性

有形的物质资源会随着使用而消耗，整个世界的存量在理论上是一定的，而文化资源在这方面是截然不同的。文化本身可能因为落后或过时随着社会进步而被淘汰，但人们围绕某种文化资源的发掘利用可能是超越时空且经久不息的。比如，现如今很少还有人相信魔法仙术这些东西的存在，可是依托这类文化创造的现代文化作品却是大家喜闻乐见的，国外有《哈利波特》系列图书和电影，国内近些年各种仙侠玄幻风格的小说与影视作品也一直很热门。事实上，文化资源能够随着人类社会的不断发展得到永无休止的积累、扩充、繁衍和增殖。在当今这个互联网时代，这个特点尤其醒目。

5. 智慧主导性

最后，开发文化资源是一种严重依赖人类大脑思维的实践活动，由智慧去主导，也能诞生出更多的智慧——这种资源是人类智慧与才识的表征与体现，充分彰显了人类精神层面的特征。

今天，由于人口爆炸以及二百年间全球工业化浪潮积累的尖锐矛盾和弊端，世界经济与地球资源都已不堪重负，迫使各国有识之士认真思考人类文明的前行出路。也就是说，人类文明已经走到了一个十字路口，需要重新考虑发展与资源的适配问题，一场新的人文革命正在酝酿中。未来的文明必须是更为和谐的，而中华民族传统的文明内核如世人所知是讲求“天人合一”的，也就是人与自然的和谐相处，所以，我们有条件在这样一个新的时代为世界文明进步贡献自己的文化智慧。

以我关注的历史遗产文化产业开发与复兴文明工程为例，在这个令人兴奋的时代转变到来之际，询问我们的文明曾经如何，又何以至此。在埋藏着我们这个文明基本基因的文明遗址中，求索中华民族生生不息、发展壮大的精神养料，并用这种来自悠远时空的力量激励今人奋勇前行，无疑是项很有价值的事业。

扫码听书

文化中萃取文明

文化资源数量众多，范围很广，内容丰富，良莠不齐（文化是不论好坏的），那么究竟什么样的文化资源才是值得文化产业从业人员去选择和开发的呢？

首先需要厘清的是，文明与文化之间究竟有着何种关系？

很巧，文明这个概念最初就正式诞生于历史研究领域。当年的西方学者为了辨识考古发现的先民社会的发展水平，划定了 Culture 与 Civilization 两种层次。

相对于普通的考古文化，构成文明必须具备四项基本要素：拥有城市；出现了文字系统；掌握了冶金技术；形成了礼仪文化。也就是说，文明是高于考古文化的一种发展状态。

就更为宽泛的社会文化领域而言，文明也属于一个比较概念。同一个时代，同一个世界，会同时存在因技术水平不同和风俗习惯有异而生活方式差异明显的族群或社会。当进行横向对比时，就出现了发展快慢的区别，而文明则代表着进步。

比如，中世纪的长城之外是游牧文明，关内属于农耕文明，两者对比，中原人就认为自己是文明社会而塞外是野蛮世界。19 世纪的时候，当一个英国人拿自己国家的发展状态与印度殖民地比较时，同样会认为印度社会不及英国本土文明。

所以，理解文明的要点很简单，核心就在于文明标志着进步或者优越性！

一般而言，可以如此看待文化与文明的关系：文化是一个人类族群演化、发展的“基因”，是记录了一个人类族群内在发展脉络的

农耕文明

游牧文明

19 世纪的印度

19 世纪的英国

“密码”，而文明则是这种“基因”外化的表现，是具体化、规范化、逻辑化了的“基因”呈现形式。文化存在于人类生存的始终，可以被一代代传承，是一个动态的不断渐进的发展过程，从未间断；而文明则是相对稳定的静态的跳跃式发展过程，它萃取了文化中的精华，摒弃了糟粕，实现了升华。

文明四要素中，最基础且关键的是城市，城市往往会作为巨大的文明实体留存下来。今天，考古学上称之为“文明遗址”。这类遗址是人类文明的见证物，就像自然资源中的生物能资源一样，曾经枝繁叶茂，长久深埋地下，最终重见天日为人所用。通过这些保留下来的遗址、遗迹、遗物，今天的人类可以清晰地考察文明发展的脉络和轨迹，梳理人类走过的漫漫长路，并从中提炼出文明发展的精髓要素。

相较于文化资源来说，文明资源更具物质形态，甚至是可以看得见、摸得着的资源实体，世界闻名的秦始皇陵及兵马俑坑就是这种文明资源的典型代表。兵马俑作为两千多年前古代中国雕塑工艺的集大成产品，实际上就是一种文明的表现物，今天的人们在参观兵马俑的时候，可以直接从这种文明遗迹中感受到古代文明曾经达到的高度。这样的文明遗迹构成了文明资源的主体，它是属于全人类的文化遗产。

文明资源不仅仅限于遗址。古代文明中曾经使用的器物、曾经秉持的精神以及曾经的行为都可以构成文明资源的一部分，而这些元素又都可以依托于文明遗址来进行开发和展示。古今中外的文明遗址很多，从古代墓葬到古代建筑，再到古代城市，文明资源在文化资源的基础上更加具象地将人类历史发展的整个过程重现出来，因而是一种更加适于进行大规模开发的资源。文明资源中包含了文化资源的很多要素，在施行开发的过程中，这两种资源往往又是相

孔庙

孔府

孔林

辅相成、不可分割的。文化精神和气质是以不可见的形式存在于人们的思想当中的，而这种精神性的资源必然会有一个物质型的载体。

※ 说明案例　孔子文化如何吸引眼球?

说到孔子文化，我们所能体验到的思想是从孔夫子及其弟子的著述、论述中得来的，它时刻以无形的姿态存在于孔子文化圈当中。但是，孔子本人及其学生生活的环境，却是一个真实存在的客观实体，这就包括了孔子生活时代的社会风貌、物质条件、居住环境等要素，在今天，这些无不已经成为或可能成为文明遗址的一部分——山东曲阜的孔庙，就是这种文明遗址性质的典型代表。孔庙传承千年，它的价值由于孔子思想的存在而得到了升华，而孔子思想又反过来通过曲阜孔庙这一实际载体获得了生动的演绎。今天，任何人要开发孔子文化，是不可能绕开曲阜孔庙来进行的，如果绕开的话，孔子文化势必成为空中楼阁。

从这个意义上来讲，文明资源又可以被赋予一层新的内涵：它是文化资源“表演”的舞台。当相对较虚的文化资源与相对较实的文明资源相互结合起来，才构成了完整的社会人文资源，两者相互助力，就在文创领域迸发出强大的生命力。

回到我们开始时的问题，如何在庞杂丰富的文化资源中来选择合适的开发对象？我们的主张很明确，就是在进行目标筛选时，优先选择那些已经进入文明范畴的文化要素，因为这样的元素意味着优质、进步，或者是文明资源中最具进步意义或优越性的。这就是“文化中萃取文明”的理念，选出来的目标明显具有闪光的传世价值，运作起来自然也就事半功倍。这就如开发矿藏一样，项目单位可能面临着本地丰富的各种矿产资源，然而当下的精力和财力有限，

盛唐文化　西安大雁塔北广场

盛唐文化　西安大唐芙蓉园

北欧海盗文化

北欧维京石船墓地

古印第安文明　太阳金字塔

古埃及文明　狮身人面像

如何取舍？当然是优先开发品位高的富矿，优先开发财富价值最醒目的金矿、银矿而暂时搁置普通矿藏。

※ 说明案例　盛唐文化：长安文明如何重视？

实践中，这一规则的应用随处可见。比如具有三千年建城史的古都西安，其中上万年甚至是几万年以来积淀下的文化资源多如牛毛，作为中国封建社会文明顶峰盛世的唐朝则当仁不让地成为这座城市的文明表征。在长期的文化建设中，西安曲江以盛唐文化为核心，梳理出了一整套成体系的唐文化产业集群。

事实上，每一个地区的文化发展脉络，都一定有其高点，而这个高点，就是文明。纵览世界各国，文化产业在选择发展方向和内容的时候，也都是选择当地文化的文明高峰，从文化元素中萃取出文明的精髓来进行加工。

在北欧，五百年前盛极一时的北欧海盗文化就是那里的文明特色；在美洲，古老的印第安文明为文化工作者提供了取之不竭的内容资源；在日本，丰富多彩的战国文化是它的古代文明高峰，由此衍生的影视、动漫、游戏产业风生水起；在西欧，精彩纷呈的中世纪文化萃取出了令人津津乐道的欧洲中古文明；在希腊，古典神话体系构成了希腊人特有的上古文明标志；在北非，古老的埃及文明屹立数千年，滋养了无数影视、动漫文化产业的发展……

凡此种种，无不说明从文化中萃取文明的重大意义。仅仅在文化层面进行创造，始终是分散的，只有上升到文明的高度，文化资源中文明级别的资源才能代表一种文化的全部内涵。

扫码听书

文明中发展产业

文明是从文化中凝结而来的精华。运作一个项目时，当我们从相关文化资源中提炼出最具代表性、吸引力和传承价值的文明要素后，接下来就要考虑围绕这些闪光点的特质与内涵来构思和形成核心产品，并进而发展出更为丰富的衍生性产品来，实现产业化。

还用矿产开发来做比喻。某个地方政府，经过对本地矿藏资源的精心梳理，成功地发现了其中的金矿与银矿并实施了开采，金锭和银锭都有了，可是存放在金库中的金锭、银锭只能算是种储备，只有精心设计并加工成各种各样的金银首饰、金银器和金银工艺品推向市场，相关财富价值才能得到最大的体现和升值。这就是于文明中发展产业的含义，金锭、银锭相当于从文化中萃取出来的文明元素，而金银首饰、器物与工艺品才算是产品，围绕着金银产品设计、制造与销售的各行各业形成了产业。

文化产业关乎一个民族、一个国家的文化身份和社会主流价值观的传播，文化产品消费潜移默化地影响着人们的文化认同和文化梦想。良好的文化产业不仅能充分体现出上述社会意义与政治价值，本身还可产生巨大的商业价值与经济回报。

从相关实践来看，成功的文化产品及文化产业无不立足于其中蕴含的闪光文明元素。反过来，假如在开发时对文明元素的萃取不充分，产品出来后，即便消费者一时买单了，其生命力普遍也难以持久，更谈不上相关价值观的传播甚或产业化的实现。

动画电影《功夫熊猫》

※ 分析案例 《功夫熊猫》上映后，美国人干了什么？

美国加利福尼亚州好莱坞在这方面就做得非常到位，我们来看看他们是如何从文化中萃取文明并于文明中发展产品及产业的。

《功夫熊猫》是美国派拉蒙影业公司和梦工厂动画室联手制作的一部以中国文化为背景的动漫大片。当这一群美国影视人创作这一产品时，他们精心萃取了相关的经典文明元素：熊猫、功夫、侠义情怀、道家的哲学思想与长寿灵龟，甚至包括桂林漓江的秀丽景色。在充分彰显上述文化元素的基础上，结合当代影视创作艺术与美国人的价值观，演绎了一个“人人都能成为英雄”的故事。

熊猫是人尽皆知的代表中国的符号之一，功夫同样是家喻户晓的中华文明元素，道家哲学在西方人眼中向来就很神秘，中国古典建筑与美丽的桂林风光同样充满了异域风情的魅力，加上故事情节编排上简洁又跌宕起伏，宏大场景与打斗戏的高科技运用将场景表现得淋漓尽致，于是，正如创作团队事先预期的那样，《功夫熊猫》一炮而红！这部融合了中华文明与西方视角的动画片在全球取得了5.64 亿美元的票房佳绩。

《功夫熊猫》问世即大红大紫，成功的因素不仅仅在于创作团队对影片的精准定位——动作、喜剧、合家欢，剧情展开与叙事风格巧妙遵循了好莱坞式好看故事的特定套路，关键之处还在于用心萃取了经典的中国文明元素并围绕着这些元素来搭建和演绎故事。

事情并未止于一部《功夫熊猫》。其后，好莱坞又推出了动画片《功夫熊猫 2》和《功夫熊猫 3》，目前又在继续创作《功夫熊猫 4》，形成了“功夫熊猫”系列片，围绕一个成功的文化 IP 多方位发掘其商业价值。

电影《星际之门》

※ 分析案例　通过什么手段让《星际之门》电影大卖？

第一部成功的《星际之门》是一部以古代文明为背景的电影，创作团队立足于古埃及的金字塔及相关神话，打造了一个反抗奴役与压迫的故事：一个由落魄历史学家与一小队美国军人组成的探险科考队，通过古老神秘的星际之门抵达了一个平行世界，在那里发现了被太阳神拉掳掠在这里修建金字塔的大群古埃及人，在与邪恶的拉神的对抗中人们陷于困境，最终凭借机智又无畏的反抗，科考队化险为夷，奴隶们得到了解放。

金字塔、太阳神、奴隶劳动，都是经典的古埃及文明元素，却被赋予了文明战胜野蛮、奴隶获得解放的现代价值观，完美地表现了悬疑与科幻、历史与未来的影片主题。

引人入胜的古埃及文明元素、正义对抗邪恶的价值观、历史与现代及未来的碰撞、精彩的故事情节，《星际之门》的制作团队牢牢抓住了这些表现要素，于是催生了《星际之门》的一系列后续电影和电视剧，每一部的市场反响均不俗。

从好莱坞的相关历史剧我们可以清晰地看出，他们的做法就是以古老的（异国）文明元素为背景，从中选出最具标志性的文化符号，同时植入当代普世价值观，进而结合成风靡全球的大片，让历史资源成为好莱坞商业诉求与美国价值观传播的道具。

抓住现代人的文化消费心理与偏好，于宣扬文明和进步中创造文化产品并打造相关产业，力争名利双收，好莱坞巧用世界历史文化资源创作影视经典的路子值得深思和借鉴。

CHAPTER 第一章

文化产业“一核心”

“ONE CORE”
OF CULTURAL INDUSTRY

扫码听书

文明是人类社会的基本属性，在引领和指示社会发展进步方面具有十分重要的地位与作用。然而，在全中国已经高举起中华民族伟大复兴旗帜的今天，中华文明的复兴依旧存在着棘手的问题。

在当代的社会环境下，传统文化如何安身立命？

中华民族伟大复兴的内涵是一个内容完整、各部分地位明确的理论体系。古老中华文明和中华文化是中华民族伟大复兴的根基，全体中国人民是中华民族伟大复兴的主体，中国共产党是中华民族伟大复兴的领导力量，中国特色社会主义是中华民族伟大复兴的根本道路，全面建成中国特色社会主义是中华民族伟大复兴的必由之路，迈向“大同世界”是中华民族伟大复兴的根本目标。

中华民族的伟大复兴，从根本上说，是基于传统文明培育现代价值，实现传统文明的现代转型和现代表达，实现中华文明的现代复兴。其中，基于传统文明培养现代价值，即实现传统文明的创造性转化和创新性发展，是中华文明复兴的根本所在。这就要求，对待中华传统文明应持珍视和崇敬的态度，证明了中华传统文明是中华民族的命脉所在，是我们最大的优势，而不应持一概否定的态度，更不能主张历史虚无主义。

中华文明在内、外动力方面是有着自身的鲜明特征的：

从内在动力看，对文明自身的崇尚和追求是中华文明发展的根本精神动力。中华文明之所以成为世界上唯一生生不息、绵延发展的文明，一个重要的原因是中华民族始终如一地崇尚文明、追求文明。中华民族崇尚和追求文明的热情和努力，在人类文明史上是绝无仅有的。中华文明不仅在最早的典籍《周易》中就表达了崇尚文明的鲜明指向，而且从孔子时就开启了复兴文明的历史，复兴夏、商、周三代的文明成为后世强烈的精神追求和传统。正是这种传统，

红山文明

良渚文明

黄帝陵

炎帝陵

殷墟

长城

中华民族始终在承继过往文明成果的基础上思考未来、展望未来和创造未来。人们可以看到，厚重的“二十四史”在记录文明点滴进步的同时，也深深记录下了中华民族崇尚和追求文明的庄严态度和弘扬文明、发展文明的坚定意志。崇尚和追求文明的精神，至今仍然是中华民族宝贵的品质和推动文明复兴的精神力量。

从外在动力来看，在文明交流、交融、交锋中积极吸收借鉴其他文明的有益成果，是中华文明绵延发展的主要原因。中华文明对古印度佛教有益成果的吸收与消化、对近现代西方文明有益成果的吸收运用，都表明中华文明具有开放包容式发展的特征，这种显著特征的根源在于中华民族独特的整体性思维。中华文明的开放包容式发展，仍将是中华文明复兴的基本方式和基本特征。

中华文明有着深厚的历史积淀，悠久的历史不仅为中华文明的发展提供了丰厚的土壤，而且承载着中华文明向现代转型的基因。当前，文明建设的一个重要任务，是从繁杂丰富的历史宝藏中挖掘、评估文明的现代意义和现实价值，从实际需要出发，探索和实现已有文明的现代表达，为当下的文明发展注入生机和活力，更好地服务中国特色社会主义建设。在这方面，文明建设具有十分广阔的空间和生动灵活的现代表达技术与手段，把历史的优势转化为现代文明的优势任重而道远。

我们不仅要做到在创新中传承文化，更要通过这一过程树立坚实可靠的文化自信，并全面提升我们民族的文化想象力和创造力，将中华文明内生和外延的生命动力彻底激活，使之在新的时代有能力带领全民族实现中华民族的伟大复兴，完成中国梦的宏图伟业。

第一节 保护与传承

扫码听书

今天，我们一直在谈论一个热门的话题，那就是对中国传统文明的复兴，对中华传统文化的保护与传承则是这场复兴大梦中的重中之重。传统文化是人类文明在过去几千年发展历程中总结、积累的经验与教训，是人类这个族群在文化内涵上一直能够不间断地延续与发展的重要基础和前提。对传统文化的保护和传承，直接关系到我们中华民族未来的复兴大业，关系到中国人这个庞大的族群在世界上的发展方向与大国地位。没有对传统文化的传承，我们的民族将丢失前进的方向和信心，失去几千年积累的深厚的文化底蕴，这不亚于亡国灭种的危机。

再造中华民族的文化认同感，是保护与传承传统文化的终极目标。而在此之前，我们首先要认识到一个值得国人骄傲的真相：中华文明是人类历史上唯一传承至今的原生文明。在漫长的人类文明发展史中，曾经在上古时代诞生了“四大文明古国”，也就是我们所熟知的古埃及文明、古巴比伦文明、古印度文明和古中国文明。

首先，我们需要梳理一下“四大文明古国”的称号是怎么来的。一般认为，中国上古史文本中所涉及的这四大文明古国，来自梁启超。梁启超在其写于 1900 年的《二十世纪太平洋歌》中认为，“地球上古文明祖国有四：中国、印度、埃及、小亚细亚是也”。显然，梁启超所说的四大文明古国中，小亚细亚替代了古巴比伦。这不由得令人感到疑惑——上古的文明古国到底是哪四个？甚至，上古文明到底是不是四个？会不会更多？还是会更少呢？牵涉的问题太多，在讨论文明的复兴这个课题时，这些是我们必须解决的问题。因为只有厘清了这些问题，才能准确地找到中华文明在人类文明发展史上的坐标，才能不失偏颇地定位中华文明在人类历史中的地位和意义。

15 世纪意大利世界地图

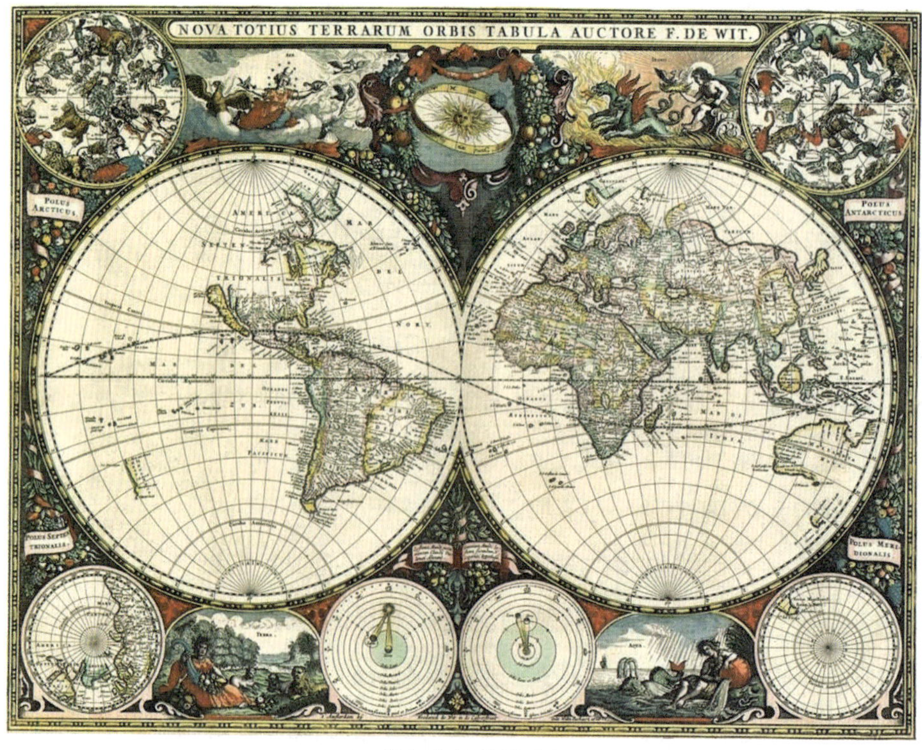

16 世纪荷兰世界地图

毫无疑问，中华文明拥有悠久的历史，在其漫长的演变过程中，不断地为人类文明输出着各种各样的优秀文明成果。无论是科学技术还是人文思想，中华文明库藏之丰富、贡献之巨大，在世界各地的文明国度中都名列前茅。不过，论及最古老的文明，中华文明恐怕难以凭借有力的考古学证据博得席位。

现代考古学划定的古人类文明中，公认最早进入文明时代的是两河流域文明和古埃及文明。这里所说的两河流域文明，就是我们熟悉的古巴比伦文明。严格来说，古巴比伦文明这个名称是不科学、不严谨的，仅仅一个古巴比伦是无法承载全部两河流域古代文明的信息的。两河，指的是西亚的美索不达米亚平原上流淌着的两条大河：幼发拉底河，底格里斯河。美索不达米亚平原主要指的是两河流域的中下游地区，其广义上的范围东抵扎格罗斯山，西到叙利亚沙漠，南迄波斯湾，北及托罗斯山。北部为山地，向南经过草原和平原到南部沼泽性的两河三角洲。而狭义上的两河流域，则特指幼发拉底河与底格里斯河两条大河之间的地域。

美索不达米亚平原凭借两河的慷慨馈赠，成为人类最古老的文明发源地，其中优质的灌溉农业成为其发展的决定性基础。考古证据表明，在距今至少六千年以前，这块土地上就已经诞生了发达的文明，涌现出苏美尔、阿卡德、巴比伦、亚述等文明国度。应该说，所谓的古巴比伦文明，其实是曾经繁盛于两河流域美索不达米亚平原地区的多个文明古国，因此，今天的学术界往往用“两河文明”或“新月文明”来代替“古巴比伦文明”以对其进行描述。

由此可见，“文明古国”这种概念本身就有问题。文明往往不一定是以“国”为单位存在的，同一地区、同一文明系统下可能存在多国。因此，目前的国际学术界往往用“文明源头”来取代曾经的“文明古国”这样的说法和概念。

两河文明　尼尼微古城

埃及文明　文物绘画

埃及文明　阿布·辛贝尔神庙

印度文明　神庙遗址

埃及文明　金字塔

希腊文明　雅典卫城遗址

至于古埃及文明，由于大金字塔和狮身人面像这种近乎“神迹”的文明遗址的存在，全世界的人对这个文明都非常熟悉。古埃及诞生了世界上最早的统一王朝——美尼斯第一王朝，那是五千一百年前。而世界上最早的数学——古埃及数学，诞生的时间则还要提前一百年。大约距今五千年的时候，古埃及已经有专用的书写工具：芦苇笔和莎草纸。

然而，在西亚和北非的两大古文明已经崛起，并向着巅峰快速发展的时候，东亚的古老中华文明之光才刚刚点亮。目前为止，考古学可以支持的中国最早的文明国家是商，即便算上面目尚且模糊的“早商”阶段，中华文明的成熟期也不超过三千七百年，即便我们“强行”将河南二里头文化作为中华文明的开端，满打满算中华文明的历史也只有三千七百五十多年。无论是在成熟的城市还是文字方面，中华文明都远远落后于另外两个古文明。而论及金属冶炼，世界上最早掌握青铜冶炼技术的是两河文明，目前学术界也基本认同中华青铜技术西来说。而文明礼仪、意识形态的构建，则晚至距今三千多年的西周时期才成型，同一时期的西亚、北非文明，已经分别进入鼎盛时期，而古希腊克里特文明、美洲奥尔梅克文明等，与中华文明基本处于同一时期。

但是，出现的时间晚，并不意味着中华文明的质量差。相反，正是由于中华文明原生性的高质量，保证了这个古代文明几千年来一直绵延不绝，直到现代，中间从未发生过重大断裂。从文明传承的角度来看，中华文明堪称人类各种古文明中的佼佼者。而其他文明（古埃及、两河、古印度、古希腊/罗马、古玛雅等）则无一例外地或衰落或被毁灭了。

中华文明拥有什么样的内生力量，能够支撑它一直发展延续至今？

首先是文字。成型的古文明都有自己的文字，两河文明有楔形

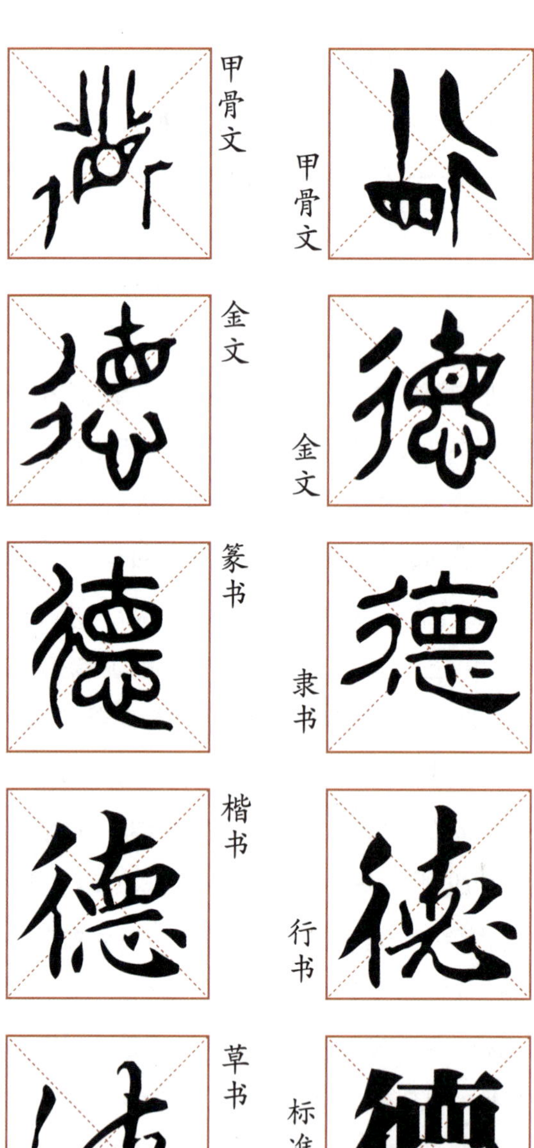

“德”字的演变

文字，古埃及有象形文字，中国则有甲骨文。出土于殷墟的甲骨文记载了大量商代的信息，已经能够涵盖社会生产、生活的各个方面，常用字也有3000多个，完全是一种高度成熟的文字系统。这样成熟的文字不可能一夜之间就产生，因此中华文明拥有文字的历史可能远比考古学证据能够支持的三千年历史长得多。最重要的是，无论是楔形文字还是埃及象形文字，都在后来文明中断后随之丢失了。当现代西方考古学家重新发现古埃及文字时，这种文字已经成为一种“死亡”的文字——没有人读得懂，必须经过翻译研究才能“猜”个大概出来。

汉字则不同。汉字从甲骨文开始，始终没有被丢弃，而是在不断演化和完善，最终变成了我们今天依旧使用的文字系统。中国的考古学家在辨识甲骨文时，遵照的是同一套一脉相传的文字结构体系，因此不存在困难。在全世界所有的文明中，这是独一份。

接下来是政体。中国的文明国家出现得较晚，但由于经过了长久的“热身准备”，文明国家一经出现，便高度成熟。中国特色的政治体制核心理念就是大一统，这是东亚环境中磨炼出来的一套群体生存之道，长期行之有效。统一的中央集权的社会形态，使中国这个庞大的国家能够在长久的时间内获得稳定的发展环境，使得中国可以举全国之力承受大规模的公共工程和军事活动，这对于农业文明来说便具有长治久安的巨大优势。

于是，在这样的条件和前提下，中华文明就有条件在思想意识形态方面诞生卓越的成果，中华文明延续不绝的内生动力的最重要部分随之而来——儒家文化。儒家文化是中华文明的内在核心，这是一种入世的学说，其思想深入高端阶层，影响中国乃至周边国家数千年之久。儒家文化的存续，使得中华文明产生了源源不断的思辨性质的自我革新力量。与西方宗教意识形态不同，儒家关注的是

克里特迈锡尼壁画

人以及人的生活，因此其终极目标就是改善人类社会，实现人群的共同进步。在这一意义上，儒家文化有着划时代的积极意义，而这种意义在今天的世界上依旧有其巨大的价值，所以中华文明不仅从未中断，未来也不会消亡。

于是，关于文明的讨论，我们要引入一个非常重要的概念——原创性。

无论是“四大文明”还是“几大文明”，抑或古希腊、古玛雅，我们都要明确一个意识，那就是：世界上曾经出现的文明很多，但只有拥有独立原创性的文明才能被称作文明源头。中华文明虽然起步较晚，但之所以超越了世界上绝大多数文明而居于“第一集团”之中，就是因为它是一个如假包换的原创性文明。

※ 说明案例　“文明源头”的评判标准是什么？

曾经在历史学界，学者们认为古希腊的克里特迈锡尼文明是一个原创文明，因而其曾经一度被列为人类文明源头之一。但是随着考古学研究的不断深入，国际学术界越来越倾向于认为，克里特迈锡尼文明并不是一个完全原生的原创性文明，它实际上更可能是两河文明、古埃及文明等多种文明交汇的产物。同样的还有地处中西亚的波斯文明，也是两河文明与古希腊文明交汇的产物。这种由多种文明相互影响而产生的次生文明，是无法进入“文明源头”的讨论中的，因为它们原本就不是“源”，只是“流”。

正是如此，中华文明才彰显了它的伟大。而这样的伟大，已经在世间传承了数千年。既然中华文明是世界上迄今为止唯一仍然在传承的原创性优质文明，我们作为中华儿女，就有责任、有义务将这一伟大的文明传承下去。这既是使命，也是挑战。

克里特迈锡尼遗址

那么，长久以来，我们都做了哪些保护与传承的工作呢？中华大地之上，文明遗迹很多，但大多数都处于既无保护也无传承的尴尬境地，只有极少数勉强得到了保护，却深陷于定式思维的窠臼，难以逾越有保护无开发、有开发无传承的诡异逻辑。放眼望去，举国上下，到处可见各级地方政府对文明资源的视若无睹，最常见的保护措施，就是将文明遗址、遗迹圈起来，不让人碰触，不与外界接触，恨不得将文明遗产全数置于封闭的密室之中，不见天光。

这是保护吗？

是，但只不过是被动的保护、无奈的保护。这样的保护措施已经失去了保护文明遗产的真正意义。文明的遗产并不是只让后代远远地瞻仰的，而是要让人们能够通过接触这些文明遗产，来切实地感受祖先创建文明的伟大，聆听来自历史时空久远的回响，体味人类文明不断超越自我、传承发展的重要意义。如果没有了这些内涵，保护文明遗产就成了“为了保护而保护”的无聊之举，更谈不上传承文明精神的重要价值。

※ 分析案例　端着金饭碗的帝王陵墓如何进行产业发展?

在文明遗迹格外众多的陕西省内，帝王陵墓比比皆是。在距离西安市区不过一个多小时车程的兴平市坐落着举世闻名的汉武帝陵墓——茂陵。这座无论从建筑规模还是文化内涵都能够与天下第一帝王陵墓秦始皇陵相媲美的雄伟帝陵，却由于种种原因，始终得不到与其历史地位相符合的资源开发规模与文化地位。同样作为西汉著名帝王汉景帝的陵墓——阳陵，与应者寥寥的茂陵形成了鲜明的对比。1990 年，为配合西安—咸阳国际机场专用公路建设，汉阳陵不得不进行了大规模的外藏坑遗址考古开发工作，这在一定程度上是不得已而为之的行为。众所周知，我国在 1949 年中华人民共和

茂陵

茂陵博物馆

国成立后，由专业考古人员合法考古发掘的古代帝王陵墓只有明代万历皇帝的明定陵。由于考古保护措施落后，明定陵出土的大量珍贵文物都遭到了不同程度的损坏。明定陵之后，国家明令禁止开发境内的任何古代帝王陵墓。这条政策一经出台，古代帝陵的文物考古和保护工作陷入了相对沉寂的状态——帝陵主体不能动，意味着最具价值、最吸引眼球的部分被尘封，而古代帝陵配套的陵园遗址又早已消失在历史的长河中，外藏系统的文物考古研究意义大，文化宣传意义小，因此开发和保护力度都存在不同程度的阙如。同时，中国历史久远，古代帝王陵墓的数量和规模都太庞大，难以做到全部都得到严格的保护与合理的利用。于是，这些古代遗迹和遗址只能安静地沉睡在乡野之间，任凭风吹日晒逐渐消磨它们曾经辉煌无比的价值。

茂陵就是这类遗址中的典型。茂陵不能说没有得到保护与开发，但当人们步入茂陵博物馆，看到的是什么？是暴露在日光风雨中的霍去病墓前的珍贵石刻，是荒草漫漫只能强行圈起来的如山陵冢，还有古旧的 20 世纪 80 年代风格的简陋展览馆。在这样的展览馆中，国宝级文物只是简单地被罩在一个毫无科技含量的玻璃罩子里，供游客简单地参观。文物与历史爱好者在这样的展馆中，完全无法详尽细致地观看每一件文物的细节，这不能不说是对我们伟大祖先所遗留下来的珍贵礼物的一种巨大浪费，也就失去了我们提倡更好地保护和传承文明的意义。

茂陵尽管规格极高，汉武帝、霍去病个个都是名扬天下的历史伟人，但在今天的中国旅游版图上连个热点都算不上，这正好说明了低水平的保护是根本无法达到弘扬传承目的的。

因为上述原因，我们才要旗帜鲜明地提出：保护是为了传承，

复兴文明《帝陵》纪录片拍摄与制作

文化资源的价值和意义，并不在于仅仅谨小慎微的保护。如果不能将传统文化的优秀信息传递给更多的人，传递给下一个时代，那我们保护文化资源的行为就变成了无本之木。今天，以习近平主席为核心的党和国家领导集体，不断地倡导对中华优秀传统文化的保护与利用，尤其强调要让那些曾经深埋地下、深藏禁宫中的文物走出来，以鲜活的姿态面对所有中华儿女，让曾经纵横天地的中华文明精神得以真正地在中国人的血脉中延续，让曾经顶天立地于世间的中华文明重现昔日辉煌，中华民族才能迎来真正的民族复兴。

可见，只有将保护与传承文明上升到民族发展战略的高度上，我们才能真正看清这项事业的核心价值所在，也才能真正寻找到行之有效的文明资源保护与传承的方法，而不是被动的保护和无力的传承。

第二节 在创新中传承

扫码听书

面对传统文化，我们总是在讨论一个永恒的话题：传承与创新。如果仅仅从字面上去理解，传承与创新这对概念看起来其实是有矛盾的。在中国传统思维中，对传承的认可往往要比对创新的鼓励来得容易和常见。因为传承意味着获得一个稳定的结构，而创新则要承担不稳定的风险。中华传统文化拥有一个内敛型的文明内核，这是一个在儒家意识形态的指引下以宗法社会的规矩来框定人们生活规范的文明，这样的文明天然地需要稳定，因而也就天然地对传承更为重视。

祖训、家法、先贤、往圣……所有这些概念无不是对传承思维的一种直接反映。但是涉及创新，则往往阻力重重。传统上，我们这个民族往往更愿意接受，而不是创造。这种民族性在近现代以来遭到了毁灭性的打击，当全世界都在进行创新并从创新中获得巨大的发展力量蓬勃向上时，中华文明不可避免地衰落了。

当然，中国古代并不是没有在文化上的创新举措。第一次文化创新，是在三千年前。彼时，周族刚刚取代了商人，成为天下共主，开创了号称八百年基业的周王朝。在西周建国伊始，主持政务的周公旦便开创了一整套礼仪制度，达成了中华文明在文明礼仪这一文明硬核标准上的进步。在西周之前，中华文明有没有礼仪制度？毫无疑问是有的。殷商文明就拥有一套完善的法天敬鬼的人牲制度，当然这种礼仪制度很残酷，为我们现代文明人类所不齿，但在当时的历史条件下，那就是一种进步的礼仪制度，甚至在相当长的历史时期内还被周人仿效。周公旦的伟大贡献，在于摒弃了殷商那套反人类的人牲献祭制度，取而代之以文明和谐的礼乐文化，用音乐和

老子

孔子

墨子

庄子

礼教来约束人们的行为，使天下之人遵从王化，从而达到巩固周人统治的目的，同时也令周文明拥有比殷商文明更加强大的发展动力，在文明的道路上长远地走下去。

第二次文化创新来得更加澎湃，那是两千多年前的春秋时期。春秋时代，诸子百家争鸣于世，大量新思想、新文化层出不穷，争奇斗艳，极大地带动了整个中华文明在思想文化上的“大跃进”。有学者甚至认为，论及人文思想的大爆发，整个人类历史上也仅有古希腊的雅典学派以及后来的意大利文艺复兴才能与中国的春秋战国时期的百家争鸣相提并论。今天我们在保护、开发文明资源和文化传统时所触及的绝大部分思想内容，都来自春秋时期，儒家、道家、法家、兵家、阴阳家、纵横等学派开创了一个又一个崭新的哲学思想研究领域，对后世的中华文化、中华文明的发展和进步都起到了不可磨灭的巨大推动作用。正是因为有了这第二次文化创新，中华文明在此后的两千年时间才充满了力量，成为世界上绝无仅有的拥有完整而多样化的思想意识形态体系的强大文明，中华文明绵延至今不曾断绝也很大程度上要感谢这第二次文化创新浪潮的贡献。

与第一次和第二次文化创新不同，中华文明在古代的第三次文化创新并没有一个固定的标志性事件和时间节点，而是纵贯了从宋元到明清的八百多年时间。这一时期，儒家文化对中华文明创新的阻力开始凸显，长期被儒家文化统治的中华文明，开放性和包容性开始衰退，对新的思想创造的渴求度也大幅下降。从宋代开始，对儒家思想文化的创新萌芽开始出现，但一开始的发展相对比较缓慢，直到明代才接近完成儒家文化“革命”，诞生了阳明心学这样伟大的“2.0 版儒家思想”。但是，这一次漫长的创新并没有在文化制度上诞生重要的成果，并很快随着明清交替的历史进程，淹没在历史的洪流中。

此时的中华文明，已经变得岌岌可危了。随着清朝统治者保守

王阳明

主义思想的进一步加固，创新行为已经远离中华文明的核心。直到几百年后，当西方列强的坚船利炮轰开了古老中国的大门，中国被迫进入近代之后，新的创新力量才开始酝酿。

应该说，在几乎整个中华文明的古代时期，文化领域的传承是意识形态的主流，创新仅仅是局部、短暂的间歇性文化现象。这样的历史渊源要求我们在今天讲文化创新，需要厘清一个重要的概念：到底是传承为重，创新辅之？还是创新先行，兼顾传统？首先要肯定的是，谈到文化，就肯定离不开传承。但是，如果仅仅是对传统文化"复制""粘贴"这种机械的传承，没有面向未来继续开拓的能力，也就没有任何意义。传承要想有意义，必须要创新，这已经成为业界共识。通常的思维认为，只要能够在继承传统文化基础上做出创新，就是把文化产业做好了。

但是，我们要强调的思想将更进一步：对于文化产业来说，要从创新中传承，而不宜在传承中创新。

这个提法有道理吗？不仅有道理，而且有例子。相较于文化领域，中华文明在国家政治领域的创新活动频繁且多，或者更确切地说，中华文明在古代的每一次文化创新实际上都捆绑了政治创新。西周的礼乐制度、春秋的百家争鸣、汉代的尊奉儒学、唐代的包容开放以及宋明理学的发展，既是文化创新，也是政治创新。在这之中，尤以秦汉之际的创新与传承值得我们重点探讨。一般认为，汉承秦制，汉朝主要是从秦朝继承了文化和制度，是典型的"传承带动创新"。但如果我们仔细地考察秦汉交替之际的政治、文化历史，就会发现，这一说法存在严重的问题。

※ 分析案例　秦朝统一中国的原动力是什么？

秦朝是中国历史上第一个大一统的中央集权王朝，这个朝代本

秦始皇陵

身在创新之路上走得非常远。在政治上，秦朝第一个创造了“皇帝”这一国家元首头衔，同时更本质的政治创新在于摒弃了周代的分封制，以更先进的、更易于管理的郡县制取而代之，对更大、更先进的中国进行更行之有效的管理。秦朝选择一个跨度非常大的创新，其中的胆略和愿望可见一斑。而这种创新意识早在秦统一天下之前的秦国时代，就已经有所彰显。

战国时代，举世大争，七雄并列，逐鹿天下。在战国七雄中，秦国最初并不强大，甚至与东方的齐国、魏国等大国比较，均处于劣势。秦孝公时期，卫鞅进入秦国，在秦孝公的支持下施行“商鞅变法”，一举改变了秦国积弱的面貌，用很短的时间就将被魏国逼得失地丧权、退守关内的秦国，变成了睥睨天下的虎狼之国。商鞅的变法措施，在当时堪称巨大的创新，很多内容甚至与之前的周政走了完全不同的道路，强力的革新创造了划时代的强国，造就了当时唯一有能力统一天下的超级大国。秦国的发展历程和骤变给后人以这样的启示：传承固然重要，但如果只知传承，就会变得裹足不前。

然而，秦国崛起之时的创新，是一种在特定历史条件下选择的激进之路，它的传承过于不足，因此导致了整个国家和社会的极不稳定，也就酿成了秦朝的短命悲剧。到了西汉时期，刘姓宗族继承了秦朝的“皇帝”头衔，却没有完全照搬秦朝的郡县制，而是以看似相对低效但符合汉初国情的“郡国制”来替代。汉初，分封制和郡县制同时存在，这种创新事实上取得了一定的效果，而且通过这种创新一定程度上继承了周朝分封制的某些优点，并在之后的百年时间里实现了平稳过渡。

如果说秦朝的创新步子迈得太大，从而导致了诸多社会问题，那么汉朝的创新看上去则更加接地气，更加稳妥。这其中，以创新

秦始皇兵马俑

来带动传承，就是汉朝在创新的同时保持稳定的不二法门。汉朝的创新措施中，传承周朝以来的各种政治制度和文化内涵始终居于重要的地位，无论汉初无为而治的黄老治国理念，还是汉武帝、汉宣帝时期积极进取的法家精神，抑或是后半程的儒学当国，汉朝文化创新和政治创新始终恪守一个原则，那就是在创新的时候绝不丢弃传统，并通过创新来带动传统适应新的时代。

由此可见，在创新中传承是中华文明古往今来一以贯之的智慧，从古至今，这样的智慧始终指导并引领着我们这个民族披荆斩棘，开拓进取。我们今天搞文化产业，复兴文明，就要学习这种智慧。目的决定方法，一个民族的传统文化如果不加以创新和变革，就没有生命力，也就无法与当代社会相适应。创新的目的是使传统文化恢复活力，创造性地转换为现代文明，生生不息，世代绵延。尊重传统并弘扬传统，不是沿袭传统，而是适应时代要求，吸收新思维、新概念，对传统进行新诠释，推陈出新，从而丰富文化内容。创新的形式多样，可以在非物质文化基础上增加新内容，使之更适合当代人的生活方式；也可以运用现代科技制作非物质文化产品，使之转化为现代文明产物。

※ 分析案例　非物质文化遗产如何传承？

在今天我们进行传统革新的文化产业化道路上，创新带动传承也有着鲜明而典型的案例可供借鉴。先谈反面的例子，如近年来炒作热度非常高的非物质文化遗产，被称为历史文化的“活化石”。随着社会的发展，一些非物质文化遗产可能会逐渐被人淡忘。淡忘的结果就是被忽略、被毁坏，甚至是灭绝。但是，我们一直以来对待非物质文化遗产的态度和做法确实值得警惕——大多数非物质文化

国家非物质文化遗产剪纸、花馍、皮影

昆曲演出

遗产，都是在其已经或即将处于毁灭与消亡边缘时，才引起了人们的重视，进而采取一种被戏称为“临终关怀”式的抢救性保护。这种被动的保护完全没有创新性可言，因为这种保护从根本上说，就是以单一地“存留”为出发点，甚至功利性占主导地位，以“申报”为最终目的。于是，重申报，轻保护，成了我们国家面对非物质文化遗产时仅有的一点可笑的被动行为。迄今为止，中国申报成功的非物质文化遗产并没有真正变成可以持续性发展、延续的活态文化，始终在没有创新的“保护”下“苟延残喘”，如果这种情形不改变，这些非物质文化遗产项目终有一日会步入可悲的历史宿命，成为再也无人问津的“死掉”的文化。

在非物质文化遗产中，很多传统文化表现艺术都面临着极大的窘境。譬如我国著名的国粹昆曲，这种不以物质为载体的文化形式在社会生活的内容和形态都发生了极大变革的今天，要如何保护，又如何传承下去？从创新带动传承的角度来看，这个问题的答案一目了然——真正要保护的昆曲并不是某个具体的戏曲作品，也不是某些流传古今的乐器、乐谱，而是在一代代教学、模仿和社会接受中传承下来的艺术形式、技艺和审美趣味，而这些东西必须要随着社会生活内容的变化而改变，在创新的表现方式和新时代的文化生活内涵中达成传承。再就民俗的保护来说，假如一个村落民俗的物质形态被完完整整地保存下来，而原来生活于其中的文化群体的生活方式和群体认同感却已消失，那这种民俗遗产还存在吗？如果我们需要这种民俗继续存在，那么是否应该用某种行之有效的创新，让这种民俗活动的内涵得以延续呢？

答案当然是肯定的。

“非物质文化遗产”的概念给文化遗产保护工作带来了新的难题。许多学者对这种文化遗产能否得到保护持怀疑态度，因为按照

大型实景展演《又见平遥》

传统的历史主义观念，一定的文化形态是相应的社会物质基础的产物，随着社会物质生活基础的改变，建立于其上的文化形态也必然要改变。而同样是对传统文化进行传承，近年来在全国各地引发持续性高热关注的“又见”“印象”系列文化展演，则窥见了创新的门道，将创新与传承有机地结合起来，以表现形式上大破大立的创新，引领了文化活态的传承。

※ 分析案例 《又见平遥》：什么样的舞台剧颠覆传统？

以“又见”系列中最著名的《又见平遥》为例，这是一部以山西平遥古城的真实历史为题材的大型实景演出。山西省为此投资了上亿元，在平遥古城西门外修建了一座专门上演该剧的剧院，自 2013 年公演后，已连续上演一千多场，观众超过百万人次，各方好评如潮。《又见平遥》最大的创新，在于把表演搬到了古城外一个巨大的剧场里，在剧场中实景还原了一百多年前平遥民间生活的活态。不同于传统的舞台剧，《又见平遥》在表达上的创新令人耳目一新，这是观众欣赏方式的创新，也是传统文化在自我表达上的一种创新。一般的戏剧，是观众坐着看，通过舞台效果的变化把观众带入不同的场景。《又见平遥》整个剧场根据情节分成不同的场景，每个场景既是舞台，也是观众席，观众不仅仅是观看者，同时还是表演的参与者，是这部剧不可缺少的一部分。平遥的魅力之处，是人文精神，是明清建筑，是晋商民俗，而这一切都完美地呈现在一个现代化的空间中，并通过优秀的舞台造型和灯光设计，再搭配动人的宏大剧情，全景式地再现了一百多年前平遥城鼎盛时期的时代风貌。

我们要做的既不是对传统文化的全盘继承，也不是对传统文化的缝缝补补，而是全面创新传承中华传统文化，复兴中华文明！从

大连万达

通州万达

武汉万达

广州万达

这个角度去看待这件事，它的体量是非常巨大的，甚至是从根本上去创新文化产业模式，这种程度的创新绝不是仅仅在保守的传承中能够取得的，我们必须发挥主动性，在伟大的创新浪潮中去传承中华文明，用创新带动传承，用创新延续传统，用创新让古老的文明在新时代焕发光彩，在未来始终昂扬挺立。

关于创新，还有一点需要特别强调。就是在具体的文化产业及文化项目操作中，必须将创新落到实处。换句话说，就是要弄清楚创新的内涵，解决什么才是创新以及如何创新的问题。

一言以蔽之，创新的核心在于发现新的需求，同时针对相关市场需求开发和设计出能够充分满足大众需求的新的内容。

※ 分析案例　房地产危机：万达如何自救?

大家都知道前些年国内房地产行业很景气，于是多数房地产企业都过得挺滋润。然而，2014 年前后房地产业陷入了寒冬，进而大多数房地产企业受到了强烈的冲击，包括大名鼎鼎的万科地产和碧桂园等行业巨头。然而，王健林的万达集团却安然无恙，甚至在全行业不景气的背景下还成了中国首富。其中的差距何在？答案就在于万达集团无意中凭借创新的力量躲过了危机。

万达是从事商业地产开发的，但与其他同行不同的是，万达集团早在前些年就完成了从普通商业地产模式向万达城市广场模式的进化。当大家还都沉醉在圈地、盖大楼、卖商铺的常规套路时，精明的万达人就发现了新的需求热点与内容形式，就是为自己的地产项目注入商场、店铺、影院、儿童游乐园区、餐饮等丰富的城市生活内容。

这就是创新，善于发现新的需求，积极满足新的需求，开发针对需求的内容。于是，万达集团才在房地产市场降温的情况下一枝独秀，而没有像其他大多数同行那样焦头烂额。

第三节 创新传承中的梅派艺术

扫码听书

清光绪二十年，也就是公元1894年，发生了两件事：一件是当时轰动全球的中日甲午战争，另一件事情在当时并没有引起多大的波澜，却在几十年后成为中国京剧艺术发展史上非常重要的一个时间点。这一年，梅兰芳出生在北京前门外李铁拐斜街一户京剧世家的旧居中。十年后的1904年8月17日，梅兰芳在北京“广和楼”戏馆第一次登台，工花旦，在《长生殿·鹊桥密誓》里饰演织女。从此，传承百年的中国京剧艺术舞台上，一位新星冉冉升起。梅兰芳不仅将成为京剧艺术大家，更将引领京剧的创新潮流，为这一古老的传统艺术焕发新生而竭尽全力。

民国二年（1913年），梅兰芳接受上海许少卿邀请首次赴上海演出，在四马路大新路口丹桂第一台演出了《彩楼配》《玉堂春》等戏。当年11月16日，梅兰芳第一次贴演扎靠戏《穆柯寨》，这也是他第一次唱大轴戏。他吸收了上海文明戏、新式舞台、灯光、化妆、服装设计等改良成分，又研究新腔并学习昆曲，开始向昆曲“取经”。民国三年（1914年）1月，梅兰芳在庆丰堂与王蕙芳同拜陈德霖为师，又先后从师乔蕙兰、李寿山、陈嘉梁学习昆曲。7月至10月，在“翊文社”最初尝试创编了时装新戏《孽海波澜》。梅兰芳对化妆、头饰方面进行了改革。

梅兰芳在京剧创新的道路上行走自如，越走越顺畅。创新能力超群的他先后排演了很多题材新颖的剧目。民国四年（1915年）4

梅兰芳

月 10 日，梅兰芳在北京吉祥园上演创编时装新戏《宦海潮》。4 月 16 日，又在北京吉祥园上演创编时装新戏《邓霞姑》。10 月 31 日，在北京吉祥园首演创编古装新戏《嫦娥奔月》。在这些新戏的创作过程中，梅兰芳开始尝试在京剧舞台上使用追光，把灯光的作用向前推进了一步。

很快，梅兰芳创作的新戏大放异彩。民国五年（1916 年）1 月 14 日，梅兰芳在北京吉祥园上演创编的新戏《黛玉葬花》。4 月 19 日至 21 日，他在北京吉祥园上演创编时装新戏《一缕麻》。同年，梅兰芳第三次到上海，竟连唱四十五天。民国十二年（1923 年），梅兰芳再次创新，首创在京剧伴奏乐器中增加二胡，使京剧音乐更加丰富。四年后，梅兰芳被正式评为“四大名旦”之首，次年 4 月 6 日，他又在北京中和戏院首演创编新戏《凤还巢》。同年夏天，梅兰芳在北京编演了新戏全本《宇宙锋》，并第二次赴香港演出。

梅兰芳对于京剧的创新和贡献，引起了全世界文化界的关注。民国十九年（1930 年）1 月 18 日至 7 月，梅兰芳率“承华社”剧团部分演员经日本横滨、加拿大维多利亚赴美国演出，先后在西雅图、芝加哥、华盛顿、纽约、旧金山、洛杉矶、圣地亚哥、檀香山等地演出七十二天，美国波摩拿学院、南加利福尼亚大学分别授予其文学荣誉博士学位。民国二十四年（1935 年）2 月 21 日至 4 月 21 日，梅兰芳再次率剧团赴苏联访问演出，在苏联先后与戏剧大师斯坦尼拉夫斯基、布莱希特会面。同年 4 月至 8 月赴波兰、德国、法国、比利时、意大利、英国等国进行戏剧考察。

毫不夸张地说，从清中叶京剧诞生之时起至今，只有梅兰芳将京剧艺术推到了此等境界。终其一生，梅兰芳始终不断地探索着京剧艺术可能的创新点，并将之付诸实践。而正是在创新中传承京剧传统文化的实践，一举奠定了梅兰芳的“梨园地位”。

梅兰芳剧照

梅兰芳究竟对京剧进行了怎样的创新呢？

梅兰芳创造的京剧梅派艺术，不仅是中国京剧与整个中国戏曲艺术的高峰，而且是世界三大表演体系之一，而革新精神，是梅派艺术的首要特征。梅派主要综合了青衣、花旦和刀马旦的表演方式，在唱、念、做、舞、音乐、服装、扮相等各个方面进行了全面、系统的创造和发展，使京剧旦行的唱腔、表演艺术臻于完美，成为旦行中影响深远的流派。

在唱腔上，梅兰芳从思想感情出发处理唱腔。一是使老唱腔有了新意。由于他的嗓音高亢清亮，圆润甜脆，音域宽广，音色纯净，加上按音律来处理唱腔，使人听了觉得无腔不新颖，又无腔不熟悉，既悦耳动听，又十分和谐。他对传统戏剧唱词的不合理的地方进行了修改，但改词不改腔，因为唱腔是观众熟悉的，腔虽没改，但却是从剧中人物感情出发把词有所改变。二是梅兰芳创造的新戏、安排的新腔，同样能为观众接受，也是因为所创唱腔符合剧中人物的思想感情，以情带声，而不是用新腔去哗众取宠。

梅兰芳在京剧表演中选择了新旧相融合，在传承中去其不美与低俗，留其精华与清雅来积极学习与吸纳。梅兰芳所创造的梅派道路，也和其他流派创造者一样，先是走承师之道，而后在承师的基础上，走自己的创新道路。梅派最大的特点就是没有特点，抓住某一个特点很难，讲究的是范本之美，无论一招一式、一字一腔、发声运气都非常强调规范。

梅兰芳将京剧艺术的创新推进到了前无古人的高度，反过来又让这门艺术得以在新的历史社会环境中传承。在京剧发展的早期，旦行中花旦和青衣之间的界限非常严格。青衣表演时表情端庄，身段比较少，主要以清刚婉转的歌唱见长，这很符合古代社会所认可的端庄贤淑的女性美。花旦则表现性格比较活泼的女子，甚至是邪

梅派艺术

行之人，所以装扮的多是丫头、妓女、放荡的女子，总之这些形象要么社会地位低下，要么道德品行低下。但花旦的表情丰富，身段俏丽，比起表演死板的青衣来说，自然更受观众的欢迎。

梅兰芳很早便意识到，旦角应该表现不同时代、不同性情和性格的美丽女性，这促使其创编时装新戏和古装新戏。而这种创新开拓，不仅头饰、服装、舞蹈等方面向着“美”的创新变革，而且在戏曲人物上趋于新思想、新面貌的“新”，都符合那个时代的审美，因此迅速红遍大江南北。他的这种创新精神，也影响了他那一代京剧艺术家，塑造出更多的女性形象，极大丰富了旦角的艺术表现力。其他行当亦莫不如此。

可以说，正是梅兰芳这种艺术创新的精神，引领京剧艺术在民国时期达到高度繁荣。而这位京剧艺术大师对中国戏曲理论的贡献，则完美地诠释了在创新中传承的精髓。梅兰芳针对中国传统戏曲艺术，提出了“中国戏剧之三要点”：第一，西方戏剧与中国戏剧的隔阂是可以打破的。第二，中国戏剧的一切动作和音乐等，完全是姿势化。所谓姿势化，就是一切的动作和音乐等都有固定的方式。例如动作有动作的方式，音乐有音乐的方式，这种种方式，可作为艺术上的字母，将各种不同的字母拼凑在一起，就可成为一出戏。但梅兰芳并不为这种字母所束缚，他依旧可以发挥自己在艺术上的天才与创造。第三，中国戏曲未来之趋势必须现代化，并不一定是戏剧、本体的现代化，是要使剧中的心情和伦理实现现代化，如背景与灯光也可使其成为姿势化，使其有固定的方式来表现剧中各个情绪，这是中国戏剧今后可试验的途径。

梅兰芳先生用一生的艺术实践，完美诠释了什么叫作“在创新中传承，用创新带动传承”。他用艺术去阐释中国人的历史、情怀和梦想，从而创造出让大众欣赏并产生共鸣的作品。梅兰芳的戏曲艺术表现出中国气派和中国文化的独特性，并为其他国家和民族的人们所钦慕与赞赏。世界也通过他了解了中国戏剧，并对中国文化，对中华民族的情感、心理世界有了更多的了解。

这，就是梅兰芳成为京剧发展史上举足轻重的大师的原因。他并不是在传承中等待创新的降临，而是在主动的创新实践中找寻传承传统文化的契机。他始终坚持用符合时代的元素去改良京剧，使这种传统艺术始终跟得上时代的潮流。如果没有以梅兰芳为代表的传统艺术创新者的努力，像京剧这样的传统文化很可能早已衰落了。人类文明的脚步从不会停止，一味地传承过去的东西而不加以创新，只能故步自封，最终面临被时代淘汰的尴尬命运。只有掌握了创新的主动权，才能把控传统文化与艺术的生命。

对于我们今天从事文化产业创造的人来说，没有什么比梅兰芳大师的故事更具说服力。当我们真正理解了“在创新中传承”这一重要概念，也就掌握了文化产业的基本规律。

第四节 创新传承中的汉文明

扫码听书

2015 年 11 月 24 日，由陕西新华出版传媒集团数字出版基地和复兴文明集团联合摄制的 11 集大型编年体史诗动画纪录片《帝陵》登陆中国中央电视台 10 套《探索·发现》栏目，同时向海外多个国家和地区授权播放，引起了全球性的中华汉文明热潮。这是中国汉文明、汉文化第一次在世界范围内以同一主题、同一文化产品进行推广，也是中华文化在海外不断开疆拓土的成功案例，更是文化产业在创新中进行传承的成功案例之一。作为纪录片《帝陵》的总导演和总策划，我对这一文化精品所引起的热烈社会反响很是自豪和振奋！

围绕着弘扬和传承中华汉文明这一文化大 IP 的魅力，复兴文明集团整体规划了宏大的“国脉——汉文明探源工程”项目。我们期待通过一系列的创新思路与活动，最终能成就一套有效的汉文明传承模式。

这些年来，我们一直在从事历史文化资源开发及产业化的工作。在实践中我们感触到，历史文化资源开发并非仅仅是“开挖”。所以，现在策划汉文明的传承，实施“国脉——汉文明探源工程”项目，我们期待能在模式上积极突破，更为注重创新思维与“软建设”的能量。这里，就结合纪录片《帝陵》和其他诸多将落实的项目，来说说我们创新汉文明传承模式的构思与实践。

纪录片《帝陵》的着眼点是西汉王朝十一位帝王的陵墓。从“帝陵”的角度来阐述历史，这样的模式本身就是鲜见的，而从古代帝王事死如事生的视角表现帝王陵墓，进而揭示封建王朝的兴衰更

《帝陵》纪录片展厅与制作现场

《帝陵》纪录片精美剧照

《帝陵》纪录片西汉王朝十一位帝王泥塑形象图

替，这样的叙事更是前人少有为之。纪录片《帝陵》并非传统纪录片的古板风格，而是以故事的形式串联起来，制作上也体现了大量的创新元素。

纪录片《帝陵》将实拍影像、虚拟影像与虚实融合影像三种制作技术有机结合在一起，开创了数字动画技术纪录片的应用先河，从而将一个华丽的大汉王朝及其帝陵艺术奉献给观众，让人们在享受视觉大餐的同时了解当年汉文明的相关风貌。

纪录片《帝陵》追求将历史复原，将已经远逝的当年西汉文明经典重现。所以，对片中呈现的西汉历史、汉文化元素，无一不是精雕细琢以追求最贴近真实而完美的表现效果。大到城池、宫殿、陵园的数字模型与著名历史人物的泥塑造型，小到室内陈设摆件或每位历史人物的服饰、发饰等，都秉承严肃、科学的态度，按照西汉时代的特征来处理。

比如，我们都知道，汉文帝刘恒是一位爱惜民力、勤俭朴素的仁君。于是，在《汉文帝·霸陵》这一集的相关场景陈设方面，除必要摆设之外再无多余装饰性陈设，着力体现一种朴素大方又不失庄严的装饰风格，处处彰显汉文帝性格与执政方式的特点。到了西汉中期，国力已蒸蒸日上，此时期场景的设定与陈设便多了些浑厚与

《帝陵》纪录片汉文帝刘恒及朴素大方的陈设

《帝陵》纪录片用泥塑翻模的形式手工制作角色和部分场景

大气，以汉代特征最为显著的几何式分割的装饰纹样来体现此时代的品性特征，相关背景音乐也力求烘托铁血强汉的赫赫威风。而到了西汉后期各帝王陵墓的分集，场景陈设上增加了浮华、奢靡的表现成分，以反映末世统治者沉迷于声色犬马的颓废，此时的背景音乐也清晰地传达出了王朝末路的悲剧色彩。

由此，避免了一些影片只强调大效果而忽视历史细节考证的误区。这种严谨、缜密的态度，在从事历史文化资源开发工作中是很重要的。

很多历史题材影视作品只能用现有场景及环境来叙述自己的故事，因而难以顾及影片中历史的真实性。为了突破此种局限的束缚，我们在纪录片《帝陵》制作中创新性地使用了微缩景观技术，即通过实景和电脑特技合成来实现需要的外景和内景，从而拓展和丰富了片中的艺术空间。同时，纪录片《帝陵》中的重要历史角色有两百余位，涉及皇帝、皇后、王侯将相等等，历史故事发生的场景亦是数不胜数。用泥塑翻模的形式手工制作角色和部分场景，成了这部片子的又一个主要创新点，而且这种艺术表现形式本身也属于中国独特的文化遗产，从而在影片中更多地展现出了中国元素。

做历史文化产业有一个需要始终谨记的要素，那就是文化产业是一种市场化的产品，而不是考古学家、文化学者书斋中的纸堆。所以，在尊重历史基本风貌的前提下，为打造更富有魅力的产品，经常需要艺术性地提炼和升华某些历史文化元素，而不可固执地认为历史和文化的一点一滴都不能有一星半点的改动，以免阻碍普通人接触传统历史文化的热情。

在纪录片《帝陵》的制作中，我们就将意境的追求和神韵的把握摆到很重要的位置，而不是事无巨细地一概反映原貌、单纯地还原历史。在整个片子的美术设计风格方面，我们极力在意境上体现

《帝陵》纪录片壁画动画技术

《帝陵》纪录片微雕动画技术

《帝陵》纪录片三维动画技术

汉代“质朴、刚健、清晰、浓重”的特点，建筑模型上同样是注意凸显西汉时期大气恢宏的布局特征。这也是于创新中传承的一种姿态。

总之，我们在制作《帝陵》这部纪录片时，尽最大努力使故事情节、人物、场景、道具、音乐和音效融为一体，用心表现西汉文化的发展与变迁，在真实又艺术地展现汉代风韵的前提下，创造出前所未有的视觉印象。从大的方面而言，实现了三大显著的创新：

叙事方式创新

纪录片《帝陵》以时间为轴线，以人物为经脉，以故事为烘托，糅合为类编年体的纪录片来表现西汉王朝十一位帝王的往事烟云，打破了传统以事件为顺序的叙事方式。

表现手法创新

为丰富纪录片《帝陵》的表现效果，片中大量使用了数字动画技术，具体来说，包括壁画动画技术、手绘动画技术、微雕动画技术、三维动画技术、实拍融合动画技术等，进而实现了独特的编年体史诗动画纪录形式与审美价值、丰富的动画角色视觉形象和动画意向的完美结合。如此，更好铸造了中国历史上大汉王朝的雄风，赢得了各方面的交口称赞。

商业模式创新

在纪录片《帝陵》的创作中，我们开始有意识地践行自己总结出的文化产业发展模式：在经济层面把西汉文化作为一种可发掘和可转化的宝贵资源，从中勉力萃取文明的要素，再将之凝固在纪录片这一具体的产品中。缔造产品的过程中，也牢牢把握两个操作要点：一是通过创新因素来带动传承，二是充分运用现代科技手段来提高产品的品质。随着纪录片《帝陵》影响的不断扩大，包括“国脉——汉文明探源工程”其他项目的实施，我们还将有很大的空间

汉长安城数字复原图

“国脉——汉文明探源工程”图书、DVD、CD

形成相互支持的多形态产品，也就形成了围绕汉文明开发的文化产业。换个更通俗的说法，文化的属性当如水，与不同的容器结合便成了世人眼中有形有质的物品。可以是汉服礼仪，可以是“刘邦斩蛇酒”，也可以是一部商业故事片，产品的形态不一样，但是都立足于汉文化及汉文明这个基础。如此，不仅逝去的东西被我们找回来了，这些东西在当代社会还给开发者带来了商业利益。

纪录片《帝陵》这一引人注目的产品只是我们的“国脉——汉文明探源工程”的一个项目，围绕着整个宏大的工程，我们还构思了诸多其他的产品创意，以期逐渐形成一整套以汉文明资源为核心的汉文化产业链条，下面就目前已经开展的项目与大家分享。

汉长安城数字化体验景区项目

汉长安城遗址是世界级的珍贵遗址，它承载着民族文化的印记，对整个汉民族而言具有奠基的重要意义。秉持保护和开发兼顾的原则，我们借助高科技手段，创新性地设计了中国首个沉浸式汉文化体验景区，实现了最小干预和充分展示的统一。白天，游客步入汉长安城遗址，表面看似乎依旧是满目沧桑的残垣断壁，但是当使用二维码一扫时，手机、Ipad 上就能展示出立体的历史画面。晚上，激光全息技术幻化出的巍巍宫城和长安盛况则复现在遗址上。同时，还有烘托气氛的音乐和故事作为背景。如此，通过科技与文化相融合，呈现汉代历史的波澜壮阔，推进汉文化全球弘扬与传承。让人们在看（宫殿建筑城市遗址）、听（悠久的长安古曲）、感（让游客产生遐想空间）、触（触摸历史的沧桑，凋零的古城）、嗅（呼吸中感受到历史的味道）的过程中，被五感体验带回大汉王朝，将汉代文明融入每个中华儿女的心中。

“国脉——汉文明探源工程”图书、DVD、CD 出版项目

围绕“国脉——汉文明探源工程”，我们完成了两部图书的出版

鸿门宴大遗址景区项目开发汇报现场

汉国学大讲堂

芒砀山汉文化景区智慧旅游项目汇报现场

工作，通过《西汉王朝》（上册）和《复兴文明》（下册）向世人展示中华民族之邦本，探源发展脉络，复兴昔日大汉雄风。同时，纪录片《帝陵》被制作成精美的 DVD，讲述大汉王朝帝王神秘莫测、荡气回肠的千古传奇故事。此外，还有《鸣冥之音》三部曲 CD，分别为《汉兴》《汉盛》《汉衰》，通过汉乐将大汉之美展现在今人面前，让汉文化流淌在每个中华儿女的心间。如此，实现了对汉文化的全方位展示和呈现，通过文字、图片、影像和音乐多种具象化手段来探源汉文明，传承汉文化精髓，复兴中华国脉精神，重塑中华信仰，让中华传统文化更加有血有肉、生机勃勃、深入人心、发扬光大。

“国脉——汉文明探源工程”是我们全身心投入的复兴伟大汉文明及推动汉文化产业发展的重要努力。我们深信，通过这一宏伟工程的实现以及由此形成的多样文化产品，祖先的璀璨汉文明能够真正在今天活态化。希望有朝一日能够让汉文化之花在世界盛放，博得属于我们民族的、更大的文化辉煌。

复兴文明道路漫长，在创新中完成对历史的传承与发展，始终是我辈文化产业从业人员的使命和责任，幸运的是，我们正在路上。

汉长安城汉国学大讲堂项目

由复兴文明集团文化产业研究院与汉长安城管委会、西安市委宣传部合作开启的“汉国学大讲堂”，主题为“长安——丝绸之路”的文化讲坛，主讲老师为著名学者肖云儒和陕西历史博物馆原馆长周天游。两位老师从丝绸之路开辟历史缘由开始讲起，从当时秦汉两国的统治阶层、国力背景和周天子西行等各个方面，由浅及深地分析开辟原因。肖云儒通过自己亲身体验“丝绸之路万里行”的经历，向现场观众讲述丝绸之路上的所见所闻，剖析博望侯张骞在出使西域时遭遇恶劣气候、社会动荡等艰难经历。随后，两位老师根据自己多年的历史研究经验，向观众讲述了东西方文明怎样通过丝

保洁员

电瓶车驾驶员、巡逻人员

接待、导游

景点验票员

汉礼傩舞师

售票员

芒砀山汉文化景区四季汉服

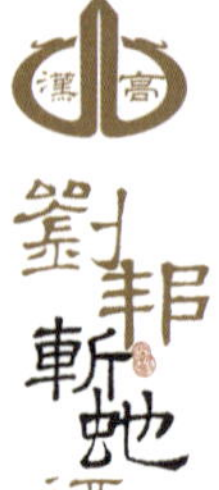

芒砀山刘邦斩蛇酒系列

绸之路来进行相互之间文化、政治等方面的交流与促进。

鸿门宴大遗址景区开发项目

这是一个立足国人耳熟能详的鸿门宴故事开发的遗址公园项目，重点聚焦当时军旅文化和历史英雄人物两大方面，通过“时空旅行，鸿门盛宴”的设计原则来复现鸿门宴一幕，让游客在互动中体验古代军旅风情，品味鸿门盛宴，感受民族雄魂。“鸿门宴”项目采用双轮发展模式：内外兼修（旅游产品 + 旅游品牌）+ 虚实兼备（军旅体验 + 旅游服务）+ 古今兼推（遗址展示 + 五感科技）+ 产学兼顾（文化旅游 + 学术研究），从而推动项目整体运营，展现文化魅力，通过文化旅游传承中华复兴文明。

芒砀山汉文化景区智慧旅游项目

芒砀山汉文化旅游区坐落在豫东方圆 14 平方公里的山群之中，是一处集山水观光、文化观赏与生态休闲于一体的国家 5A 级旅游区。这里群峰争秀，水色潋滟，风光旖旎，历史厚重，文化神秘。对外开放的景点有汉梁王陵景区、汉兴源景区、夫子山景区、陈胜王陵景区、大汉雄风景区、汉文化博物馆、芒砀山地质公园、傩文化园、溪谷生态园等。芒砀山汉文化景区是复兴文明集团重点打造的智慧旅游项目，规划面积为 24 万平方米，以 3D 数字技术将原本残缺的景区遗址进行数字修复还原，打造出一种以多元化感官体验标识系统为载体的新型智慧旅游景区，以一个交互性的多媒体导览系统替代传统的标识牌设计。运用数字科技手段让游客通过听觉、视觉、触觉等多种感官充分了解、体验芒砀山汉文化所带来的文化乐趣，增强游客对旅游区的游历体验。

芒砀山汉文化景区四季汉服项目

中国完整的服装服饰制度是在汉朝确立的。汉代的染织工艺、刺绣工艺和金属工艺发展较快，大力推动了服装装饰的变化。在中

芒砀山刘邦斩蛇酒系列

国朝代的“五德终始”说中，汉朝尚火德，所以红色和黑色是西汉服装的主色。芒砀山四季景区汉服以此为设计依据，通过红、黑两种颜色将汉代特有的大气、高贵感表现出来，又针对四季变化融合现代时尚元素，在细微之处配以汉代服装特有的染织和刺绣工艺，使整套汉服风格庄严而不失优雅，尽显贵气。

芒砀山刘邦斩蛇系列白酒项目

刘邦酒后斩白蛇这一家喻户晓的故事就发生在芒砀山。“斩蛇起义”是刘邦建立大汉王朝之前的历史典故，刘邦在芒砀山遇一大白蛇挡路，将蛇斩杀之后遇一老妪，告其所斩之蛇为白帝，白蛇原意向赤帝讨封却被其杀害，刘邦以此得知自己正是赤帝的化身，于是正式举起反抗暴秦的义旗。又据《史记·梁孝王世家》记载，汉文帝和窦皇后的儿子梁孝王刘武有一件罍，被其视为至宝。刘武临死前立下遗嘱“善保罍樽，无得以与人”，让后人切勿传罍给外人。

刘邦斩蛇酒项目的设计思路依托于这两大历史典故。以汉剑为设计本体，配以汉代罍作为酒器，“双剑配双罍”，切合故事主题，且外形优美，具有汉代历史气息，有较高的观赏和收藏价值。

当年刘邦所饮之酒的配方在芒砀山古镇历经岁月沧桑与世事变迁而代代相传。根据传承两千多年的配方，将传统工艺和现代技术相结合，我们开发了刘邦斩蛇系列白酒。该酒以纯粮精酿而成，内含高粱、大米、玉米、小麦和豌豆等农作物，入口不干、不上头，具有醇香爽绵、回味悠长的特点。酒入回肠，感受千年英雄气；胸襟蛮夷，体验万古帝王魂。基于古酒改良而成的刘邦斩蛇酒的惊艳出世，让人们以另一种方式感受和体验汉文明的魅力。

第五节 创新传承中的『一带一路』

扫码听书

习近平总书记在 2013 年 9 月和 10 月分别提出建设“新丝绸之路经济带”和“21 世纪海上丝绸之路”的构想，简称为“一带一路”。这是我国政府和中共中央根据当今国际经济发展潮流推出的重大国际合作发展倡议。“一带一路”构想从历史深处走来，却是着眼于未来发展的布局，也正好体现了对历史及传统的创新与传承。

我们知道，丝绸之路古已有之。它起始于东方的古代中国，向西横贯中亚与西亚，远抵欧洲与非洲地区。1877 年，德国地理学家李希霍芬将这条古代世界的陆上交流通道命名为“丝绸之路”。这条道路曾在古代东西方文明交流与交往历史中写下了重要华章，承载着经济、政治、文化等诸多方面的交流，体现了人类跨越阻隔、互利互鉴的胆识和毅力。

海上丝绸之路，指古代中国与世界其他地区进行经济、文化交流与交往的海上通道。这一中外交流之路早在两千多年前已经显出雏形，唐代时形成繁荣的“广州通海夷道”，明代郑和七下西洋的壮举，则标志着海上丝绸之路发展到了极致。这条海上丝绸之路不仅催生了中华文明中重要的航海文明，同样是沟通中国与海外文化交流及商贸往来的华丽纽带，在历史上其辐射面非常广大。以我国东南沿海为一端，经过中南半岛和南海诸国，穿过印度洋，进入红海，抵达东非和欧洲。当年，世界各地有多达六十多个国家和地区通过

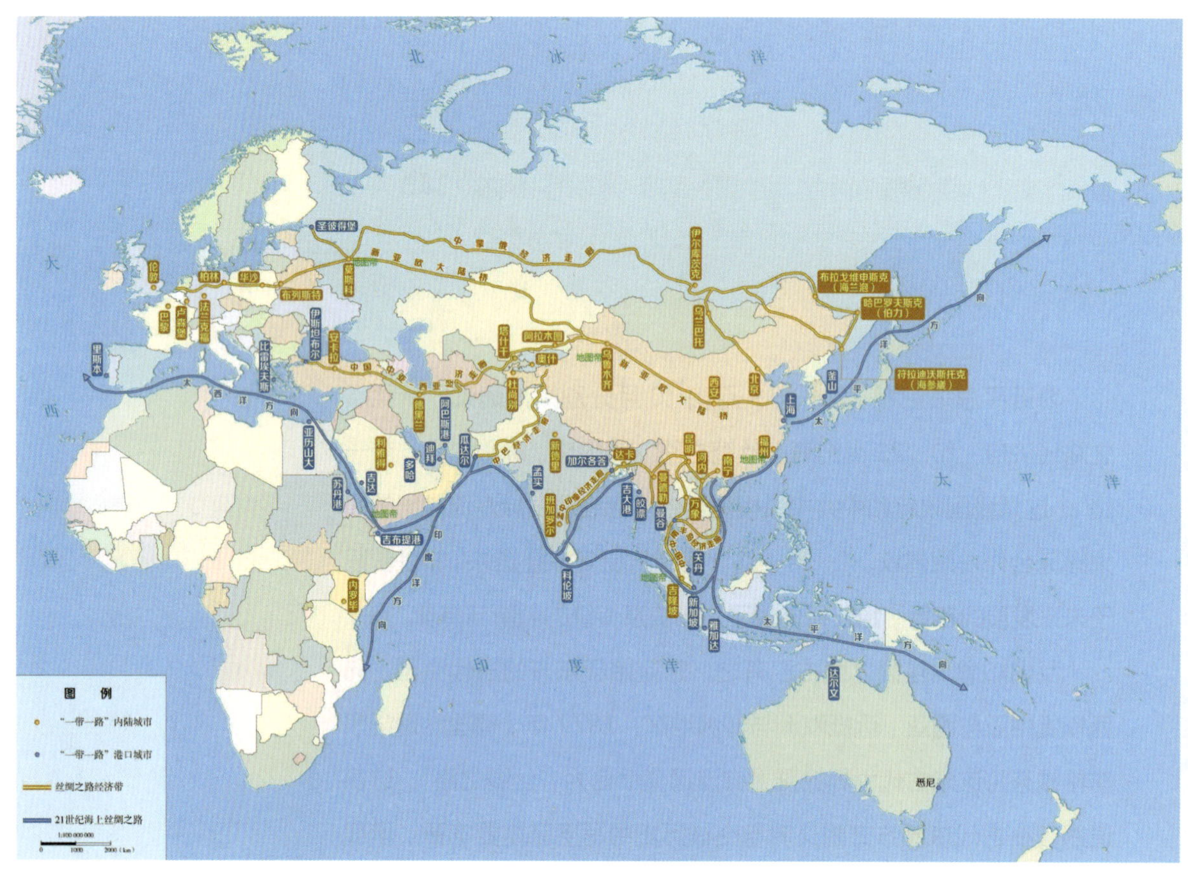
北 冰 洋
大西洋
太平洋
印 度 洋
圣彼得堡
伦敦
柏林
华沙
布列斯特
莫斯科
巴黎
里斯本
伊斯坦布尔
比雷埃夫斯
安卡拉
德黑兰
阿巴斯港
塔什干
阿拉木图
喀什
乌鲁木齐
杜尚别
伊尔库茨克
乌兰巴托
北京
西安
布拉戈维申斯克（海兰泡）
哈巴罗夫斯克（伯力）
符拉迪沃斯托克（海参崴）
釜山
上海
福州
南宁
河内
昆明
曼德勒
曼谷
万象
达卡
加尔各答
新德里
孟买
班加罗尔
科伦坡
吉大港
皎漂
关丹
吉隆坡
新加坡
雅加达
达尔文
悉尼
瓜达尔
迪拜
多哈
利雅得
吉达
苏丹港
亚历山大
吉布提港
内罗毕
中蒙俄经济走廊
新亚欧大陆桥
图例
"一带一路"内陆城市
"一带一路"港口城市
丝绸之路经济带
21世纪海上丝绸之路
"一带一路"示意图

“海上丝路”与中国进行商贸活动。

通过梳理中华文明对外交流的悠久历史，我们可以发现，卓然于世的“一带一路”倡议并不是凭空冒出来的概念，它根植于中华文明曾经对世界经贸和文化交流做出的伟大贡献。丝绸之路是连通古代中外世界的共同纽带，习近平主席和党中央借助这一易于引发情感共鸣的昔日概念，赋予了其崭新的时代内涵！那么，今天的中国又准备如何创新地演绎新时代的“陆海丝绸之路”呢？

当今世界正发生着复杂深刻的变化，华尔街金融风暴引发的国际金融危机对全球经济的深层次不良影响还在继续显现，世界经济复苏缓慢乏力，国家间的发展持续分化，国际投资贸易格局和多边投资贸易规则正酝酿深刻调整，各国都面临着严峻的发展问题。共建“一带一路”的设想，是我国政府根据国际和地区形势深刻变化，以及中国发展面临的新形势、新任务，致力于维护全球自由贸易体系和开放型经济体系，促进沿线各国加强合作、共克时艰、共谋发展提出的构想，具有深刻的时代背景。这是具有包容性和可持续性的新模式，旨在通过全方位的合作实现不同国家间的合作共赢。

按照我国官方对“一带一路”概念的公开主张，“一带一路”的一头连着古代人类各区域文明的交流与沟通，另一头则通往未来人类文明整体发展与进步的愿景。我们将以互利共赢为基本出发点，致力于进一步深化与沿线国家的文化交流与合作，促进区域经济合作，实现共同发展，造福各国民众。经济上，“一带一路”将促进经济要素有序自由流动、资源高效配置和市场深度融合，推动沿线各国实现经济政策协调，开展更大范围、更高水平、更深层次的区域合作，共同打造开放、包容、均衡、普惠的区域经济合作架构。文化上，“一带一路”将密切中国人民同沿线各国人民的友好感情，夯实我国同这些国家合作的民意基础和社会基础。国之交在于民相亲，

“一带一路”经济走廊主要城市分布简图

民相亲在于心相通。通过继承和弘扬“一带一路”这一具有广泛亲和力和历史感召力的文化符号，有效增强彼此间的相互信任，加深彼此感情。

我们关注的重点是文化活动。据文化部资料，这些年来，我国与丝路沿途国家的文化交流形式越来越新、内容越来越多、规模越来越大、影响越来越广。比如，我们与沿线大部分国家都签署了政府间文化交流合作协定及执行计划，民间交流频繁，合作内容丰富，近几年在不同国家还多次举办了以“丝绸之路”为主题的文化交流与合作项目。这些是基础，也是我们走向未来的开始。展望未来，今后我们势必将立足现有基础，充分发掘沿线国家深厚的文化底蕴，以更富创新与活跃的模式及机制深入开展与沿线国家的文化艺术、科学教育、体育、旅游、地方合作等友好交往。

通过对“一带一路”倡议背景的解读，我们可以清晰地发现，“一带一路”是在对古丝绸之路的文化传承与创新的基础上提出来的，懂得了“一带一路”的现状与所包含的内容，我们就可以更加明确“一带一路”中文化传承与创新的重要性及意义。对于“一带一路”这样的全球性文明工程而言，传承的已经不再是具体的文化内容、文明遗产，而是人类文明发展到今天所积累的一切梦想。这是一种意志的传承，在不断的创新之路上，这样的传承从未遗落，未来也将继续指引创新之人披荆斩棘，开拓更广阔的天地。

“一带一路”不是简单地重复历史，而是在收集整理历史传统的基础上，继承并发展着历史。今天的“一带一路”合作领域非常广泛。“一带一路”沿线国家的正常运行，需要文化传承机制不断地输送文化营养，为社会组织系统提供元素的积累和整合，进行“逻辑的、情绪化的或美感的协调”。今天，借助新的技术和工具，将传统文化中始终如一的大同理想在前所未有的广阔维度里进行实现，如此尺度的创新已经将古代丝绸之路的内容和内涵翻新了若干倍。如果说古代的丝绸之路是少数人的冒险，那么今天的“一带一路”则是惠及全球、全人类的人类文明重大举措。无论是在路线长度、内容规模还是价值体现上，“一带一路”都是人类文明发展至今交流合作的最高峰。这样的创新，绝不是仅仅通过集成优秀古代传统文化就能够产生的，而一定是创新在前，继承辅之。

“一带一路”给我们带来的启示是如此丰富，令我们更加笃定地相信，只有在不断创新的引领下，人类文明的优秀传统才能够不断适应新的时代需求，发挥新的作用。

CHAPTER 第二章

文化产业“二驱动”

“TWO DRIVES” OF CULTURAL INDUSTRY

扫码听书

文化产业的发展同做其他事情一样，要先有很清晰的奋斗方向，在上一章我们以创新的思维打开了文化产业的大门，通过创新中传承，让我们中华文明辉煌复兴，接下来我们通过双轮驱动模式打开复兴中国文化产业之路的两种驱动模式：“造船出海”与“借船出海”。

做企业或做项目的本质其实都是资源加工和转化的过程。以一家工厂为例，输入端是场地、原材料、设备、工艺、人工、资金和管理等生产要素，在系统的输出端转化为特定的工业制成品。文化企业或文化项目显得更为特殊一些，系统输入要素中有两个特别醒目的非标因素，就是资源和创意，大致对应着工业企业的原材料和工艺部分，不像标准化的工业生产中资金能够买来需要的资源或设备、工艺那样，有时候钱也并不好使，未必能买来需要的材料、场地或人才。譬如，某一个古代遗址具备开发价值，但相关的用地需求则可能受制于政策而难以轻易获得；或者政府把土地批下来了，但规划项目的人才在本地却找不到。

这些，都属于文化企业或文化项目中经常出现的资源短缺现象。输入端发生了要素性缺陷，要完成闭环生产必须扫除相关障碍，怎么办？这里就需要应用到“造船出海”和“借船出海”的理念了。

了解当代盛行的中国式营销的人应该很熟悉这两个词汇，“造船出海”和“借船出海”。

“造船出海”战略是根据企业的重大发展目标，一般都属于中长期目标，整合企业拥有的各种资源，逐渐规划与打造出属于自己的发展路线。

“借船出海”也就是大家常说的借势，借助其他事物、人员或组织的良好知名度、美誉度、信任度、关注度和资源实力，把这些优势转移到自己身上，以便更快速地提升自己的光彩。经常可以借助的资源有公有资源、成熟模式、官方资源、知名人物或重大事件等等。

第一节 造船出海

扫码听书

刘备依靠似是而非的“皇叔”招牌突破了身份低微的瓶颈，他的老祖宗刘邦在创业时的另一套成功秘籍同样非常高明。

刘邦自己说过，自己打仗不如韩信、彭越、黥布，搞后勤全仗着萧何，纵横捭阖的主意都靠张子房来谋划。可是刘邦的成功真的就是完全靠他人助力吗？不，他其实精明得很，在某一点上看得比其他人都透彻，做得都到位。古人讲刘邦善于用人，用我们今天的视角来看，他成功的根本因素在于为当年的英雄们打造了一个能够充分表现自己才能的平台。刘邦琢磨透了关键的一点，就是人心。你们这些英雄豪杰需要的是什么？是展现自己英明神武的平台，是风云际会时代攀龙附凤、名垂青史的富贵与英名，那我就经营好自家的平台来给大家伙提供诸位想要的这些功名利禄。

刘邦的做法就是对“造船出海”这个战略的一个诠释。

在文化产业中，相比“借船出海”驱动模式，“造船出海”的内涵在于文化企业或者是项目核心方根据确定的主体业务及项目内容，以自身的系列化、立体化操作，营造业务方向清晰、资源引入通畅的氛围，从而积极吸引外部资金（银行贷款、引进风投或者民企投资）、外部智力资源与特定创意，丰富和实现自家的主体业务或者特定项目。通常，最常见的是自己营运或者与创意公司合作运营的文化产业发展模式。其中，政府也时常可以负责牵头工作，而创意公司则须承担重要的智库角色。

“造船出海”，同样属于一种迂回进军的经营策略。与仰仗标签光环、依靠借鸡生蛋的“借船出海”不同，“造船出海”的核心在于打造平台，吸引外人一起来完成。

放眼今天，中外文化产业发展中积极应用“造船出海”的成功

Qujiang New District
西安曲江新区

曲江海洋极地公园
QUJIANG POLAR OCEAN PARK

西安城墙
Xi'An City Wall

曲江秦二世陵遗址公园
HERITAGE PARK OF QIN ER SHI MAUSOLEUM

曲江·楼観

曲江寒窑遗址公園
QUJIANG COOL CAVE HERITAGE PARK

Daming Palace National Heritage Park
大明宫国家遗址公园

曲江旅游
Qujiang Tourism

西安·曲江
大唐芙蓉園
Tang Paradise

案例也可以信手拈来。

※ 分析案例　西安曲江如何成为中国文化产业风向标？

西安曲江文投集团在其经营中就以善用“造船出海”策略而获得了辉煌的成功。

早在 20 世纪 90 年代，西安市就专门成立了负责曲江新区开发建设的曲江管委会。面对市委市政府部署的大规模建设开发任务，曲江管委会积极实践，不断摸索、学习、创新和提高，最终形成了被称为“曲江模式”的开发经营模式。

“曲江模式”立足于曲江新区拥有的丰富历史文化内涵，以大格局、大手笔、大策划、大投入为特征，通过建设一批高知名度、高品质、高影响力的文旅景区来营造美好环境，并提升城市资源，进而缔造强势品牌并形成重点突出、丰富多元而相互依托的文化产业体系。

2003 年 3 月，曲江旅游度假区更名为曲江新区，经过政府与智囊机构（创意公司）的反复推敲论证，将发展路线定位为以盛唐文化产业为特色，以旅游、商贸、居住为主导产业的城市发展新区，并赋予曲江文投集团这一具体的规划经营平台以充分的资源和权利。

曲江文投集团也不负重托，结合曲江新区的文化特质、国内外优秀文化企业发展经验与时代风尚，准确地锁定了发力方向：“特质文化内核 + 价值传播 + 新城市主义”。具体来说，特质文化内核是指传承和发扬光大古都西安的古老纯正且发育完善的根派文化，尤其要重点渲染以唐为主的盛世文化；价值传播则强调古典文化再创造、再挖掘以及与现代技术的再融合，以达成整合资源、放大效应、直抵心灵的开发目标；新城市主义则高举“城市让生活更美好”的旗帜，将曲江“智”造的城市理想付诸实践。

西安曲江池遗址公园

西安曲江大唐芙蓉园

理念明确、构思到位、宏图规划完整，而当年的曲江，只有古老的大雁塔、衰败的寒窑和被时光淹灭了的曲江池遗址，怎么将灿烂的梦想转化为美好的现实呢？答案就在于文化再造！现有的重点强化，没有的全新缔造，用历史文化来推进景区建设与旅游发展，以旅游景区来提升城市品格和土地价值，以城市资源提升来吸引更多的投资合作伙伴，进而持续循环、相互促进，实现当地政府、运营平台、投资者与公众的多方共赢。

2003 年底，雄伟壮观的大雁塔北广场亚洲最大的喷泉广场建成开放。2005 年 2 月，西部首家海洋主题公园西安曲江海洋世界一期建成。2005 年 4 月 ，名动四方的大唐芙蓉园开园。2006 年 4 月 7 日 ，曲江国际会展中心隆重奠基。2006 年 4 月 29 日 ，组建西安曲江影视投资集团。2008 年 7 月，曲江池、唐城墙、唐慈恩寺三大遗址公园盛大开园。2009 年 9 月，大唐不夜城隆重开城。2010 年 4 月，寒窑遗址公园建成开放。2010 年 10 月，大明宫国家遗址公园盛大开园。2012 年 9 月 28 日，西部文化第一股——西安曲江文化旅游股份有限公司（股票代码 600706）正式登陆国内 A 股市场。

曲江文投集团一步一个脚印地改变着曲江新区，同时实现了企业的不断成长与壮大。

曲江文投集团坚信：造环境就是招商！所以，在建设中突破传统的“文化搭台 + 经济唱戏”招商模式的局限性，真正实现了把文化资源和项目有机结合起来，把文化事业和文化产业结合起来，走出了一条独具魅力的“文化 + 旅游 + 人居 + 商业”的大格局新路。

在曲江的视野和征程里，文化不是孤立的要素，而是巧妙发力的杠杆。所以，不局限于单独的项目操作，而是着眼于整体的环境优化与城市品位提升，坚持“大融资、大投入、大策划”的风格，践行项目集群、成片开发、运营城市、自我平衡的开发总路线。

西安曲江大唐芙蓉园

西安曲江大慈恩寺

西安曲江大雁塔广场

通过大雁塔、寒窑和曲江池等一系列历史文化遗址旅游景区的建设，曲江文投集团形成了严格而科学的开发流程，每一个都完美演绎了“征地→文化艺术包装→全球招标搞规划→贷款→基础建设→招商引资→地价增值→出让土地→宣传文化概念、建主题公园→地价增值”的高端商业模式。

从文化遗存到文化旅游景区，从文化旅游景区到文化旅游产业，再到泛文化产业集群，继而辐射到城市现代服务业体系，文化的杠杆作用在曲江文投集团手中得到了充分的发挥。进而，曲江文投集团拓展出以西安曲江新区为中心向外辐射、以文化遗产为内容进行创意、以旅游为目的进行综合板块发展的文化产业发展路径，激活了西安的文化资源和能量，并逐步形成了一个集文化旅游、影视、会展、出版传媒、演艺、动漫、文体、文化商业、文化金融等为核心的文化产业集群，发展成为陕西文化产业的一支主力军、西部文化产业的一个新坐标，成为全国文化产业发展的重要组成部分。

曲江文投集团的做法就是典型的“造船出海”，以历史文化内涵为底蕴支撑，人为策划“智”造出生机勃勃的文化景区，复现大唐文明盛景，进而成功地带动了曲江文投集团整体业务、项目和资产的市场价值。当然，实际上每一个成功的企业在策略应用上都是灵活的，曲江文投集团的相关做法中也含有明显的“借船出海”成分，如寒窑景区的建设。该文化遗址的原始内容本是讲古代女子对出征丈夫的永情不渝，而曲江文投集团在开发时张贴的自我标签将其升格成了婚庆文化。

从另一个角度来看，华侨城集团的成功经营同样也有“造船出海”路线的贡献。他们通过一系列项目的落地，充分向社会各界展示了华侨城这一平台的深厚功力以及“旅游 + 地产”这一模式的魅

美国奥兰多

奥兰多海洋世界公园

奥兰多迪士尼乐园

奥兰多未来世界

奥兰多环球影城

力，进而更好地吸引到外部的各项资源并将之吸纳转化为自身的内力，走上了一条健康可持续的发展之路。

※ 分析案例　奥兰多靠什么成为全球文化娱乐之都?

享有世界文化旅游之都美誉的美国奥兰多，其实就是美国迪士尼公司“造船出海”的杰作。

奥兰多原本是个普通的美国城市，在 20 世纪 50 年代时还以农业和畜牧业为地方经济支柱，可以说是个文化的不毛之地。

幸运的是，1965 年，奥兰多被迪士尼公司选中作为营造全球首家迪士尼乐园的基地。当迪士尼公司获赠 140 平方英里的奥兰多土地后，以贩卖文化和快乐为业务的迪士尼公司应用其独一无二的文化影响力优势，斥巨资将旗下拥有的众多著名影视 IP 巧妙植入其主题公园及度假旅游板块，“智”造出一座梦幻之城、奇迹之城、欢乐之城，进而人为地为奥兰多的发展注入了文旅基因，奠定了奥兰多成为全球文化娱乐之都的基础。

1971 年，随着全球第一家文化娱乐城——迪士尼乐园城的落成，美国各地的游客蜂拥而至，不仅迪士尼游乐园内部车水马龙，作为配套开发的酒店、度假村、水疗中心、高尔夫俱乐部、商场等产业也无不生意兴隆。更重要的是，除了直接的门票收入、餐饮、购物和服务等经营利润，迪士尼公司在奥兰多拥有的土地资产大大增值。

迪士尼公司在奥兰多赚得钵满盆翻，自然引起了其他美国资本集团的眼红和跟风，各路娱乐文化产业巨头都想分一杯羹，于是在迪士尼号召力的刺激下，大家纷纷进入奥兰多，斥巨资跟投加磅，在奥兰多建设自己的乐园项目。Sea-World Group（海洋世界集团）紧随迪士尼建立了奥兰多海洋世界公园，环球影视投建了奥

奥兰多迪士尼乐园

兰多环球影城，华纳兄弟又联手环球影视兴建了最新的哈利波特魔法世界主题公园，使奥兰多同时拥有各种风格、各具特色的主题公园集群。包括各家资本集团在奥兰多投资的配套设施与高端地产项目，整体铸就了奥兰多文旅产业的无上风光，可谓是众人拾柴火焰高。今天，奥兰多一年的游客接待量突破五千万人次，营业利润超过 170 亿美元，以城市而言，是全球当之无愧的娱乐文化产业巨无霸。

从文化不毛之地崛起为全球文化娱乐之都，奥兰多奇迹的诞生，可以说全赖迪士尼公司无中生有的“造船出海”之功所赐，而且由于产业示范与聚集效应，从最初单属于迪士尼公司一家的豪华文娱客轮华丽升格为多路资本集群的世界文娱产业旗舰。

这些古今中外的智慧产业给了我们很好的示范，自贴标签也罢，打造平台也罢，都是补缺自身不足、壮大自己所有、彰显企业潜力或项目魅力的积极思路。大家要善于利用文化产业的生产系统通常存在的非标性、个性化的特点，借助“借船出海”和“造船出海”这两个车轮来驱动企业或项目，乃至能像奥兰多奇迹那样演绎为辉煌的系统化产业。

第二节 借船出海

扫码听书

在文化产业里，“借船出海”的内涵是指以借用或引入外部资源为手段，弥补自身的资源及创意短板，进而实现项目尽早落成、产业迅速做大做强的发展驱动模式。

一般而言，基本的运作路线是地方政府出售土地或者文化载体，与社会企业、运营载体、投资机构等建立合作关系，运营权交给运营公司，借助外部条件发展文化产业的模式。其中，政府需要充分扮演好土地出让方的角色，也就是主要负责土地出让。

“借船出海”其实可以说是一种古老的思维模式或成事模式。

※ 说明案例　刘备从草民到称帝，自身转变原动力是什么？

三国时期，刘备是怎么从草民到称帝的？曹操出身官宦之家，孙权有父兄打下的江东六郡为基础，相比他们俩，当年的刘备可以说是完全白手起家的。然而，刘备很聪明，凭空给自己创造了乱世争雄的核心资本，就是“刘皇叔”这个身份！刘备这个皇叔是什么成色？我们不妨细究下。中山靖王刘胜是西汉皇朝汉景帝的儿子，他一生最大的成就就是生了一百二十多个儿子，经过西汉与东汉数百年的繁衍，到了东汉末年，只怕天下的刘姓人有相当比例都是中山靖王的后裔。可是，就“中山靖王之后”这个名号，却让刘备的地位一下子从织席贩履的小辈跃升为汉室宗亲，其他人想不到，刘备想到了并且做到了，于是命运就与众不同了。当然，刘备作为枭雄还有很多其他成功的因素，但是他善于自贴标签这一招，使自己血统高贵纯正了，堪称“借船出海”的一个典范。

就像刘备打江山一样，做文化产业项目时，通常不太可能着手

杭州西溪湿地公园

杭州宋城景区

时就什么条件都完全具备，难免会觉得缺这少那。这个时候，拼劲不足、缺乏想法的人，可能就卡壳了；而对于真正积极做事的人，就要想方设法，没有条件自己去创造条件。天上不会掉馅饼，幸福花儿等不开，自贴标签、借船出海、借鸡生蛋，就是积极的迂回思路。哪怕是借来的衣服并不合体，也比“裸奔”体面多了。所以，作为合格的文化产业从业者，一定要习惯“借船出海”思维，尤其应当善于自贴标签，以突破既有资源不足之束缚。

※ 说明案例　杭州的文化旅游成功背后的秘密是什么？

在今天的文化产业建设中，“借船出海”思维模式的运用尤以杭州两个著名的文化旅游项目为典范。

中规中矩的是杭州西溪湿地公园，这里原本就是一个罕见的城中次生湿地，天然具备独特的开发价值，于是便顺理成章地诞生了西溪公园这个景区项目。

而同样非常成功的杭州宋城主题公园则没有这么好的基础。杭州是历史上的南宋都城，然而宋城景区原本并没有著名的相关南宋遗迹，毕竟今天距离南宋已经过去七百多年了。可是，聪明的宋城主题公园开发商却善于附会和发挥，不仅决心利用宋文化来做文章，更是大胆地将描绘当年北宋京城汴梁及汴河繁荣景象的《清明上河图》作为建设宋城主题公园的蓝本。结果呢？不仅没人质疑宋城开发方的乱贴标签行为，而且整个项目运行后大获成功、蜚声中外！这同样可归结为“借船出海”驱动项目的辉煌案例。

宋城公司为什么能把事干成了？关键就在于“突发奇想”，把《清明上河图》描绘的北宋都城汴梁即今日之开封的昔日景象借来套到南宋京城杭州的身上，于是资源缺位的困难就迎刃而解且还顺理成章了。有了大的名目，剩下的事情就简单了，主要是宋城主题公

深圳世界之窗

深圳东部华侨城

园的内部项目规划和建设实施了。

※ 分析案例　凭什么华侨城成为世界文旅新品牌?

华侨城集团公司是一家国内著名的文化产业龙头企业，它的运作特色就是善于“借船出海”，堪称“借船出海”的典范。

华侨城集团公司在整个业内开创了“旅游 + 地产”的典型商业模式。

华侨城集团依托自身旅游品牌和央企背景，在政府支持下通过旅游项目取得大规模的土地资源，并采取旅游开发先行，分片综合开发策略，最终实现土地层层增值，开创了一种旅游与房地产结合发展、良性互动的全新而独特的商业模式。由此，既满足了当地政府旅游业发展的需求，又满足了高端社区消费者的需求。这种商业模式取得了非凡的成功，被业内简称为“旅游 + 地产”模式。

具体来说，华侨城集团从国外引进先进成熟的文旅娱乐业模式，通过早期的锦绣中华与世界之窗项目树立了知名旅游品牌形象。同时，华侨城集团本身就属于国务院国有资产监督管理委员会重点企业之一，是国家重点扶持的企业。进而，凭借着强大的央企背景和出色的旅游品牌形象，华侨城集团从深圳市政府获得了大力支持，结合深圳市政府发展旅游产业的需要，在当年的深圳偏远地区获取了大规模的土地，而且单位地价控制在最低的水平，为华侨城集团进一步扩展其“旅游 + 酒店 + 房地产”商业模式奠定了决定性的基础。

华侨城集团秉持旅游先行开发的思维，优先发展主题公园为主的旅游项目，以旅游项目及周边相关旅游配套来带旺已获取的周边土地，使周边土地成熟和升值。

针对获得的土地资源，华侨城集团将其规划成若干功能区，结

锦绣中华

中国民俗文化村

合不同的项目开发相关的综合配套、酒店、商场等，实现土地再增值；同时就周边的住宅地产用地实行分片多次开发，每开发一次都实现了后续开发土地的增值。

因为华侨城集团的文旅娱乐项目的开发非常成功，包括锦绣中华、民俗村、世界之窗和欢乐谷等循序渐进的多个项目，促使周边土地完成了由“生地”升华为“熟地”的成熟过程，加之以综合配套开发的得力组织与实施，从而顺利地实现了土地增值，而且是分片多次开发推动的多次土地增值。

整个的商业模式中，华侨城集团很好地满足了深圳市政府发展本地旅游业的需求，创造了就业机会，丰富了城市文化内涵，增加了旅游收入和税收。同时，旅游项目周边高端社区的开发又满足了高端顾客的商住消费需求，使住房从普通的“居住”层次跃升为“享受”层次，同时也为当地带来了就业、税收与品质生活。

所以，华侨城集团的事业才顺风顺水，实现了快速健康可持续的发展。

比较华侨城集团的“旅游＋地产”商业模式与传统的土地开发模式，我们可以发现商业结构存在明显的高下之分：传统房地产开发商只关注自己的楼盘价值，未涉及土地开发业务；而华侨城集团则通盘考虑，承担了部分本应由当地政府负责的土地开发职能，在价值链中增加了旅游开发环节。

另外，传统模式对获得的土地规划单一，甚至可说是没有明确的划分；而华侨城的高明之处在于，把大片土地分成许多小片，按阶段分次开发、反复开发，使得土地形成了不同的层次与结构。

在整个漂亮的创新运营模式中，最基础、最闪亮的要素还是要首推华侨城集团的“借船出海”思维，而深圳市政府之所以乐于配

深圳世界之窗

深圳欢乐谷

合华侨城集团的“借船出海”商业模式，显然也是看中了华侨城集团本身兼具旅游开发和土地开发的能力，减少了政府承担的土地开发职能，也给当地居民和政府带来了极大的收益。

从另一个角度来考量，华侨城集团同样将“借船出海”理念运用得非常饱满。“中国旅游业第一品牌”“国家生态旅游区”“中国文化主题的最佳实现者”“优质生活的创想家”“全球旅游景区八强集团”“中国文化产业示范基地”“中国旅游连锁品牌”“大型城市秀”“东西南北中欢乐大中国”“文化航母”等等，华侨城收获了来自社会或者是自我粘贴的众多光环与标签。

对华侨城集团而言，起家时的很多资源都属于“借来”或“拿来主义”的性质，商业模式是借鉴国外成熟经验，游乐园的基本内容和模式也是直接由海外嫁接来的，大宗土地是从当地政府手中“借来”的，自己完成的主要是“旅游 + 地产”模式在国内的落地，最终就成就了自家的灿烂多彩！

总之，所谓“借船出海”，就是在文化企业或者是文化项目的运营中，针对自身的资源缺陷进行巧妙粉饰或者是借题发挥，从而不仅弥补了相关资源短板，而且极大地彰显了自身资源的潜在魅力，把别人的光辉移植嫁接到自家的身上。

一般来说，文化企业的顺畅运行或者是一个项目的诞生成长，必然离不开三个要点的支持：第一是项目本身的内容，第二是支持项目实施的金融模式，第三是保证项目建成后的盈利模式。

可谓是三足鼎立，缺一不可！

通常推动一个项目时，相关企业在基本的项目资源上不太会存在大的问题，也能够凭借资源特性赋予项目一定的内容，但是，支持项目的金融模式以及确保持续的盈利模式却往往成为结构上的短板。这个时候，大家就更要借助“借船出海”的思维模式了，想办法借钱或者相当于钱的“硬货”，比如土地，尽量找寻捷径，借鉴他人的成功经验构建自己的盈利模式。

大家可以仔细品味杭州宋城主题公园和深圳华侨城集团的驱动模式。宋城无中生有，借题发挥，依靠“借船出海”赋予了项目天马行空却妙笔天成的内容；而华侨城则立足于“借来的土地资源”同时完成了金融模式（借助旅游项目融地）和盈利模式（土地循环升值）的耀眼落地。

发展文化产业项目时，一定要有明确的借力意识。首先，企业总是会有短板，一般不可能什么条件自己都完全具备；其次，纵然是自我条件不错，以本身企业或项目为载体来吸纳外来资源，自然能够同时起到降低自身压力与风险、扩大成效和拓展人脉的有益作用。所以，要以合作的心态去发展文化产业，建立文化 IP 的思维，强强联合的模式，把自己和产业做大。

实际上，从营销战略的角度来看，“出海”的办法有好几种，“搭船出海”“借船出海”“买船出海””造船出海”，都能达成出海的意图。我们在这里只介绍了“借船出海”和“造船出海”这两种思维方式，有兴趣的朋友还可以自己研究“搭船出海”与“买船出海”的操作方法。思路决定出路，在具体做事时应该头脑灵活，就像当下流行的“脑洞大开”一说。毕竟，多数人都是习惯以最终的成败来论英雄的，只要结果理想，过程中在细枝环节上采取灵活的办法来提高效率何乐而不为。

CHAPTER 第三章

文化产业“三引导”

“THREE ORIENTATIONS” OF CULTURAL INDUSTRY

扫码听书

上一章阐释了两种运作项目的思维方式及方法，本章的任务是掌握文化产业的发展规律，从而在具体的工作中澄清相关的思路。

文化企业如何运作才能活得滋润？

要回答这个问题，我们不妨着眼于宏观视角，来看看激活驱动当今世界各国文化产业发展的宏观环境特性。

考察当代文化产业及文化企业的运行现状，我们会发现，普遍存在三种基本的引导机制，分别为资源引导机制、政策引导机制和市场引导机制。

资源引导机制，顾名思义，就是根据自身相关文化资源的丰瘠程度来发掘文化项目和培植文化产业。

政策引导机制是指企业与政府互动，政府动用政策工具来诱导企业的发展选择，企业利用政府的资源来加快自身的发展速度。

市场引导机制就是市场至上，文化产品的供给、文化产业的兴盛主要由市场规律来支配。

从全球范围来看，这三种引导机制在不同的国家、不同的时期都曾显著发生作用。我们今天的文化产业正处于风起云涌之际，他山之石，可以攻玉，所以有必要通过这一章节的认真学习，来掌握最为基本的规律，从而指导大家的具体工作，取得更佳的效果。

实际上，希望大家能根据自身企业或项目的发展阶段，灵活地驾驭或适应各种引导机制，从而加深、做强、做实自己的项目及企业，很多情况下，混合性的引导机制可谓更为适合目前国内行业的发展水平。

第一节 资源引导机制

扫码听书

资源引导机制的特点在于产业布局及企业运作以相关文化资源为核心，英国和法国部分文化产业的发展就属于这一类型。从一般经济学模型来分析，偏重于供给决定需求的思路。

简单来说，就是富集哪类资源、擅长什么事情，就以什么为重点来打造具体的项目、行业与产业。

英、法两国都具备深厚的文化积淀，所以其文化产业就呈现出资源驱动型模式的总体特征。

大家尤其还要注意，文化产业不会存在资源枯竭的困扰，这是文化产业与其他产业非常不同的一个地方。更进一步，由于很多人不断参与某类文化资源的开发，于是会创造和积累更为丰富的资源，越做越大。

※ 说明案例　日不落帝国二战衰败后，靠什么再次雄起？

众所周知，英国是工业革命的发源地，现代经济的鼻祖。

20 世纪 30 年代，英国依然保持着世界霸主的至尊地位，无论是经济实力还是文化影响力，都令后来居上的美国自惭形秽。

然而，第二次世界大战改变了整个世界的政治经济格局，英国因为长期征战对本土经济的严重破坏及其殖民体系的全面崩溃，在相当长的时间里国势一蹶不振，对全球的经济文化影响力也直线下降。

到了 20 世纪 80 年代后期，英国开始重新寻找迷失的自我，尤其是在与欧陆双强德国与法国的经济文化较量中大力重振雄风，最终实现了追赶和超越的梦想。在这一过程中，英国文化娱乐产业就

英国议会大楼

英超联赛

牛津大学

剑桥大学

扮演了至关重要的角色，而英国人在振兴文化创意及娱乐产业中又特别重视对本国传统拥有的优势资源的整合、发掘与再创造。

英国人传统上就喜好和盛行各种体育运动与赛事。如果说，第二次世界大战之前英伦三岛花样繁多的体育运动及赛事只是用来显示骄傲的英国人的贵族传统与绅士风范，那么今天的体育赛事堪称商业气息浓厚的英国文化娱乐产业中的重头戏。

足球是当今世界的第一大运动项目。英国本身的足球水平长期以来明显不如德国、意大利、西班牙和荷兰等欧洲诸强，但论起欧陆顶级足球赛事的国际影响力，英超联赛的全球收视率独占鳌头，超过了其他欧洲五大联赛（德甲、意甲、西甲、法甲和荷甲）的总和。英国拥有全球最狂热的球迷，当然也拥有最为臭名昭著的足球流氓，一代球星贝克汉姆论球技无法与同期的世界球星们比肩，论当年的全球受追捧热度却不逊于任何一位明星。每次世界杯大家都知道英格兰队肯定没戏，但它回回都是赌徒们押注夺标的大热门之一。当代英国足球拥有的超级魅力，可以说基本与英国球员的球技水平无关，也不是现代足球起源于英国的历史影响力的延伸，而是完全得益于超一流水准的英超赛事组织、推广与炒作能力，尤其是20 世纪 80 年代后期全面崛起的英国现代电视业和广告业起了至关重要的推动作用。

其他的著名运动，比如网球、斯诺克，温网、斯诺克世界锦标赛及温布利大师赛这些节目在全球拥有无数粉丝。包括与体育赛事高度相关的英国博彩业，也始终执全球博彩业之牛耳。

英国不光拥有全球影响力第一的体育赛事及相关节目，它的文化教育产业在全球的总排名也始终名列前茅。无论是居于全球学术圣殿顶层位置的剑桥大学与牛津大学，还是大名鼎鼎的伊顿公学、西敏公学、威斯敏斯特皇家书院和圣保罗女中，都与英国深厚的现

卢浮宫

南法旅游景区

法兰西美食

代教育传统及文化产业的焕发新春命运相关。

这就是资源引导机制的内涵，纵观英国当代文化产业的高度繁荣，都是尽力将传统资源的优势与现代潮流和理念相结合。以追随和创造时尚而言，英国的音乐和电视传媒最为经典；以恪守传统的保守派而言，索斯比拍卖行与嘉德拍卖行也一直保持着全球最好最强的地位。

※ 说明案例 法国：靠什么成为世界文化地标？

法国的人文艺术自中世纪以来就在欧洲独领风流，今天的法国艺术文化产业同样在全球影响力巨大，其最为兴盛的部分明显受到了资源引导机制的无声支配。

巴黎卢浮宫是举世闻名的万宝之宫，是世界上最著名、最大的文化艺术宝库。此外，全法拥有世界密度第一和水平最高的博物馆与收藏业。世界上的每一个美术家，心中都怀着一个光辉的梦想，就是有朝一日能在巴黎举办一场自己的画展。而巴黎的每一场画展历来都是人头攒动，法国人对艺术永远怀有一种先天的崇敬感。

说起法兰西文化，人人都知道南法的风光旖旎，法兰西美食的引人入胜。说起法国餐饮业在西方世界的一家独大，其实就是典型的资源引导使之然也，是来自历史自然资源的馈赠。简单来说，欧洲地区由于纬度偏高，普遍相对寒冷，所以当年的德国地区、英伦三岛就明显食材不足或者说是品类单调，严寒的北欧和偏僻的东欧就更不用说了，没有丰富多彩的食材何来绚烂多彩的烹饪文化！只有法国的农业资源得天独厚，尤其是南法平坦而温暖的平原更是富产各种温带农作物，于是才有了独具特色的法兰西餐饮业。这点就如同我国的粤菜一样，不是古代的岭南人胆大，而是岭南自古就食材丰富，于是相比主粮与蔬菜水果都相对贫瘠的北方而言，自然就

F1 汽车大赛

意大利南部海滨

吃法讲究又花样繁多了。所以，今天的法国旅游业与餐饮业之所以兴盛，可以说相当程度上都是拜资源与传统所赐。

现代工业传统同样可为法国发展文化娱乐业提供养料，最典型的就是 F1 汽车大赛（世界一级方程式锦标赛），全球年收视率高达 600 亿人次。法国人将当年对汽车研发的痴迷转化为一项风靡全球的运动赛事持续至今，高科技、团队精神、车手的智慧与勇气，在这一文化运动大赛上尽显风采。

※ 说明案例　意大利：旅游产业如何从夹缝中脱颖而出?

尽管意大利的文化产业高度无法与英国和法国相提并论，但是意大利的旅游业是久负盛名的。世界各国的旅游者之所以迷恋意大利风情，说起来还是与这个国家的“天赋资源”关系密切。众所周知，古罗马和文艺复兴时期为现代意大利留下了丰富的历史文化遗产资源，拥有阳光与沙滩的意大利南部海滨地区（包括地中海上的多个岛屿）历来是德国与北欧居民向往的南方度假胜地，加上传说中的意大利男人热情浪漫，使得意大利发展旅游业的资源优势凸显。而意大利国民和政府也非常明白事理，从来不奢望在发展旅游业上与法国、奥地利等国家竞争，而是全力以赴地争取压倒同质性较强的西班牙与希腊两国。

英国的体育赛事与教育产业、法国的艺术产业、意大利的旅游产业，都属于充分利用资源来布局和发展的显著案例。

利用既有的资源优势布局和促进本国文化产业的发展，属于自然又经济的一种优势发展战略，通常都会起到事半功倍的效果；缺陷则在于，会因此而忽略某些行业的成长，尤其是在后进领域难以形成针对领先者的追赶之势。

同时，在利用既有资源来从事文化产业开发时，需要注意的是，一定要对资源进行筛选和排队，优先开发众多资源中的“真金白银”，以切实起到事半功倍的效果。反之，如果在鉴别资源品质的这一环节出了差池，就可能出现南辕北辙的尴尬。

第二节 政策引导机制

扫码听书

政策引导机制的特点在于产业及企业的发展历程中，来自政府的激励和扶持会发挥醒目的作用，日本和韩国在这方面的表现都很突出。

与欧美的自由经济风格不尽相同，日本和韩国在经济发展上长期以来奉行所谓的统合经济体制，也就是介于自由竞争与计划经济之间的一种混合模式。在统合经济体制下，政府及商会与研究机构会就相关经济发展及产业发展事宜提供指导性的规划与建议，只是不介入微观的操作运营领域。

换句话来说，在经济发展路线上，美国、英国等西方资本主义国家长期奉行的是市场主义原则的自由经济模式，苏联和中国搞过计划经济模式，而日本和韩国的统合经济算是中和了市场经济与计划经济相关成分的折中模式。所以，日本政府和韩国政府也是习惯于干预经济运行、帮企业出谋划策的，只是它们通常只给出指导性的规划而非指令性的计划。

※ 分析案例　日本：二战衰败后经济如何实现快速增长？

二战结束后，日本经济经历过长达三十年的高速增长时期，被世人称为“日本经济奇迹”。凭借“贸易立国”“制造业立国路线”与严苛的日本式企业管理术，日本经济在 20 世纪 80 年代初期达到巅峰状态。然而，日本人也发现了本国经济的一个显著软肋，就是文化产业的发展程度与国际影响力远远与其“日本第一”的奋斗梦想不相称。进而，日本社会重新定位了国家与经济的未来发展蓝图，于 1984 年提出了“文化立国”与“科技立国”的新路线，积极扶

日本东映公司标志

日本任天堂游戏公司标志

日本东映公司动画片《灌篮高手》

日本任天堂游戏公司游戏《马里奥》

持本土文化娱乐产业的发展，由此拉开了日本文化产业快速繁荣的序幕。

东洋映画社的副社长奥村昭夫从美国留学归国后，感于日本影视产业与欧美同行的巨大差距，积极建议游说日本政府对本土影视产业提供政策性的扶持。经过奥村昭夫的努力，当年的日本文化三巨头 NHK、东洋映画社和索尼娱乐联手，最终争取到日本政府的支持，成立了由日本政府、相关大学与著名企业联合组成的日本影视文化企划院这一机构，以官方身份出台了重要的产业规划发展书，组建了相关基金，鼓励本土影视文化的全力推进。有意思的是，在当年中日关系蜜月期的背景下，日方的产业规划发展书中还专门部署了对华影视作品输出与交流的方案，包括一批当年有影响力的中日合拍电影、纪录片都受益于这一方案。

日本人在发展其影视娱乐文化业的进程中，还特别强调以宣扬日本历史、社会风俗为重心，打造精美日本故事，对外输出和式信念与哲学。在与欧美影视作品的交锋中，日本文化界注意到自己在故事创作与特技效果方面确实还难以对抗以好莱坞为代表的欧美影视作品，但精明的日本研究人员发现：日本影视作品最易被接受和流行的地区是韩国、东南亚各国和中国，同时相关的日本音乐、日本动漫在欧美市场也颇受欢迎。于是，日本的国立企划机构与政府深度沟通，从发展方向上圈定出三要则，即以东亚及东南亚市场为基础，积极扶持动画、动漫作品，以日本流行音乐为开路先锋的调整性策略。

正是由于日本政府与官方机构不遗余力地给予相关文化娱乐企业以直接的政策激励引导和资金资助，才哺育和促成了整个日本文化产业的特色成长，包括后来名扬全球的日本动漫产业就是在 20 世纪 90 年代起步并逐渐壮大成熟的。

任天堂官网

KOEI 官网

任天堂这家全球驰名的日本娱乐厂商，就是在当年的政策引导机制之下诞生的。山内房治郎看到当年家庭游戏机和掌上游戏机的巨大商机，和日本的官方文化产业发展企划机构密切沟通，争取到至为重要的资金支持，将家传的生产骨牌、麻将的传统工厂于 1989 年 9 月毅然改造为新型的文化娱乐产品供应商。这期间，企划机构不仅协助任天堂公司获得了资金资助，还牵头联系了日本成熟的电子产业部门和影视企业与经验有限的任天堂合作，才使得任天堂公司开发的游戏机产品一炮而红。在任天堂公司起步的种子期阶段，可以说关键性的因素全部来自外部，官方背景的扶持资金、电子厂商提供的产品方案、影视机构拿出的故事内容、动漫机构提供的图像场景方案，资金、硬件与内容可以说都离不开官方的直接扶持与协调。当全球兴起电脑游戏及网络游戏后，日本游戏产业的升级与成功同样离不开日本动漫技术与日本音乐的高度配合，从本源上来看，还是受益于政策引导机制。

在 2007 年的东京文化节上，日本著名的软件游戏公司 KOEI（光荣株式会社）副社长宫泽静奈就在研讨会上公开向本国的相关官方机构鸣谢，因为公司的相关游戏作品在向海外市场的进军中得到了来自政府与官方机构的强力支撑。

事实上，不仅是日本文化产业的发展中处处可见政策与官方机构的影子，包括日本著名的高科技产业——机器人制造行业也是于 20 世纪 80 年代中期开始在政府规划的扶持和引导下才异军突起的。

从日本人的做法与成就可以明显看出良性政策引导和扶持对文化产业发展的益处，没有日本文化产业三巨头的联手争取，就很难说有没有日本动画、动漫产业的今日风光；若非日本政府牵头电子、游戏、软件领域的企业帮忙，任天堂可能还是个平庸的骨牌制造工厂。

鸟叔“江南 style”

韩国电影《暗杀》

※ 分析案例 仅十年，“韩流”文化为什么成为亚洲第一？

进入新世纪后，我们中国人强烈地感受到韩国文化的魅力，我国社会和媒体行业将韩国影视娱乐文化的凶猛来袭和大肆流行称为“韩流”。实际上，韩国娱乐文化不仅在中国大陆风光无限，十余年来的发展势头甚至力压日本而成为亚洲第一。然而，在这道奇异的风景线背后，鲜有人知“韩流”的成功来自韩国政府的强力扶植。

韩国在完成了工业化后，也积极推动本国文化产业的发展，效仿发达国家，努力向全球宣扬和推广韩国文化。尤其是这件事对当年的韩国政府触动极大：韩国第十四届总统金泳三在任职期间惊异地发现，韩国人视为民族骄傲的现代集团的整个汽车板块年度盈利居然还不及美国好莱坞的一部一流电影的收益！

于是，韩国人知耻而后勇，下决心补课，发展繁荣本国的文娱产业。在韩国经济企划研究部门（KIEP）进行研究规划时，他们清楚亚洲人玩体育的身体本钱处于明显劣势，动漫游戏市场也被欧美和日本近乎垄断了，于是便另辟蹊径，专力扶持本国影视娱乐行业的成长与向外扩张。

于是，“韩流”影视才得以迅速横扫亚洲，最终压倒曾经在亚洲一家独大的日本影视。韩国的音乐与舞蹈也日益兴盛并大红大紫，艺人鸟叔的一曲《江南 Style》曾经一月之间红遍全世界，连韩国的美容整容业也因韩国艺人的走红而名扬天下。从当年尚显粗糙幼稚的《大长今》到 2015 年末问世的纯正好莱坞风格的大片《暗杀》，韩国影视一步一步地走向了成熟。

所以说，“韩流”的根本起源与强力推手也应当归功于韩国的政策引导机制！没有韩国政府对现代文化产业发展的敏锐感知和竭力扶持韩国影视娱乐产业，哪里会有这十余年来韩国文化产业的长足进步？更谈何“韩流”的风靡四海！

政策引导机制的优势在于，借助国家的力量实施产业追赶策略，从而实现从无到有、从弱到强的效果。在具体的政策落地上，则必然要考验决策者的眼光、魄力和综合协调能力。就企业层面而言，需要做的是明智跟进政府的布局，为自身企业的飞腾插上飞翔的羽翼。

第三节 市场引导机制

扫码听书

市场引导机制的典型是美国文化产业，其文化项目及企业的运作、产业的奠基和发力完全盯住国内外文化市场的消费需求。从经济学模型来分析，属于典型的需求决定供给风格。

在这一体制下，来自市场的需求是最为根本的，市场需要什么、喜好什么、流行什么，企业的开发供给行为完全以市场需求为指挥棒，进而由市场筛选和培养出最为合适的项目、行业及产业。对企业或从业者而言，谁最能敏感地发现市场的需求并组织开发出相关的产品或内容，谁就能获得如鱼得水的效果。

※ 分析案例　好莱坞：为何一直引领全球影视文化产业？

说起美国文化产业来，大家都相当熟悉，尤其是享誉全球的好莱坞影视。

美国经济的特色很明确，就是相对纯粹的自由经济体制，完全靠市场来引导所有企业与产业的兴衰荣枯。

单论历史文化传统，美国明显不如其他欧洲国家底蕴深厚。然而，美国企业拥有的是出色的商业嗅觉和自信，他们对市场机遇很敏感，相信自己了解全球文化消费者的需求，善于以美国风格的方式"智"造各种产品，引导市场潮流，无论是传统的影视与新闻传媒，还是新兴的电子游戏，都做得风风火火。

最为人津津乐道的就是美国的影视业。美国的影视业在 20 世纪 60 年代中期趋于成熟，形成了让全球仰视的独特风格：题材方向的商业化、制作流程的工业化、技术加工的科技化。

虽然美国自身的文化底蕴积淀并非世界一流，但美国影视业奉

美国好莱坞

行拿来主义，根据自己的特定工艺从容不迫地从全球视野择取素材，然后按照好莱坞的流程予以制作完成。

仅以近年来最为著名的若干大制作为例，小说《哈利波特》是英国女作家罗琳的魔幻文学作品，《指环王》也是牛津大学教授约翰·罗纳德·瑞尔·托尔金创作的长篇小说，都被美国好莱坞将题材收购改编为脍炙人口的《哈利波特》系列电影和《魔戒》三部曲。包括根据美国本土作家作品改编的电影《达·芬奇密码》和美剧《权力的游戏》也全部取材于欧洲历史文化背景。

为什么好莱坞热衷于打造这类风格的作品，而从来不像英国、德国和法国影视人那样去做一些艺术片，根本原因就在于好莱坞信仰的是票房第一！票房第一！！票房第一！！！

创作模式是为了市场好评和商业利益，好莱坞的所有大厂都将影视作品创作置于严格的创作模式之下，甚至被世界其他同行戏称为“好莱坞三段式”。尽管这样做可能牺牲了很多作品在内容上的丰富变化与多元表现，却能保证一定不是部烂片，也就是说还是以市场效益为唯一取向。

于是，论电影和电视剧的产出量，美国其实每年出品的影视作品并不是很多，印度的宝莱坞就比美国的产量高得多，但是论播映量，美国大片和美剧牢牢占据了全球份额的近 80%。

这就是市场引导机制赋予美国文化产业的活力与魅力，以好莱坞影视最为显著。

毫无疑问，市场引导机制是最具活力和效率的模式！一般而言，资源引导机制这种重视供给端的思路在不存在文化产品过剩的前提下也是积极可行的。而政策引导机制则借助了供求关系之外的第三者即政府的力量。

《哈利波特》

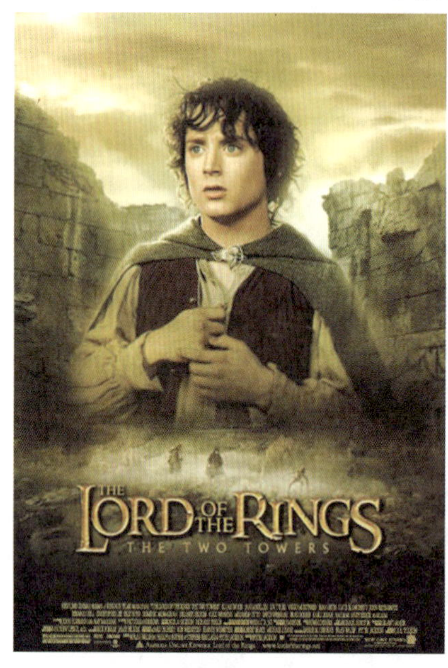

《指环王》

《达·芬奇密码》

《权力的游戏》

同时，市场引导机制特别适合于综合实力强、市场成熟度高的国家及地区，而且能够凭借优胜劣汰的市场淘汰法培养出最为强壮的产业。

落实到中国，就国内大多数文化企业的发展而言，客观来说，三种引导机制目前并不存在孰优孰劣，我们也没有必要面临选此舍彼的抉择。我们应该秉持混合式的思维才最为符合国情，立足文化资源，争取政策支持，贴近市场需求。

具体来说，当我们手头操作一个文化开发项目时，首先要精准把握相关文化资源的属性、特性及亮点，其次一定要积极寻求政策和政府的支持，而项目最终的收益显然是要落实到消费者热情买账这一环节。三者对项目的影响都非常重要，不存在此重彼轻的分别。

上升到企业经营的层面，同样是这个道理，要善于发掘、利用和掌握资源，要靠近政策、争取政府支持，要充分洞察市场的口味并满足消费者的需求。

事实上，目前国内成功的文化企业、文化项目几乎无不是依托混合模式才发展壮大的。而这种混合模式也是最适合中国的特殊国情的，毕竟我们在文化产业领域的起步有限、产业规模强盛度不高，存在诸多后发领域，所以具体情况具体应对，才能有更显著的效果。

※ 分析案例　让《印象刘三姐》震撼世界的因素是什么？

国内首部山水实景演出剧目《印象刘三姐》的横空出世，震撼了全世界，它就可以作为一个经典案例来进行学习。

广西分布的壮族、瑶族、侗族等少数民族自古以来就能歌善舞，桂林漓江的优美风景举世闻名，“刘三姐”则是早在 20 世纪 80 年代就拥有广泛群众基础的文化 IP，《印象刘三姐》的策划制作方当年

《印象刘三姐》

就是看中了这些文化资源的巨大潜在价值，立足于文化旅游而启动这个项目的。换句话说，《印象刘三姐》的最初驱动力是“桂林山水＋刘三姐传说”的区域文化资源。

这个项目最早就是广西壮族自治区文化厅力推的，并为此特别成立了广西文华艺术有限责任公司（以下简称“广西文华”）。当项目进入实质操作阶段后，广西壮族自治区党委、政府给予了进一步的有力支持，不仅从宣传上提出“唱响漓江山水，拉动广西旅游，振兴桂北经济旅游区”的口号，而且直接牵线搭桥，动员广西维尼纶集团有限公司（以下简称“广维”）这家广西最大的化工、化纤企业于 2001 年 6 月为项目注入了至关重要的 3000 万元资金。当年，国家对文化项目的政策支持力度不如今天，这个项目无法获得直接的政府财政支持，但政府可以通过财政与税收优惠等政策给予广维补偿，“曲线救国”的路线就是在这一背景下的积极选择。进而，两家合作单位共同组建了桂林广维文华旅游文化产业有限公司，广维的最终实际投入逾 1 亿元人民币，保证了《印象刘三姐》项目的巨大成功，至今桂林广维文华旅游文化产业有限公司都是广西文化产业的龙头企业。

这里，同样充分体现了“造船出海”的思路，政府搭建平台，放手支持文化和资本的力量积极运作具体的项目。

还有一点值得留意，项目策划案问世后，广西文华立刻设法争取到张艺谋担任总导演，借助老谋子的名人效应提升项目的号召力。这种明显的自贴标签策略大家应该眼熟了，又是“借船出海”的思路。

至于对市场需求的迎合，整个项目同样是毫不含糊，不仅殚精竭虑地满足国内旅游者的偏好，还充分考虑到“刘三姐”这一文化 IP 在东南亚的广泛影响力，包括欧美消费者的趣味也同样有心地予

《印象刘三姐》

以照顾。所以，当这部作品于 2004 年正式公演后，立刻秀出了风采，秀出了效益，以至于世界旅游组织如此推荐道："这是全世界看不到的演出，从地球上任何地方买张飞机票来看再飞回去都值得！"进而，《印象刘三姐》成为世界旅游组织目的地会议、最佳休闲度假推荐项目。

在《印象刘三姐》这个项目中，广西壮族自治区政府的意图是振兴桂北经济旅游区，广西文华是为了塑造自己的品牌，广维参与项目的根本驱动力也是获得商业回报，三家齐心协力，最终开创了一种"旅游展演"的新商业模式。在这个案例中，开发方立足于"桂林山水甲天下"和"刘三姐"这两大当地突出的文化资源，运用的是资源驱动；同时，又争取到政府方面的大力支持，符合政策引导机制；操作的路径上，则是以市场为导向。这个项目属于典型的混合开发模式。

只要有条件，我们在做企业、做项目时务必要综合聚集资源、政策与市场的能量。当然了，将来有一天，如果整个国内的文化产业、文化企业都能成熟到主要依赖市场机制来驱动，那我们的境界也就更高了一层。

CHAPTER 第四章

文化产业“四模式”

“FOUR PATTERNS” OF CULTURAL INDUSTRY

扫码听书

了解完“三引导”的内容，这章陪大家一起进入“四模式”，从而一步一个脚印地在头脑中树立起发展文化产业的全概念。

多年来，我一直奋斗在历史文化产业发展的第一线。如何探索并形成一种积极有效的国内历史文化产业的发展模式，是我始终在思考和研究的课题，同时，我还利用各种场合和机会与业内的诸多专家、精英共同探讨。

现实中，虽然中国历史遗迹众多，可开发内容也足够丰富，但受制于年代久远、地域分散，在文物保护、土地开发、可传承性等方面有着许多现实性难题，这让很多有价值的历史遗迹躲在角落里酣睡，几乎不为百姓所知。对于中华文化来说，这不啻为巨大的浪费，令我们这些文化工作者痛心疾首。对待这些深埋地下的“文化黄金”，我们应该秉持什么样的态度？如何在保护的基础上挖掘其文化、经济价值，既能教育后人，又能繁荣经济？如果大规模进行开发，又该如何保证不破坏这些宝贵的文化遗产与遗迹呢？这些，都是我们无法绕过的问题。

中国拥有的历史文化资源浩如繁星，这是任何一个其他国家都无法相比的。如何有效开发利用好祖先留给我们的丰富文化宝藏，既是我们新一代文化人的历史使命，也是一直困扰着我们的难题。尤其是一些国宝级别的文化遗产，一直成为地方相关部门的烫手山芋。碍于文物法的限制，想动不敢动，闲置着又觉得十分可惜。如何利用好祖先留下的历史遗产，使其成为推动地方经济发展的动力，这恐怕不仅仅是我辈文化工作者关注的问题，同时也是很多坐拥历史遗址的地方政府面临的难题与挑战。

对文化遗产的热爱，使我一直热衷于寻找难题的答案。通过多年来自己的实践与思考，以及与众多专家学者的反复研讨，我的思

张普然老师项目地考察与指导

路渐渐清晰起来。我认为，对待文化遗产，保护与开发其实是可以并驾齐驱的，相互之间不仅不是矛盾的关系，还可以形成一种相互促进的良性态势。进而，我逐渐将自己的思考梳理出来，形成了属于自己的一套文化遗产产业化理论。在此，我将自己的这些思考讲述出来，希望能够引起关心中华文化产业发展的人士和相关政府部门的兴趣与重视。

简而言之，我将自己的观点提炼成十二个字："复现文化遗产，复兴中华文明"。而"复现"与"复兴"，最终要落在"传承"两个字上。这就好比是道家的太极图，一阴一阳，一白一黑，一动一静，一虚一实。具体到大遗址开发事业上来说，则是从文化软实力入手，用文化概念打造为"虚"（这里所说的"虚"并非是没有实际意义的虚假概念，而是指相对于经济硬实力而言的"软"的手段），以产业发展实现经济回报为"实"，虚实结合，互为推动力，通过以虚养实，以虚带实，形成大遗址文化产业的螺旋滚动式发展。如此，相关项目就会越做越大，产业化道路会越走越宽，最终成就形神兼备的文化遗产产业发展新模式。

那么，如何在这个"虚实结合"的概念下，具体实施产业发展策略呢？

显然，我们须依托文化遗产，但是也不完全依赖文化遗产，如此才能摆脱传统发展模式中对物质的依赖。在这个过程中，必须将现代科技手段融入其中，从而提高产业发展的生命力，这样才能实现"从线下做到线上"的目标，从文化软实力做到文化硬实力。基于这样的战略思路，我提出了"复现文化遗产，复兴中华文明"的战略构想——"历史成为资源 + 文化带动产业 + 科技提升服务 + 旅游复兴文明"的历史文化旅游的全新商业模式，并以此模式为核心，开发并发行文化旅游衍生产品，从宽度和长度上双管齐下，在数字科技时代帮助客户提升产业价值，最终实现经济价值的飞跃。

最近这些年，我们遵循这套复兴文明模式策划了很多项目，效果十分显著。今天，全国各地有很多各种规模及性质的历史遗址开发项目，我们希望大家都能掌握科学而系统的方法，在实践中积极应用，提升工作质量和成绩。

第一节 历史成为资源

扫码听书

纵览世界历史，一个民族的崛起或复兴，常常以民族文化的复兴和民族精神的崛起为先导。一个民族的衰落或覆灭，往往以民族文化的颓废和民族精神的萎靡为先兆。文化是精神的载体，精神是民族的灵魂。中华文明作为世界上唯一存留至今并仍在蓬勃发展的文明，是值得我们后人永远尊敬并研究的。今天，习近平主席反复强调的中国梦，事实上就是根植于中华传统文化和中华文明根系之上的进取之心。中国梦不是一种空想的主要原因，就是我们拥有从未断绝的深厚的文明根系和脉络，这些脉络有的深埋地下，有的潜藏在国人的心中，无论是哪一种，中华文明的深厚基因都不会磨灭。

从未中断的中华文明，因其内在的文化基因而绵延不绝，繁衍出了庞大的、体系化的文明成果，这些成果在今天都可以被视作珍贵的文明资源。按照内涵和内容的不同，遍布中华大地的文明资源可以分为两个类型：物质型文化遗产与非物质文化遗产。

物质型文化遗产是指以物质化实体性遗迹、遗存物为主体的古代人相关遗产，比如故宫、法门寺、明孝陵、河姆渡遗址、尼雅古城遗址、汉长安城遗址、兵马俑等。

非物质文化遗产是指被各群体、团体、有时为个人视为其文化遗产的各种实践、表演、表现形式、知识体系和技能及其有关的工具、实物、工艺品和文化场所。比如东巴古文、昆曲、傩戏、弓箭制作传统工艺、叼羊比赛、羌人传统舞蹈等等。

如此体系庞大、内容丰富的中华古代文明遗存物，为我们致力于历史文化产业发展铺设了坚实、广阔又绚烂的表现舞台。

中华文明，博大精深，我国的非物质文化遗产同样是丰富多样

三国图书《三国演义》

三国电影《赤壁》

三国游戏《三国名将》

三国电视剧《三国》

的。这类没有具体物质承载实体的历史文化资源同样是凝结着中华民族精神、反映祖先风貌的珍贵财富，同样可以积极发掘并设法产品化、产业化。内蒙古有草原那达慕盛会，广西、云南和贵州等地有三月三节会、歌圩，这些都是让相关传统文化保持当代活力并产生经济价值的典型做法。

这种资源在我国不仅广泛丰富，而且还是当代文化产业化浪潮中最先经受市场检验的，并由此提供给我们丰富的经验、成果和教训。事实上，以文化内容为资源进行文化产品的开发、演变，原本就是一场从古至今不曾间断的“文化开发马拉松”。这一类型中最典型的例子，莫过于中国人乃至整个东亚文化圈家喻户晓的经典IP“三国”与“西游记”。

※ 分析案例 《三国演义》成顶级 IP 的核心是什么?

三国时期是我国的一个历史阶段，而且本来是一个历史学上的“伪概念”。在正统的中国古代史册“二十四史”中，原本并没有“三国”这个历史时期，传统三国故事相对应的历史时代应该叫作“汉末魏晋”。然而，就是这样一个在历史学上尚不清不楚的历史资源，由于明朝人罗贯中创作的小说《三国演义》而进入传统文化场的大舞台。《三国演义》发行后，原本已依稀湮没于历史长河的关羽关云长被古人高度追捧，不仅成为武圣，民间更是高度崇拜此君的道德力量，为他兴建了大量的关帝庙。关于三国题材的戏剧，早在宋、金、元时代已经相继涌现，到了明清时期，更是依据《三国演义》诞生了一批传统剧目。

进入现代，三国故事如同滚雪球一样越滚越大，俨然成为中国（东亚）历史文化最大的文化 IP 资源。

从图书到影视，再到电子游戏，三国题材如同一个巨大的文化

西游记电影《西游·降魔篇》

IP 宝库，取之不尽用之不竭。那么，为什么三国故事能从历史变成炙手可热的文娱资源？我们分析“三国”的内涵会发现，这个历史资源下涵盖了人们喜闻乐见的一切元素：宏大的历史背景、激动人心的善恶之争、纵横捭阖的万丈豪情、生动鲜活的历史人物、波谲云诡的权谋霸术……对于文化产业来说，什么是能够打动人心的内容资源？这就是！

再者，三国的历史故事和人物关系，容易引发不同历史时期的人们的争议，这加剧了这个历史资源在口耳相传过程中进行“文化发酵”的力度和速度。在今天的文化产业从业者看来，这种“自然发酵”了两千年的资源文化 IP，是今天的原创性文化 IP 根本无法比肩的。

这就是历史的深度与厚度，这就是中国作为一个历史悠久、文化昌盛的文明古国所占据的得天独厚的历史文化资源优势。

※ 分析案例　顶尖 IP《西游记》如何产生几十亿元价值?

西游记，这一与三国齐名的文化 IP 同样风光无限！

玄奘西行是发生在唐初的一段真实历史。取经归来后，玄奘还奉唐太宗的敕命著述了《大唐西域记》十二卷，用来记述自己在西域和天竺旅游、游历和游学的见闻与经历，尤其是沿途国家和地方的地理、气候、风土人情、宗教文化、历史故事以及神话传说。

同样是在明代，天才的小说家吴承恩以《大唐西域记》和民间故事传说为素材，脑洞大开，创作了千古佳作《西游记》，首次将相关历史加工成文艺资源，进而启发了众多的传统《西游记》故事剧目。

时间推进到当代，以吴承恩的《西游记》小说为基础，今天的“西游系”文化产品贯穿影视、动漫和游戏三大娱乐产业，中国人在

西游记动画片《大圣归来》

做，日本人和韩国人同样在乐此不疲地做各种西游文章，手段上的创新与衍生层出不穷！从历史事实，到神话故事，再到文创产品，“西游”文化 IP 的嬗变之路令人瞩目。以相关影视产品来看，“西游片”覆盖了电影、电视剧和网剧三界，截至 2016 年初，“西游”题材光是在大电影领域已经被改编了 40 多次。而且，西游系影视作品的热度未来还会不断持续下去，内容会不断被创新和演绎。比如，在 2017 年春节档期，就分别有徐克主导的《西游伏妖篇》和王宝强主导的碰瓷西游类的《大闹天竺》，虽然大多数观众看完后直呼为烂片，但单凭西游这个题材就足以吸引数不胜数的人们入影院买单。影视界有人估计，未来的十五年里，“西游系”电影将会以平均每两年一部的速度继续诞生，投资或高达几十亿元。

“三国”和“西游”这样的历史资源为什么会成为市场上的抢手货？电影《大圣归来》导演田晓鹏有一句话一语道破：“做《西游记》就是站在巨人的肩膀上，找一个大家都知道、不用去宣传的题材。”换言之，我们可以这样理解：对于文创产品来说，至关重要的口碑宣传、品牌塑造这两项投入极大、收效看天的工作，历史已经帮今天的文创产业工作者做到了极致。文化产品可以在这个良好的基础上成批成批诞生，而且从出生就带着一个好口碑，家喻户晓。这种力度的“先天优势”，正体现了“历史成为资源”的巨大优势，同时也恰恰解答了“历史文化怎么就成了资源”这个问题——历史文化之所以能够成为优质的资源，就是因为它们本身就具有这样的价值。

实际上，不光是《三国演义》和《西游记》这样家喻户晓的大 IP 可以尽情开发，整个的历史资源都是丰富多彩的现代文化产业依托的宝库，尤其是影视节目和文化游旅景区特别需要历史的光环来

洛南花溪弄景区

烘托。现在做文化旅游景区项目的比比皆是，只要是有一定实力的企业和项目，通常都不会过于为缺乏资金和核心内容头疼，但大家普遍反映，缺乏围绕景区的精彩故事，很多项目单位为此不惜斥巨资请人来帮自己创作故事和打造影视节目来扩大影响力。这个时候，依托历史、传说乃至神话来炮制故事，就是个事半功倍的捷径。比如，陕西洛南大力开发花溪弄景区，当地政府就感到单靠常规的景区策划与硬件建设不足以从各地丰富的同类项目中脱颖而出，就专门拿出了 3000 万元来做影视故事，搞软投资，将来以关于此地的网络神话长剧来体现景区的魅力并吸引客流。这个做法就比只会景区策划、建筑规划和项目拼盘高明而有效多了！这些年荧屏上仙侠剧、神话剧正当红，拥有广泛的受众群体，打造一部与当地景区资源高度挂钩的神话偶像剧上映后，针对的目标观众锁定 14—30 岁的 90 后人群，正好是喜欢且最有旅游热情的人群。可以设想，一旦相关影视作品成功，上学的孩子们会要求父母带着自己去故事发生的地方一探究竟，充满好奇的年轻人同样会为神话剧营造的浪漫、刺激与优美故事买单，这就是历史资源与现代表现结合的正确做法。

也正因为如此，我们在从事文化产业的时候，应当优先选择历史文化资源进行开发，这既符合中国历史悠久、文化内涵深厚的自身优势，也是中国文化产业区别于世界其他国家文化产业发展的特色。

说了这么多，归根结底是希望大家掌握两个要点：

其一，看待历史文化时要赋予其新的地位和意义。它们不是无聊的故纸堆或者光芒不再的昔日浮云，而是珍贵的资源，天然具有潜在的政治价值、文化价值和商业价值。

其二，作为文化产业从业者，要善于挖掘历史文化资源的价值。同样一份资源，在不同的人手里，实现其价值的路径就不同。政治家讲究以古为鉴，注重发掘历史的政治价值；历史学家就一个历史遗址完成一份考古报告，能成就的主要是文化价值，与开发遗址的经济价值方面无关；盗墓贼无利不起早，但他们只能把偷出来的文物卖掉；而对一个历史文化产业人来说，不光是要善于从政治和文化范畴发挥蕴藏于相关资源中的深远教育意义和示范作用，还要有一套行之有效的办法获得良好的商业回报。

第二节 文化带动产业

扫码听书

2016 年 6 月 16 日，上海迪士尼乐园正式开园，中国大陆正式被纳入迪士尼乐园的全球娱乐产业版图。上海迪士尼乐园是中国大陆第一个、亚洲第三个、世界第六个迪士尼主题公园。乐园拥有六大主题园区：米奇大街、奇想花园、探险岛、宝藏湾、明日世界、梦幻世界，两座主题酒店：上海迪士尼乐园酒店、玩具总动员酒店，一座地铁站：迪士尼站，并有许多全球首发游乐项目、精彩的现场演出和多种奇妙体验，任何年龄段的人都能在这里收获快乐。

这是一座贩售“快乐”的乐园，但其只不过是迪士尼庞大的全球文化产业链条上崭新的一站。

迪士尼公司成立于 1923 年，它在 20 世纪 30 年代既已确立了其在美国动画电影行业里的领导者地位，并逐渐向戏剧、广播、音乐、旅游度假、电视、出版及网络媒体等领域拓展，最终演化为全球首屈一指的文化娱乐产业帝国。凭借迪士尼产品及其品牌无与伦比的魅力，美国对全球大众文化的影响力也进而跃居第一。

迪士尼公司是一个庞大的文化娱乐产业帝国，是凭借卓越的文化创意成果催生了一整条产业链的巨大实体。

迪士尼公司的主营业务分为五大部门：

①迪士尼影业，包含公司的电影、唱片及戏剧部门，这是迪士尼公司起家阶段缔造出的基本盘。

②主题公园及度假村，包含公司的主题公园、游轮公司及其他旅游相关部门。迪士尼公司于 1955 年把电影业与旅游业相结合，创立了迪士尼乐园这一金光灿灿的品牌。

③迪士尼消费品部门，主要是利用公司品牌及版权人物授权其

华特·迪士尼创作米老鼠

迪士尼消费品

迪士尼影业

迪士尼游戏

上海迪士尼乐园

他厂商开发和销售玩具、文具、服饰、家具及其他日常消费品。

④传媒部门，包含公司的广播电视业务部门。

⑤迪士尼互动媒体，包含公司在互联网、移动通信、社交媒体、虚拟世界及电脑游戏方面的相关部门。

以迪士尼影视娱乐部门为例，其旗下就有多达九家电影电视分支公司，其中的迪士尼电影公司、漫威、卢卡斯、皮克斯、米拉麦克斯和试金石都是享誉全球的品牌，业务覆盖真人片、动画片，从制作到发行无所不包。

毫无疑问，这是一个空前庞大的娱乐产业帝国，而这一帝国伟业的基础，则来自一只小小的不起眼的老鼠——米奇老鼠。1928年，迪士尼公司创造的动画角色米老鼠首度亮相，很快被世人广泛喜爱而成为卡通明星。接下来的数年中，米妮、布鲁托、高飞等经典角色一一问世，至1934年唐老鸭诞生，米老鼠及其伙伴们为迪士尼商业帝国的扩张奠定了坚实的基础。

迪士尼公司是如何立足于卡通电影逐步成就其宏大的娱乐产业体系的？我们这里来回顾一下其中最引人注目的几步。

※ 分析案例　什么样的经营模式让迪士尼成为文化产业的霸主？

早在20世纪30年代，迪士尼就开始“跨界经营”，将米老鼠的形象以特许合作的方式，拓展到玩具、装饰品和部分家用小商品领域，迈出了“由虚向实”的第一步。

1944年，迪士尼公司遭遇资金短缺危机却转危为安，因成功开拓了剧院演出这条新战线，将那些成功的动画片改版搬到剧院里上演。

1955年，迪士尼公司迈出了至为关键的一步，创造性地将影视业与旅游业结合在一起，创立了迪士尼乐园。直到今天，迪士尼乐

奥兰多迪士尼

上海迪士尼

园及度假板块的业务都在集团五大主营部门中牢牢占据第二席的醒目位置。

美国奥兰多迪士尼乐园是公认的全球迪士尼乐园之集大成者，我们来看看奥兰多产业模式的特色：

1964 年，迪士尼公司在佛罗里达州的奥兰多购买了大批土地，开始筹建奥兰多迪士尼乐园。1971 年，奥兰多迪士尼乐园正式开业迎客，被称为自庞塞·德莱昂发现佛罗里达州以来，影响该州的最大盛事。由此，奥兰多的历史被分为 BD 与 AD 两大部分，即以 Before 及 After“Disney”来定位一座城市的发展史。

迪士尼公司在奥兰多斥巨资打造了一个全球文化旅游之都，包括迪士尼魔法世界、迪士尼好莱坞影城、迪士尼未来世界和迪士尼动物王国 4 座超级主题乐园，3 座水上乐园，32 家度假酒店以及 784 个露营地。食、住、行、游、购、娱，奥兰多迪士尼世界包揽了游客们几乎所有的需求。引人注目的是，迪士尼公司提出了“永远建不完的迪士尼”的建设口号，长期坚持“三三制”，即每年淘汰三分之一的硬件设施同时新建三分之一的新概念项目，不断完善自家创立的奇幻世界。迪士尼公司不仅全力以赴地拓展自主产权的各种代表性文化元素，还巧借其他著名跨国公司的力量来丰富迪士尼乐园世界的文化资源。比如，介绍全球气候的馆区是由百事可乐公司投建的，让游客们体验从南极到赤道的不同气候和生态；通用公司投资兴建了以“人类的动力”为主题的馆区，用“高科技 + 娱乐”的方式介绍从独轮车到航天飞机的发展历程；迪士尼未来世界（Disney's Epcot）的四维影院和太空任务项目是柯达公司赞助的，试车项目是汽车巨头兴建的，海洋世界的花卉是百威啤酒资助的。由此，相关跨国公司做了软广告，迪士尼得到了更多的文化资源，游览者享受了更多的体验，真正是合作而多赢的典范。在迪士

奥兰多环球影城

奥兰多冒险岛

奥兰多海洋世界

奥兰多哈利波特城堡

尼商城，有一家好莱坞明星主题餐厅，不仅空间布局模仿各种好莱坞经典场景，物品和道具也无不与明星有关，比如明星用过的钢笔、眼镜、包、手套及明星签名等。可以说，在总面积达 124 平方公里的奥兰多迪士尼世界里，从景象、设施到服务，整个经营的环节中，奇妙的创意到处可见，不胜枚举！

迪士尼乐园的运营模式在奥兰多大放异彩，其他一些文化娱乐业巨头也纷纷跟进，环球影视公司在奥兰多建立了“环球影城”和“冒险岛”两个主题乐园，海洋世界同样在奥兰多拥有自己旗下的主题乐园，华纳与奥兰多环球影城合作修建了“哈利波特魔法世界”。众人拾柴火焰高，奥兰多从前是个以农业为主的小城市，在文化杠杆的撬动下，华丽地升级为贩卖快乐的大城市、全球主题乐园之都。迪士尼在产业拓展的努力中成功地于文化旅游领域开辟出了一片新天地，同行和伙伴们受其影响被拉动到新浪潮中，由此催生了城市像一个乐园、乐园被放大成一座城市的前所未有的盛况，诠释了文化促进产业发展、经济进步的经典力量！

米老鼠诞生不足一百年，却成为一个文化符号、一整条产业链的形象代表、全球最成功的文化娱乐帝国的旗帜、现代文化创意产业的象征。迪士尼公司从其基本业务卡通电影出发，逐渐将自家的产品、产业扩展到经济生活的方方面面，从电影到玩具，再到奢侈品，从影视进军旅游业到今天活跃于现代社交，建立了覆盖传统影视、商品、文旅和网络新媒体的庞大产业链条，其中的文化智慧值得每一个文创产业从业者仔细揣摩和用心体会！

其实简单地说，迪士尼的秘诀并不复杂，概括起来就是：有文化，一切都好说。

是的，文化很重要！

《星球大战》

漫威超级英雄《美国队长》

众所周知，美国是一个建国二百多年的年轻国家，虽然富强、文明、自由，但论历史文化底蕴却明显单薄。同时，作为一个典型的移民国家，美国的文化是多元的，甚至今天的美国民众都难以从根源上找到相对一致的文化认同基础。

但是，迪士尼的成功证明了一点：即便历史文化资源不足，美国人的文化产业依旧能够做得风生水起，依旧能够带着自己的意识形态横扫全球，依旧能够保持世界上最大体量的文化输出。

这真是咄咄怪事。

仔细推敲一下，其实并不奇怪。历史资源和文化资源并不是天然地能够成为产业，其中需要合理的筛选、组织、包装和运作。有历史、有文化的国家和民族在这个世界上比比皆是，但能够用科学的方式、方法将历史文化资源变成产业的则并不多。

而美国在这方面的确是个翘楚。

※ 说明案例　没有文化资源如何无中生有?

除了迪士尼公司，美国的好莱坞电影文化也能很好地说明这个问题。缺乏历史资源？没关系，好莱坞用《星球大战》这个文化 IP 创造出了纵横数万年的整个银河系的虚拟历史。没有英雄？没关系，好莱坞用“漫画超级英雄”这个文化 IP 打造出了全球最强的英雄故事。缺乏文化？任何国家和民族的优秀文化都能被好莱坞拿去包装加工，变成可口的文化大餐供人享用。

所以，美国虽然自己的历史文化积淀有限，但却熟练地掌握着一整套将文化资源转变为产业成果的技术，能够调动整个人类文明几千年的发展成果为其所用。这就是美国文化产业的厉害之处，也是我们亟须向其学习的重点方向。

韩国电视剧《太阳的后裔》

事实上，文化资源不仅是繁荣当代文化产业的基础，还能够支撑其他的传统产业。只要方向正确，措施到位，无论是一个纯粹文化形态的故事，或者是一个形象，都可以演绎衍生成看得见摸得着的商品或服务，都可能走进千家万户的日常生活。

“文化产业”这一术语产生于20世纪初，英语Culture Industry也可以翻译为文化工业。事实上，到目前为止，世界各国对文化产业并没有统一的说法，美国人习惯称版权产业，英国政府命名为创意产业，日本则笼统定位为内容产业，但都不妨碍他们大张旗鼓地发展和丰富本国的相关经济内容，比如美国的好莱坞大片、日本的动漫、英国的体育赛事节目。

我国当前也高度重视融精神性、娱乐性与商业价值于一体的文化产业。党和政府从弘扬主旋律、丰富文化市场、拓宽就业渠道的功能出发大力扶持文化产业发展，各路资本同样趋之若鹜地大举进军文化产业。据统计，2004年至2013年，全国文化产业年均增长速度在15%以上，尤其是2008年以来，在诸多传统产业增速放缓的背景下，文化产业却发展迅速并成为经济发展的重要稳定力量。截至2015年末，全国文化市场经营单位达到了23.17万家，比上年末增加了1.15万家，从业人员达到了156.47万人，比上一年增加了24.08万人，2015年全年的全国文化市场经营单位营业总收入超过2965亿元人民币，营业利润达到1002.10亿元人民币。

然而，当我们进行横向对比时，就会发现我国的文化产业发展程度依然显得很单薄。目前，我国文化产业占GDP的比重还不到4%，而美国却超过了25%，英国和日本都在20%左右，韩国也超过了15%。迪士尼公司2015年的收入超过500亿美元，而同期我国三大互联网巨头BAT（百度、阿里和腾讯）的营业收入合计不足2500亿元人民币。2016年，韩国KSB电视台播放的电视剧《太阳

上海迪士尼乐园

香港迪士尼乐园

的后裔》爆红全亚洲，引发欧美文娱市场侧目，在中国大陆也创下了 40.12 亿次的网络播放纪录；反观我国的影视界，虽然这两年也推出了《琅琊榜》《芈月传》和《伪装者》等大红大紫的热剧，但至今都未诞生过一部国际现象级的超级作品来。

※ 说明案例　是什么让迪士尼主题乐园一年收益 165 亿美元?

2015 年，迪士尼主题乐园及度假业务的吸金营业数额高达 162 亿美元，对集团盈利的贡献仅次于其媒体网络业务，而国内的大部分主题乐园却在经营上承受着压力和考验。差距在哪里？除了旅游业倚重的社会治安环境与管理水平上的差异，关键的不同点还是在于产业化的水平与深度。

迪士尼公司的根本活力在于其强大的文化 IP 运营能力。迪士尼乐园自创立之日就始终强调文化与艺术的高度结合，它在奥兰多、巴黎、东京、香港、上海等各个重镇的布局都是规模宏大的“主题乐园集群 + 完整配套设施”格局，于是主题公园、酒店、餐饮、商场、各种度假产品等都能挣钱。

反观国内的很多主题乐园在经营上是相对单一和单薄的，没有主题乐园集群的相互支持，也没有不断推陈出新的文化 IP 能够借力，还存在乐园文化内涵及创意的差异性不足或者说是同质化经营的缺陷，于是不得不严重依赖门票的售卖。此外，国内许多主题乐园为解决盈利问题，通过主题乐园带来的人流、物流、信息流、资金流，拉动周边地产发展，走“乐园 + 地产”模式。但这种模式不是万能的，在房地产业处于低潮的时期，也难免让曾经寄厚望于这一模式的投资商及经营方陷入尴尬境地。

从迪士尼文化产业帝国的高度繁荣中，我们应该能够发现一些

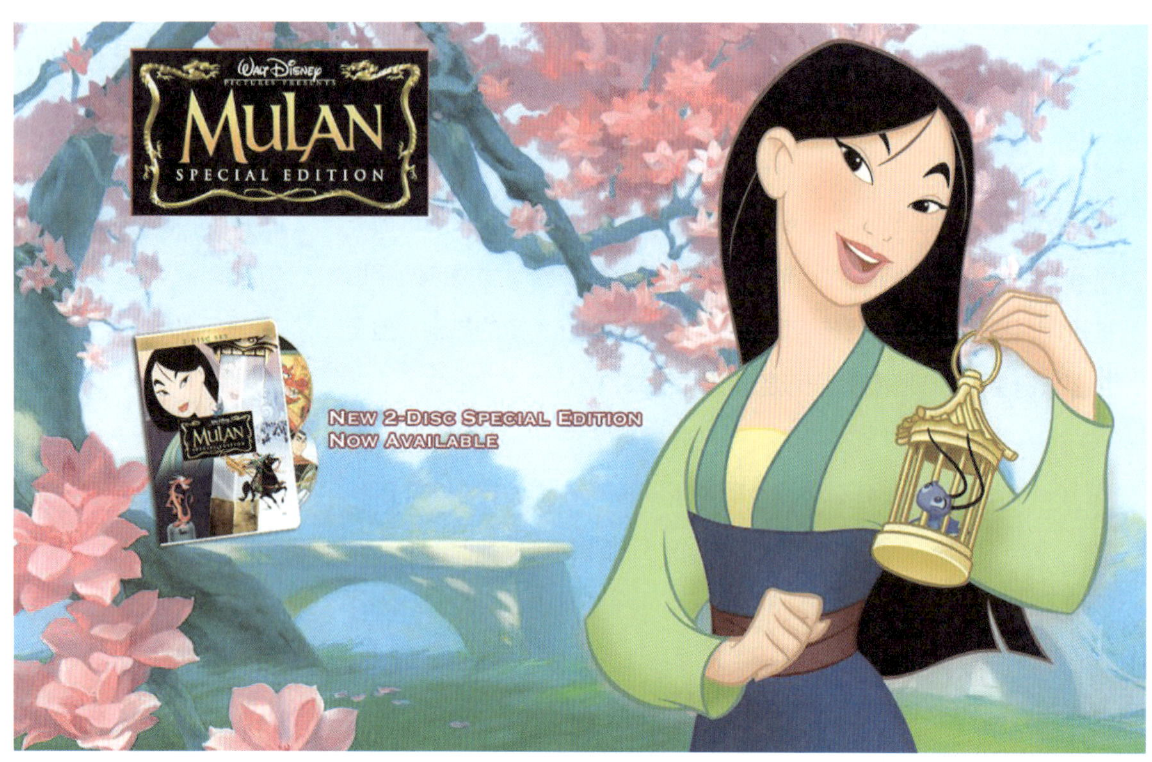

迪士尼动画片《花木兰》

梦工厂动画片《功夫熊猫 2》

关于如何利用文化带动产业的启示。文化灵魂或文明基因的注入至关重要，这是持续创新产品及大众体验，令消费者保持新鲜感的首要因素。迪士尼公司在历史文化资源贫瘠的美国社会背景下，硬生生地创造出了数不清的文化形象和产品，并将这些文化形象符号化、抽象化、逻辑化、体系化，形成了独属于迪士尼卡通动漫世界的文化基因，再将这一文化基因结合时代与地域的特点，不断在世界各地复制，始终给消费者最新鲜多变的文化产品消费体验。我们需要向他人学习的正是深入挖掘文化内涵，用好我国文化要素，为文化产业注入文化灵魂，并以文化灵魂为核心来打造自己的产业链。

相比美国的文化产业人，我们至少在两点上是应该感到幸福的。我们的国家拥有悠久的历史和深厚的历史文化资源，可以支持我们立足历史文化资源大做文章；此外，眼下的一时发展滞后正说明未来我们还有很大的提升空间。

但是，我们一定要有紧迫感和使命感。要知道，就历史文化资源来说，可不像现代文化资源那样通常具有明晰的产权，别的国家同样可以开发原本应当属于我们的资源。比如，中国家喻户晓的巾帼英雄花木兰，就被迪士尼拿去做了人家的动画大片《花木兰》，好莱坞的梦工厂也巧用中国元素创造了《功夫熊猫》系列影视作品，还有日本游戏界利用三国故事制作的诸多大制作游戏。我们有资源而不会运作，会做的外国同行可不会与我们客气。面对丰富的本土历史文化资源，我们不保护、不传承、不创新、不开发，外人就会拿去做文章，甚至加入他们的思想与理念，反过来兜售给我们。如此，我们不仅可能丧失了资源，丢掉了市场机会，我们的文化也会变形甚至中断，想想都是令人懊丧和丢脸的事情。所以说，时不我待，我们必须尽量学习别人的长处，全方位提高利用我国历史文化资源推动文化产业发展的能力，才能不辱复兴中华文明的光荣使命！

第三节 科技提升服务

扫码听书

迪士尼集团在打造其主题乐园及度假业务板块时，提出了一个著名的建园理念：让文化和艺术高度结合。这里，我们也强调关于复兴中华文明模式的一个重要认知：将历史文化与现代科技高度结合，用科技的力量来提升服务的品质，从而通过科技与文化的融合让中华文明“活”起来，向世界讲好“中国故事”！

我总是在各种场合反复说明，复兴文明的要领在于通过创新来传承，而不是被动保守的传承。利用先进的科技手段来展示、宣传我国的古代文明成果，催生各种形式的文化产品，形成形态多样的现代文化产业，这就是在创新中传承祖先的文明遗产！

※ 说明案例　阿里巴巴走向 VR

2016 年 4 月 1 日，阿里巴巴宣布成立 VR（虚拟现实）实验室，并首次对外透露集团 VR 战略。据介绍，阿里巴巴将发挥平台优势，同步推动 VR 内容培育和硬件孵化。也就是说，在不久的将来，用户便可以体验到“VR 购物”。

什么是 VR 购物？

VR 商城是采用 VR 技术生成可交互的三维购物环境。戴上一副连接传感系统的“眼镜”，就能“看到”3D 真实场景中的商铺和商品，实现各地商场随便逛，各类商品随便试。也就是说，VR 技术能为用户创造沉浸式购物体验，也许在不久的将来，坐在家里就能去纽约第五大道逛街。

这是科技进步带来的购物方式的巨大变革。而这种科技创新在

AR/VR 体验与生活

文化产业上的应用也是如火如荼。2016 年被公认为是“VR 元年”，越来越多的 VR 应用正不断涌现，从电影到游戏，再到实体经济的替代方案，VR 技术带来的服务创新体验一次次刷新着我们的认知。

创新始终是推动一个国家、一个民族向前发展的重要力量，是推动社会发展的不竭动力。在科技水平飞速发展的当代社会，巨大的变革每天都在我们身边发生。比如最贴近人们生活的手机，触屏手机代替了传统键盘手机，大屏手机代替了小屏手机，智能机代替了功能机。而在通信领域，微信取代了短信，甚至改变了整个通信市场的游戏规则，这都是技术进步推动社会生活变革的典型案例。而在 2016 年末，一场新的技术变革又在酝酿之中：微信平台 APP 软件的问世，向世界发出了这样的信号——微信在技术层面上有能力改变现有的 APP 软件生态！

什么是创新？这才是创新！

创新包括理论创新、制度创新、科技创新、文化创新等各个方面。其中，科技创新、文化创新是影响经济社会发展的最直接、最重要的因素。科学技术是推动生产力和社会大发展的主动力之一，是一个国家和地区硬实力的体现。社会发展是一个动态的历史过程，决定了科技发展也是一个动态的概念，科学技术需要不断进步和创新。只有大力推动科技创新，才能在现代经济发展中占据竞争优势。而文化是人类改造客观世界和主观世界的活动及其成果的总和，是一个国家和地区软实力的体现。文化作为人类社会发展的“摇篮”，其发展程度决定着经济和社会的发展程度；同时，经济和社会要持续发展，也要求文化持续传承、升华和创新，在世界软实力的竞争中占据优势地位。

纵观人类社会的发展历程，文化与科技历来是形影相随、相互促进的。科学技术的每一次重大进步，都会给文化的传播方式、表

VR 体验与生活

现形式、发展样式带来革命性变化。而文化的每一次复兴和繁荣，又都反过来有力地促进了科技的飞速发展。

科技创新和文化创意作为分别发源于科学和文化领域的发展新形态，具有各自的显著特点。科技创新具有继承性创新和颠覆性创新的双重特点，可以有力推动文化创意的发展，帮助文化产业从业者丰富文化表现形式。数字技术、网络技术、新型显示技术、虚拟现实技术等高新技术在文化领域的广泛应用及渗透，极大地提升了各类文化产品的表现力。文化创意具有“无中生有”的突出特点，充分发挥其发散性创作思维优势，能够为创新者提供创新思路，突破专业学科定向思维瓶颈，扫除盲点，为科技创新展示广阔的创新空间。

当代的文化产业人必须学会充分利用高新科技来提高自己工作的成效。互联网技术、虚拟现实技术、人机交互技术、数字图形图像技术等，都为我们提供了丰富又高明的手段来提升各类文化产品的表现力。影视作品中的特技制作、数字博物馆、VR 游戏体验等，这些都是人们不再陌生的东西。就历史文化资源开发而言，现代科技同样赋予了我们丰富的手段对古代遗址、文明遗存物或者是非物质文化遗产进行充分的包装、展示与服务，从而为“死气沉沉”的历史文化元素增添“活灵活现”的乐趣，令广大受众感到更真实亲切，从而乐意接触和接受相关的信息。这样，无疑提升了保证传统文化行之久远的可能性。

相对于之前的工业化时代及后工业化时代，当代被世人称为信息时代、互联网时代、眼球经济时代。今天，我国创新型经济领域最为耀眼的景观是“互联网 +”理念的风行和“自媒体”的强势崛起。我们做历史文化产业的人，当然也要顺应时代潮流，树立自身敏锐的互联网思维，全力争取新旧媒体势力的关注，做个善于融合科技与文化的时尚弄潮儿。

台北“故宫博物院”“乾隆潮”文化展览

但是，科技对于文化产业来说，又是一把双刃剑。用得好，就能与文化相得益彰；用得不好，则会变得不伦不类，甚至沦为空有噱头而无实际内涵的泛娱乐。在利用科技元素表现传统文化方面，我国大陆地区才刚刚开始尝试，很多新鲜有趣的点子每天都在产生，有些令人拍案叫绝，有些差强人意，更有一些纯粹是为了科技而科技，令人感到无话可说。那么，有没有可供我们借鉴、学习的优秀的“科技助力文化产业”的案例呢？我们接下来通过三则案例来看看，具体怎样用科技来提升服务。

※ 说明案例　通过文化与科技，故宫再次复活

2013 年 10 月 8 日，“乾隆潮”新媒体艺术大展在台北“故宫博物院”开展。这场借由新媒体科技的盛大文化展览，将文物变得很“新”，乾隆皇帝也变得很“潮”。这是一个声、光、影、像打造的奇妙世界。首先，通过《皇清职贡图》与乾隆肖像构成的“时光洞”，一条通往乾隆文物奇幻世界的过道，观众开始被冠上乾隆之名。踏入以花瓶物象解构生成的“乾隆的奇异山水”，观众可以优游其中。穿越山水，是一座以《汉宫春晓图》为本、穿越时空的虚拟城市“乾隆的春晓庆典”。观众将脸对准脸部侦测系统，会发现自己竟穿上古装跑进漫画里，成为庆典中的一员。踱步于市街，观众可以停驻在以巨大的多宝格展示的艺术品橱窗“乾隆的小宇宙”，欣赏橱窗内艺术家们以文物为灵感创作的当代艺术品。走到尽头，一尊“十全乾隆机器人”等着观众，他坐在时光机器里，张开象征“十全”的十只手掌，带人们穿梭古今。环顾四周，处处贴着“人人都是乾隆”的巨幅摄影作品，照片中每个现代面孔仿佛都在诉说自己的收藏和生命故事。

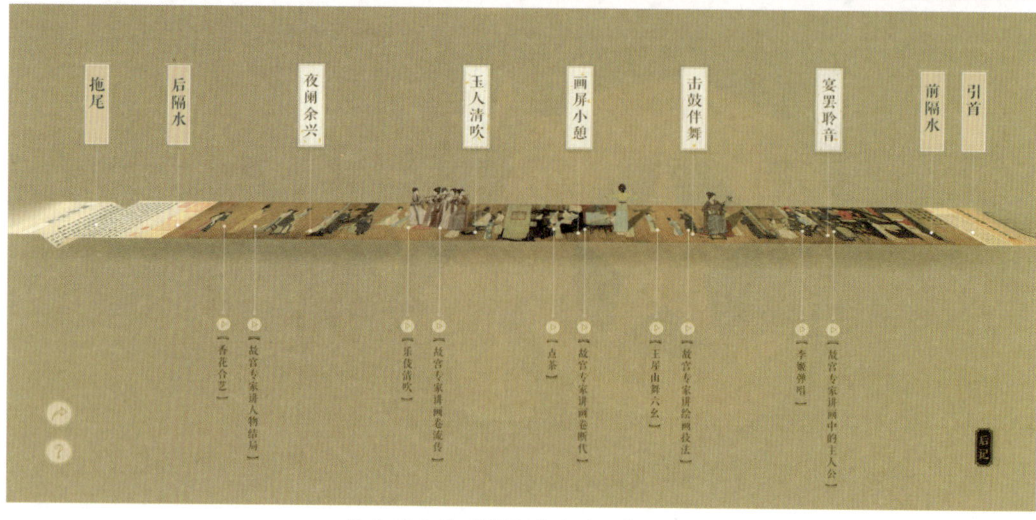

故宫博物院《韩熙载夜宴图》APP

在这里，“乾隆潮”的“潮”有着文化与科技的双重内涵：从现代收藏文化的角度去诠释，乾隆皇帝本人是中国历史上著名的“收藏家皇帝”，他对收藏的具体嗜好、对收藏品的品鉴以及引领潮流的开创性格，都可以被解读为“潮”；而当主办方抽离了历史上的“乾隆皇帝”这个概念，借助现代科技的手段打通文化上的“乾隆”，将“乾隆”转变为一个符号，大胆地让古代文物所代表的“帝王文化”与当今的潮流文化做一场跨时代的沟通，通过街头艺术、角色扮演、DJ 唱片骑士、动漫创意、公仔玩具、电子音乐、电子游戏、影像艺术等现代科技娱乐方式进行多方位、多角度的对接，消弭了时空隔阂的同时，也使得数百年来的中国宫廷收藏文化走入了普通受众的视野。

可以想象，如果抽离了“乾隆潮”当中的科技元素的运用，这场盛大的展演将变成完全不同的样子。正是科技手段和设备的引入，传统历史文化的内涵变成了可以直接观赏到的影像艺术，人们甚至可以与传统文化交流互动。这是一种崭新形态的服务进化，用科技的力量让普通受众能够更加方便、真切、生动而又妙趣横生地接触文化产品，甚至参与文化产品的产生过程。这种新奇的科技服务体验，正是“乾隆潮”新媒体艺术大展成功的原因。

※ 说明案例　什么样的 APP 让历史人物复活了?

2015 年 1 月，故宫博物院推出的《韩熙载夜宴图》APP，年下载量超过 30 万次。打开 APP，只需划动、点击、长按等简单操作，便能获得大量信息。尤其是点击特定人物，如横抱琵琶的李姬、穿蓝色服饰的舞伎时，这些人物就会“复活”，以真人的形式为你弹奏传统南音，跳起梨园舞蹈。APP，这是现在很多博物馆都在抓的意向科技文化服务产品，也是当前大火大热的“数字化博物馆”的重要服务接口。

数字敦煌展厅

截至 2015 年，我国已有博物馆 4510 家，馆藏文物约 3505 万件，每年举办展览约 2 万项，接待观众人数达 6 亿人次，已成为海内外游客领略中华文化的重要窗口，也是社会公众教育、科学研究、休闲娱乐的重要场所。在信息技术革命的带动下，互联网、云计算、大数据和移动通信技术兴起与发展，一种以物、人、数据动态双向多元传播为核心的智慧博物馆呼之欲出。参观者走进博物馆，面对的不再是传统博物馆那样冰冷的橱窗，而是通过数字化虚拟出来的古代世界，橱窗里的文物摆放在它千百年前所在的位置，甚至可以看到古人在你身边徜徉，你可以在这样的场景中拍照，从他们口中听到曾经发生的故事……这或许只是未来智慧博物馆中某一角落的缩影。当博物馆智慧化的大门向你敞开时，任何期望了解古代文明的方式，或许都可在我们熟悉的博物馆中变为现实。

没错，数字博物馆正在对传统博物馆进行革命，将实体的文物以数字化的形式展示给观众，借助新媒体技术方式在实体博物馆内搭建数字展厅，以实现传统展览不具备的展示功能；依托互联网，搭建网上虚拟博物馆，实现藏品在线展示。其中，公共服务需求是数字化博物馆、大遗址类型文化产品的核心——用多维展示互动形式，实现公众与博物馆藏品的高度交互，为公众提供无处不在的服务，是科技化服务的内涵。同时，这种服务不仅仅针对普通游客消费者，对于科研人员来说，也可以借助科技服务的手段，兼顾科研与文保两方面的目的。

※ 分析案例　是什么让千年敦煌辉煌再现?

2016 年 10 月，我参加了一场由敦煌研究院王旭东院长主讲的学术报告会。通过王院长的介绍，我对他们正在实施的“数字敦煌”项目印象深刻。

敦煌研究院

“数字敦煌”网站界面

众所周知，敦煌莫高窟是世界性的著名历史遗址，我国极为珍贵的历史文化遗产。为此，敦煌研究院承担着保护壁画、佛像、洞窟的重要任务，同时还要积极宣传敦煌石窟的不朽价值。

根据王院长的介绍，敦煌研究院早在新中国成立后不久就开始寻求利用科技来保护珍贵的敦煌文物的方案，曾从捷克专门请来专家，利用化学药剂对壁画进行保护性的处理。20 世纪 90 年代以来，敦煌研究院更是广泛与美国、日本的专业机构和大学长期合作，引进各种现代技术加强对敦煌文物的保护。国家设法从美国购进了两套非常先进的气象监测装备，一套用在南极科考站，另一套就用于敦煌莫高窟的局域气象监测。

今天，就敦煌文化遗产的保护与传承问题，王院长及敦煌研究院为自己树立了更高的目标，明确提出“保护是基础，研究是核心，弘扬是目的”的理念，积极应用科技手段对敦煌文物进行保护、研究和展示，更加注重对公众的服务，以方便包括敦煌文化遗产爱好者在内的更多非专业人士来了解敦煌石窟的文化资源。“数字敦煌”项目，就是在这一背景下展开的。

就保护而言，敦煌研究院充分结合智能传感、无损检测和自动化技术，建立了覆盖整个保护区的监测系统。系统全天候不间断地自动对包括大气温湿度、土壤温湿度、气体成分、光线变化、有机挥发物等各种环境要素进行监测，同时还能及时感应发现相关文物发生的微变化。如此，实现了对莫高窟壁画、塑像和洞窟的健康状况和影响因素进行定量监控分析，必要时还可以予以调控，也就是现代文博行业向往的“监测—评估—预警—调控”的预防性文物保护流程。此外，敦煌研究院还运用数字图像与大数据技术对保护区内的所有洞窟及文物进行系统性的摄影及数据采集工作，从而建立永久性的数据资源库，并进一步利用相关数据制作各种珍贵文物的

《梦幻佛宫》

全仿真模型。他们还利用莫高窟文物的复制品进行各种科学试验与测试，以将相关研究成果应用到原文物的保护上。

按照王旭东院长的总结，敦煌莫高窟发现后经历了十几年的“看守式保护”，之后是近三十年的“抢救性保护”，20 世纪 80 年代开始“科学性保护”，而现在进入了“数字化保护”时代，终于可以通过先进的科技手段对敦煌石窟文化遗产资源实现“永久保存、永续利用”了！

在先进科技的支持下，国内外敦煌学的研究水平也得到强力提升。王院长告诉我们，已有国内的数个著名专家表示，将重新梳理他们之前的诸多研究成果，包括有关论文和学术著作也要重新完成。因为，凭借“数字敦煌”项目获得的复原品在最大限度上还原了敦煌瑰宝的原本面目，要比当年进行研究时看到的资料更为详尽绚丽，许多之前人眼无力辨识的细节现在都能清晰看到，而且还可以放大、从各种视角来把握。2016 年 5 月 1 日，“数字敦煌”网络平台正式上线，向全球研究者和爱好者免费提供资源库平台的一期内容，二期也将在 2017 年底上线，鼠标一点，就能获得各种珍贵的资料和数据。

针对服务公众方面，“数字敦煌”项目也提供了丰富的内容。

2015 年 7 月，敦煌莫高窟推出了全球首部将石窟艺术通过数字技术虚拟实景再现的 3D 球幕影片《梦幻佛宫》，运用国际领先的数字球幕技术，6 台超高清投影仪同时播放，在球幕影厅实现了分辨率高达 7680×4320 的逼真虚拟洞窟效果。18 米直径，500 平方米超大球形荧幕、鱼眼镜头拍摄的 180°超视角逼真画面以及全方位立体声的音响效果使观众恍若置身于一个个异彩纷呈、如梦如幻的洞窟之中，尽情感受千年壁画的绚烂和辉煌。

没机会亲临莫高窟现场的人同样有机会亲近敦煌瑰宝。只要登

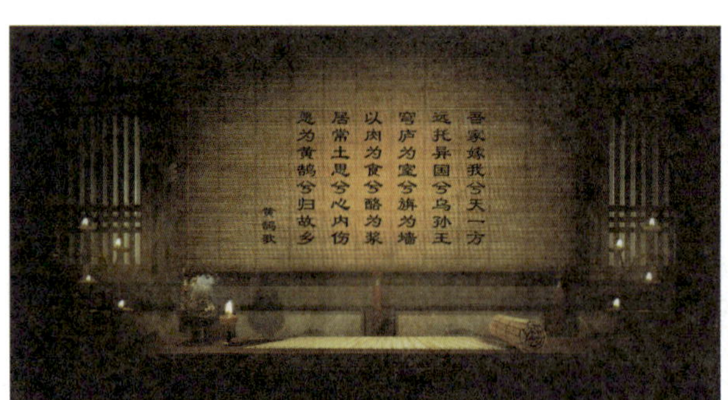

文书动画

岩画动画

MP 动画

地图动画

画像砖动画

画像石动画

陵墓壁画动画

录 www.e-dunhuang.com，就可以看到包括莫高窟 30 个经典洞窟的高清数字化内容，进行突破时空阻隔的全景漫游。此外，敦煌研究院还将陆续推出视频、动漫等多媒体节目向公众展示敦煌的迷人魅力，未来 3D 打印、VR、AR 及虚拟漫游等最新科技，将进一步推动莫高窟文化艺术品的逼真“复制”和走向世人。

敦煌研究院的实践告诉我们：应用科技的力量来对文化资源予以保护和开发的探索可能很艰苦，但回报绝对是无比丰盛的！

文博行业在积极寻求科技的力量提升为公众服务的水平，其他的文化产业分支、历史文化资源开发项目同样应当善用科技来充实商品或服务的品质与内涵。我们复兴文明集团的团队目前正在筹备一部关于丝绸之路大遗址的全媒体文化产业系列作品，大家就在竭尽全力地寻求文化与科技的结合，期望最终能让观众和游客们获得如同身临其境的非凡体验。包括在其他的诸多项目中，每一次我们都会用心思考和寻找科技支持产品的发力点。

文化人本来就应该对世界的变化很敏感，要充分认识到：当代科技进步与数字化时代的到来，给了文创产业实现起飞的历史性契机。当前移动互联网的应用如火如荼，正在深刻刷新人们的生活方式与观念，大数据、云计算、虚拟现实等前卫数字技术也在硬件和软件两个层面不断前进，为文化产业的发展提供了前所未有的广阔舞台。

当我们从事历史文化资源开发及文化产业推进时，至少要有强烈的“互联网 +”和数字技术应用意识，不断研究和实践如何更好地利用科技手段提升自己所做的项目、所在的行业的服务水平。如此，才能打破时空的藩篱，吸引更多的消费者拥抱丰富多彩的传统文化遗产和人类文明资源。

当科技提升了文化产业的体验感受，科技提升服务的概念定将深入行业，深入人心。拥抱科技创新的明天，也就顺理成章地成为文化产业的必由之路。凡忽略科技创新的，都将倒在文化产业新时代的门槛之外。

第四节 旅游复兴文明

扫码听书

旅游对现代人而言属于基本的生活内容。将历史文化遗产的魅力与现代旅游业的发展相结合，通过文旅活动来复现、复活中华文明的优秀因素，在我看来是最为理想的文明复兴之道。

在各具特色、种类繁多的历史文明资源中，大遗址属于特别适合开发成历史人文旅游景区项目的类别。

什么是大遗址？大遗址就是能够反映中国古代历史在各个发展阶段涉及政治、宗教、军事、科技、工业、农业、建筑、交通、水利等方面历史文化信息，具有规模宏大、价值重大、影响深远等特点的大型聚落、城址、宫室、陵寝墓葬等遗址、遗址群及文化景观。

可见，“大遗址”这个新兴的文化学概念已经能够大体涵盖各种文明资源的宝贵文化遗产，是一种从宏观角度讲述的大文明资源概念。大遗址承载着丰富的历史信息和文化内涵，是中国五千多年灿烂文明史的主体和典型代表，不仅具有深厚的科学与文化底蕴，同时也是极具特色的环境景观和旅游资源，在建设社会主义政治文明、物质文明和精神文明，向世界展示悠久的中华传统文化，促进大遗址所在地社会经济文化发展等方面发挥着重要作用。

中国政府各部门历来重视大遗址保护，但大遗址面积大，保护难度非常大。如今，大遗址主要受着自然和人为两方面的破坏。相对于风雨侵蚀等自然因素，人为破坏是大遗址保护面临的最大威胁。这些人为因素包括：遗址所在地群众生产、生活活动对遗址造成的破坏，如平整土地，修建道路，宅基地改建、扩建，用土取土等；基本建设工程尤其是国家大型基础设施建设工程，如高速公路、铁路等对遗址的占用和影响；遗址所在地及其周边乱搭乱建、违章

复兴文明《丝路大遗址》纪录片拍摄

建筑等对大遗址环境的影响和破坏等。凡此种种，无不说明当前我国的大遗址保护面临着机遇和挑战。快速发展的城乡建设、基础设施建设、农民生产生活和盗掘文物的犯罪活动以及千百年来自然力的破坏，使许多本已异常脆弱的大遗址本体及其环境风貌受到致命威胁。如何保护大遗址，以及如何让大遗址发挥文明资源应该发挥的巨大文化作用与社会价值，并与可能存在的良性经济价值相匹配，这是我们亟须解决的问题，也是多年来我就文化产业“大型化”和“普世化”所思考的问题核心。

大遗址作为人类文明最重要的传承资源，首要的必须是保护，这毫无疑问。财政部、国家文物局等单位在2013年便联合下发了《大遗址保护“十二五”专项规划》，将加大投入，重点保障150处大遗址保护。项目库中，夏二里头遗址、汉魏洛阳城、隋唐洛阳城、阿房宫遗址、汉长安城遗址、大明宫遗址、丰镐遗址等14处遗址被纳入专项规划范围，意味着大遗址保护工作将全面推进。

上述大遗址有很多在陕西境内，有些还是我们曾经或者正在进行规划的重大国家级项目。在相关考察过程中，我感触良多。很多地方坐拥大遗址资源，却不知道如何保护、开发和利用，地方上不能利用大遗址文化资源进行经济建设，也拿不出更多的资金对大遗址进行保护和研究，致使情况恶性循环，最终导致在很多地方，大遗址的保护都是一纸空文，本该得到妥善保护的大遗址日复一日、年复一年地在风雨中飘摇，得不到应有的保护和修葺，遑论学术研究和向世人展示风姿了！

2015年春节前夕，习近平主席来陕视察，并发表了重要讲话。在谈到扎实加强文化建设时，习主席指出“陕西作为中华民族和华夏文化的重要发祥地之一”，“是天然历史博物馆，文物点密度大、数量多、等级高，是中华民族的宝贵财富。要保护好文物，让人们

复兴文明《丝路大遗址》纪录片拍摄

通过文物承载的历史信息，记得起历史沧桑，看得见岁月留痕，留得住文化根脉”。习主席给予了陕西的文化遗产资源极高的评价，同时也对文物保护工作提出了“记得住”“看得见”“留得住”的要求。

“记得住”“看得见”“留得住”这三点，可以视为习近平主席对文明资源、文化资源、大遗址开发提出的纲要性指示。这实际上就是要求文化产业从业者在对文明文化资源尤其是大遗址资源进行规划和开发时，必须在保证文保的基础上增强文化旅游体验，让每一个中国人都能真正切实地感受到中华文明的伟大，并在这种体验的影响下增强民族文化认同感，将我们古老的传统和文明一代代传承下去。

“旅游复兴文明”，是我们根据多年从业经验和体验得出的重要结论。这是“文明复兴模式”的最后一个环节，却是集大成的一环。当旅游复兴文明之时，也就是整个文明复兴模式完成链条闭合之时，文化遗产及大遗址资源身处这样的活态链条之中，将得到最大程度的保护，并在经济价值的开发上攀上高峰，实现真正的双赢。

大遗址作为旅游景区是传承历史文化最有利的载体，对复兴文明和重塑民族自信的意义重大。然而，如何将保护与开发的细节做好却大有讲究。

现在大多数大遗址已经开放成立景区，但是多为粗放型的观光型景区，如古陵墓、古都城、古城塞、古寺庙等等。这些大遗址景区在规划设计的时候往往不能根据大遗址的生存现状及专业研究情况制定科学、合理的开发方式，而是简单地套用传统普通旅游景点的模式。甚至，有些项目连应有的规划设计都敷衍了事、走马观花。

另一种常见的文化旅游模式，是已经运行多年的卖门票模式。文化景区、大遗址景区没有针对自身资源的特点进行文化产品和旅游产品的开发，没有想办法提升游客的游览体验，而只知道一味地

复兴文明《帝陵》纪录片拍摄与制作

卖门票、拉团，欺骗游客进行无谓的旅游消费。这样的景区，观光体验和文化内涵呈现都非常差，游客在其中既无法获得传统文化的浸润和熏陶，也难以单纯地得到娱乐体验，所获得的无非是疲劳的奔波与无脑的消费，最终对大遗址景区心怀倦意、敬而远之，对大遗址所承载的传统文化也不再感兴趣。

这样的文化旅游，属于典型的杀鸡取卵，一次性的消费模式。游客慕名而来，没有得到期待的游玩体验，就不会再来。面对这样的大遗址窘境，不禁发出追问：到底什么是文化旅游？我们认为，真正的文化旅游，是指通过旅游实现感知、了解、体察人类文化具体内容之目的的行为过程，而不是流于表面的附庸风雅。文化旅游的目的，是鉴赏异国异地传统文化、追寻文化名人遗踪或参加当地举办的各种文化活动，寻求文化享受更应当成为当前旅游者的一种风尚。换言之，所谓“文化旅游”，关键在于文化，旅游只是形式。

通过对大遗址对应的历史文化基因和记忆的充分挖掘与萃取，将文化产业发展与现代科技手段相结合，使游客身在其中，心有所感，能够以更加真切的方式触摸文明印记，感悟古老的中华文明一脉相传的文化内涵。如此，则文化产业与文明复兴相得益彰，游客也沉浸其中，流连忘返。这是我理解的文化旅游的内涵，也是大遗址开发保护所应尊崇的原则。

※ 分析案例　千年古都今日复现——“曲江模式”

在这里，我以自己工作多年并非常熟悉的陕西地区的文化产业为例来详细说明这个问题。

西安作为世界闻名的古都，历史文化悠久，文物资源丰富，特别是以汉长安城遗址、唐大明宫遗址等为代表的优质大遗址资源，反映了古代不同时期的政治、经济、文化发展水平，具有很高的历

张普然老师在大明宫遗址考察与指导

张普然老师在汉长安城考察与指导

史、文化和科学价值。西安的大遗址规模大、级别高，在全国都是首屈一指，然而在社会高速发展的今天，随着经济的增长、人口的激增，大遗址保护与区域经济社会发展间的矛盾也曾十分激烈。近年来，在市委、市政府的正确决策和大力推动下，西安通过多项措施探索大遗址保护的新路径：

①编制文物保护规划，实施科学保护。“十二五”期间，结合建设西安国际化大都市的目标，西安市文物部门组织编制完成了多个大遗址保护规划。这些保护规划的编制，不仅为西安的大遗址保护提供了科学依据，还使文化遗产在体现城市特色、凸显城市文化软实力等方面发挥了重要作用。

②实施项目带动战略，提升展示效果。为有效保护遗址本体，提升遗址的可视性，西安坚持贯彻落实项目带动战略，实施了一批大遗址保护展示工程，使遗址本体得到有效保护、合理展示的同时，遗址区周边环境得到优化提升。尤其是“遗址公园”保护模式的引入，使大遗址成为现代城市的“文化新地标”，使人们能在“看得见”的岁月留痕中，感悟历史的沧桑，享受遗址保护带来的成果。

③全面推进大遗址保护特区建设。为解决遗址保护涉及多个部门，容易出现职能交叉、多头管理的问题，西安探索建立大遗址保护特区，以此理顺遗址的管理体制。各级政府部门在特区保护办的安排下通过在遗址区有序、分步移民搬迁，引导遗址区产业发展，调整遗址区周边产业结构，有效地化解了文物保护与区域经济发展间的矛盾，实现了大遗址保护与城市发展和谐共生。

④申报世界文化遗产，提升大遗址保护管理水平。2007 年，我国启动了丝绸之路跨国联合申报世界文化遗产项目，作为丝绸之路起点城市，汉长安城遗址、唐大明宫遗址被列入申遗名单。为确保申遗成功，西安举全市之力推动大遗址保护工作，按照国际标准，

唐大慈恩寺遗址公园

全面提升遗址保护管理水平。2014 年，“丝绸之路：长安—天山廊道的路网”被正式列入《世界遗产名录》，汉长安城遗址、唐大明宫遗址成为世界文化遗产。

西安在当前的文化旅游、大遗址开发方面正在积极探索路径，并取得了阶段性的重大进展和成绩。

说到西安文化旅游事业的发展，最值得称道的就是“曲江模式”，即西安曲江文化产业投资集团多年来在实践中摸索出的一整套文化旅游推进城市发展、旅游景区复兴盛唐文明的项目操作模式。

“曲江模式”的精髓说来并不复杂，就是立足于现代旅游业与西安丰富的历史文化遗产，从悠悠长安古韵中萃取出盛唐文明元素，将其落地于景区建设、城市建设中，进而提高了城市的历史文化品位，活态化了昔日的盛唐文明。

以唐大慈恩寺即大雁塔景区为例。在这里，游客随处可见唐代风格的建筑、雕塑、园林、唐诗街灯等等，宛如现代人游历于唐长安城的街头。而曲江文投集团则通过其打造的盛唐文化 IP 与经营理念顺利地实现了招商引资及融资工作，同时，景区的繁华商业氛围又自然而然地抬高了整个地区的地价、房价与物业价值水准，最终实现了城市旅游发展与唐文明复现复兴的双赢。

就西安的历史大遗址开发而言，2010 年，“秦始皇陵国家考古遗址公园”和“大明宫国家考古遗址公园”建成对外开放，并同时入选首批“国家考古遗址公园”，在保护历史文化遗产真实性和完整性的同时，使大遗址成为传承历史文脉、守护城市灵魂的载体，彰显华夏文明、弘扬灿烂文化的窗口，带动社会发展、改善当地民生的途径，拉动地方经济、促进区域繁荣的桥梁。

实践证明，通过“国家公园”模式来保护大遗址，以文化旅游

秦始皇帝陵遗址公园

大明宫国家遗址公园

的模式来复现大遗址、复兴古文明，既有利于文化的传承与发展，也有利于实现大遗址保护与经济社会发展、人民生活水平提高、生态环境优化美化的良性互动，在促进社会整体协调发展方面具有重要作用。

根据多年经验，针对大遗址文化旅游资源的开发，我认为当进一步明确四项原则：存真、做深、活化、延展。

所谓存真，顾名思义就是去伪存真，基于大遗址文明资源的真实性，提炼主题，构造旅游情境。文化旅游不同于其他旅游，除了娱乐属性，它还天然地带有教育属性。大遗址属于文明遗产，来不得半点虚假和戏说，否则就是对历史极大的不尊重，也就背离了我们开发历史文化资源的初衷。当然，在具体操作的时候，针对每一个大遗址的特色，我们可以借题发挥，规划出既不违反历史事实，同时又饶有兴味的内容，可以通过合理的想象来再现历史，但不一定要全盘恢复一段历史。通过点滴的内容来以小见大，这是大遗址文化旅游在规划上最需要拿捏和把握的一个细节。

做深，就是深入挖掘大遗产及其他文明资源的内涵，并丰富其内容。大遗产这种级别的人文资源，可能蕴藏着多方面、多层次、多程度的文化内涵，我们做文化旅游不能仅仅着眼于眼前的蝇头小利，花一点精力，花一点功夫，完全可以挖掘出更多有价值的信息。有了这些文化信息，我们就能在一个项目中多点开花，创造出不同的文化娱乐点，达到绝不浪费任何一个文明资源的目的。同时，做深还能够帮助我们加深对文明资源的理解，在思想认知上形成转变与提升，有助于我们开发更多的文明资源时举一反三，越做越好。

活化，是要把看起来比较虚的文化落到实处，让游客能够直接看到、听到甚至触摸到，这就叫将文化做活了。这也符合习近平主席所强调的，要让众多有价值的文物活起来。活化文明，是我们传

张普然老师在骆驼城遗址考察与指导

承优秀文化遗产的责任，也是唯一符合历史文化资源复兴目标的科学方法。大多数遗址由于历史年代久远，地面建筑早已破败不堪，甚至荡然无存，因此这不仅需要历史学和考古学研究的支持，更要求我们在还原历史的基础上运用情境规划的手法，还原历史的场景，进而描绘出属于大遗址本身的创意主题，再紧密结合大遗址文化脉络的精髓和内涵，创造出鲜活的大遗址文化体验内容，这样才能满足游客的体验需求。同时，我们还要着眼于大遗址文化的历史灵魂，依托环境和多种技术手段，模拟和创新可体验的动态场景，丰富游客在大遗址中的历史、文化、艺术等审美体验。通过不断致力于文创产品的研发创新，就能够不断地寻找和赋予文创产品以生命力，同属于我们的时代和生活紧密结合，做到深入人心。活化文明便是这样一件值得大力去做的事情。

最后，什么是延展？就是要把文化旅游资源以多样化的形式开发利用，比如以智慧旅游数字导览系统开启智慧旅游新时代，全面提高景区的管理水平。数字导览系统与景区管理制度的结合将对景区管理起到强烈的促进作用，优化景区业务流程，提高游客满意度，等等。未来的文化旅游将不再是单一的“到此一游”模式，而应是对传统文明全方位的深入体验。

可以说，旅游是现阶段最适宜于表现、复现古代文明遗产的方式，在愉快的游览过程中体验华夏文明之美、传统文化之智和民族人文之魂，这是我的初衷与夙愿，也是中国文化产业最优的选择。实际上，不仅仅在中国，文化旅游在世界范围内也方兴未艾，人类文明发展几千年的文明成果无不以遗址的方式存留于世，这是我们复兴传统文明的最佳依托。“十三五”时期，文化旅游将迎来进一步的繁荣。大遗址作为承载着丰富历史信息和文化内涵的重要载体，是中华民族文明发展史最具代表性的综合物证和弥足珍贵的文化遗

开封小宋城

产。用我们所创造的“复兴文明模式”来进行历史文化资源的打造和产业构建，可以看到一条清晰的脉络：文明和文化从资源变成了产业，科技带动了产业的进步，提升了受众的体验感受，从而带动文化旅游快速、健康发展，而文化旅游又反过来带动更多的文明和文化资源转变为产业。

有大遗址的地区，可以依托现有大遗址历史文化资源打造相应的旅游项目，那么没有大遗址的地区靠什么来打造文化旅游项目呢？我们说，因地制宜，没有大遗址，就不要生造大遗址，而是开动脑筋，结合自身的区域性历史文化资源，通过加工整合的途径寻求突破。目前，很多地方在搞旅游产业的时候脑筋很死板，以为搞文化旅游就必须有一个现成的遗址做基础，这造成了很多没有遗址的地方政府乱搞创新，无中生有也要造出一些所谓的“遗址”或“遗址擦边球”来为自己的旅游项目鼓吹呐喊。比如，在和大禹治水八竿子打不着的地方，愣是能生造出一个大禹治水的“河道”，或者张冠李戴、生造名人故居之类的行为比比皆是，这种做法不值得推崇。

※ 分析案例　没有历史文化资源，怎么讲好历史文化故事？

如果没有大遗址坐镇，应该如何做？在这方面，我所知道的开封小宋城项目给了文化旅游从业者一个很好的启示。

小宋城位于河南省开封市大梁路西段，由原“东京艺术中心”改造而成，2013 年 11 月开张营业，是一个集宋代古城风貌和现代生活内容于一体的人文旅游景区。

小宋城的整个营业区以木质仿古建筑为主，回廊流水，亭台楼榭，加上戏台上传来的传统戏曲演唱声，让来到这里的人们仿佛瞬间回到了拙朴又繁荣的北宋时代。小宋城主营开封特色小吃和全国

歌舞剧《千回大宋》

各地风味，2 万平方米的民俗餐饮区内分布有上百家的店铺和摊位，经营者和服务人员全部身着古装，客人们则可以徜徉于古时的街市随兴品尝灌汤包、糖梨水、大刀面、包公粉、鲤鱼焙面等极具地域特色的美食小吃。大快朵颐之余，还可以游逛这里的特色文化商业街，古色古香的店铺里，洋溢着开封文化特色的工艺美术品、艺术品和珠宝玉器等琳琅满目，让人在购物的同时能够感受到北宋时期的民俗文化、社会生活和市井风情。小宋城中还有时尚酒吧、温泉酒店、现代 KTV 和东京影城等现代设施，方便游客住宿休闲。东京温泉宾馆占地面积约 7000 平方米，取用千米以下的天然温泉为浴水，设桑拿洗浴、住宿、娱乐、足疗、康乐、SPA、茶艺等，是休闲娱乐、会朋交友、商务洽谈的休闲商务会所。东京影城则是最多可容纳 1300 人同时观影的星级数字影城。高尚会所性质的皇后大道国际娱乐会所被当地同行誉为开封的娱乐航母。

而在这些以外，富有浓郁历史文化特色的大型室内歌舞剧《千回大宋》则是小宋城项目中的点睛之笔。《千回大宋》剧目以千年开封历史为主线，分《千年一叹》《禅音》《市井》《忠烈》《清风》《梦回》《盛世花开》七个篇章，采用最先进的舞台特效、全息技术等创意手段和高科技，将现代时尚元素融入历史传统文化，顺应了现代人的审美欣赏观念，以恢宏的气势、绚丽的色彩，再现汴京繁华，让人在亲近美声美色美乐之时，尽享宋文化气息，感受宋文化魅力。

由于小宋城项目的规划科学合理，服务内容充实又有特色，所以很快就火起来了，先后获得“开封人的待客厅”“外地游客的首选地”“开封市的新名片”“文化旅游新地标”等美誉。

这个项目没有生硬地往什么遗址、遗迹、文物、历史名人上面去靠，而是深度挖掘开封当地浸润千年的历史文化底蕴，以“舌尖上的开封”和一台《千回大宋》歌舞剧为核心，就把生意做得风生水起。究其成功的主要原因，就在于抓住了现代人的猎奇心理和审美趣味，在昔日文明活态化这一环节做好了文章，让大家以吃得着看得见的方式真切感受到古都汴梁的历史风华。

CHAPTER 第五章

文化产业“五举措”

“FIVE MOVES”
OF CULTURAL INDUSTRY

扫码听书

这一章的“五举措”，是我精心总结出来的前后呼应、左右联动的完整的项目落地架构，也是一套科学、成熟、有效、实用的方法论体系，堪称我宣扬的中国文化产业崛起理论体系的精华。

五行学说是我国传统文化中影响力较大的一种思维体系。我们的祖先认为：世界万物是由金、木、水、火、土这五种基本物质元素组成的，它们之间存在相生相克的关系，从而策动世界在协调平衡中有序变化和运转。

受古人五行学说的启发，结合多年来的实践，就复兴文明这一宏大课题，我也总结出了一套有效的具体操作流程，使其可以在各种文化产业项目资源开发和转化中应用、示范、延伸和推广，我将之命名为“文化产业项目五行理论”。

具体来说，操作文化产业项目时，一定要妥善处理好五大环节的关系，就是“谋（顶层战略）—术（战术方法）—孵（孕育项目）—策（把握政策）—形（产品形态）”。正如金、木、水、火、土会相生相克一样，在我们围绕某个文化遗产项目或者是某项历史文化资源进行文化产业开发时，如果能赋予每个环节充实的内容，理顺它们之间的关系，就会聚合共振出相互生发的良好效应，从而使得项目成果熠熠生辉，也就是做好了五行的配位。反之，个别环节的不到位或缺位，效果就必然不尽如人意。

谋

孙子曰：“谋定而后动，知止而有得。”意思是谋划准确、周到，而后可以行动，并在合适的时机收手，这样才会有收获。孙子又曰：“故上兵伐谋，其次伐交，其次伐兵，其下攻城。”意思是说，上等的用兵之道是凭借谋略取得胜利，其次就是用外交战胜敌人，再次是用武力击败敌军，最下之策是攻打敌人的城池。可见“谋”在一个项目运营过程中的重要意义。换言之，一个项目不要盲目开工，

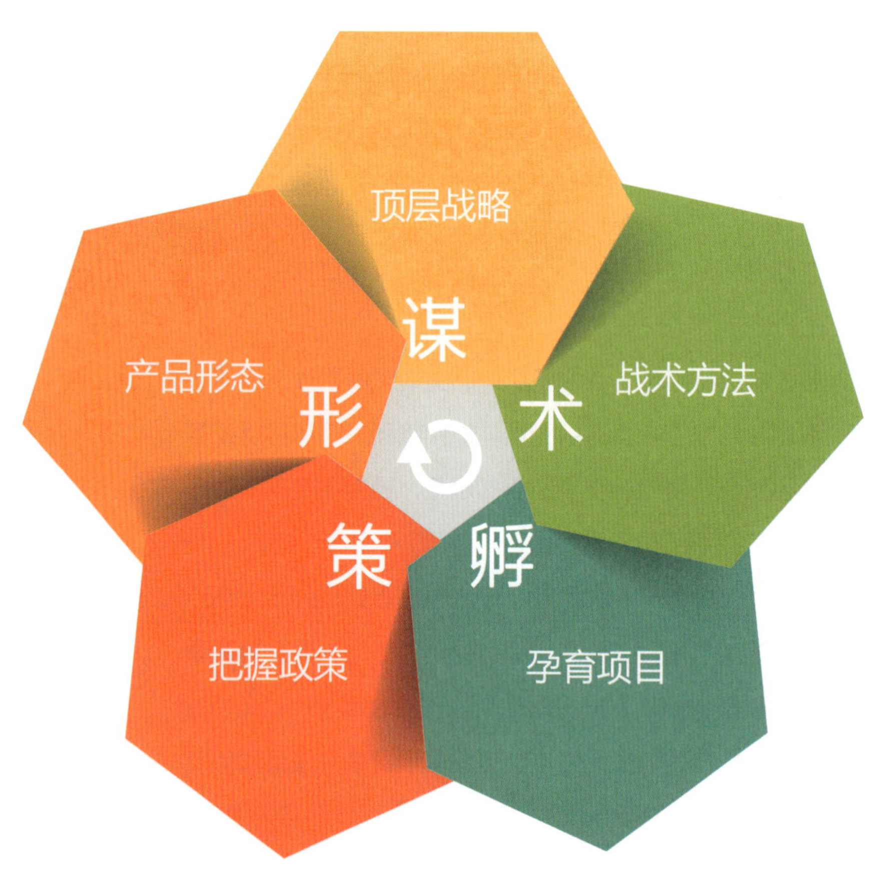

文化产业“五举措”

顶层战略是至关重要的。俗话说“好的开端是成功的一半”，正确的方向才能达事半功倍的效果，错误的方向则会导致南辕北辙。

术

正确的方向一定要有正确的方法将其落实，战术运用得当才能使项目平稳着陆。针对整体项目的商业模式和盈利方式的设计与每个子项目之间的关联都要有机地考虑，设计之初就要考虑到投入产出比例与社会经济效益的关系，不做返工的重复劳动。宁可在文本上反复推敲，也别在实体上东拆西盖。同时要考虑到每个工作者的主观能动性，万事都是由人做的，人的积极性是做项目的重要环节，在具体的战略方法中一定要考虑到投资者、工作者和消费者三者的利益如何能够达到共赢甚至多赢。

孵

大项目总是由多个子项目构成的，每个子项目之间相互紧密联系，有机地支撑着大项目，每个子项目的好坏直接影响着项目整体的综合收入和社会影响。因此，设计项目时一定要全方位考量，既要考虑整体项目也要考虑分支项目，使项目本体构成一个有机的生态系统，实现自洽而顺畅的内循环，使之共同促进、融合发展。

策

文化产业有别于其他产业，其本身是意识形态方面的社会事业，因此操作的时候既要重视经济效益，同时更要重视社会效益。俗话说“盛世兴文化”，现在的中国即将迎来民族的伟大复兴，创造崭新的盛世，国家大力发展文化产业，为文化产业提供了前所未有的发展契机。同时，每年国家各部委和省市区级政府也都提供了丰厚的文化产业扶持资金和扶持政策，为文化产业工作者保驾护航。作为文化产业工作者，一定要顺势而行、借势而行，利用好自身的文化资源，把握好政策，做强做大。

形

形，说的是产品形态、产业形态。通过谋、术、孵、策四个阶段的用心把控，我们最终追求的结果是让项目以好的产品形态、相对完整而富有活力的产业形态呈现在消费者面前，进而产生不俗的社会价值和良好的商业回报。那么，什么算作好的产品形态及产业形态？答案很简单，就是项目成果散发出的价值大于价格及投入，从而让消费者满意，让投资者和社会受益，同时让项目文化内涵得到发扬和传承，让中华优秀文明通过项目成果复兴。换句话说，“好形”等于好产品、好服务、好模式、好品牌及好文化。

这套具体的文化产业运作范式，与我前几章陈述的一核心、二驱动、三引导、四模式一气呵成、相互呼应，构成了完整的方法论体系。前面四条构成了形而上的方向、思路与规律，而“文化产业项目五行理论”则属于落地阶段的操作规程。相关实践一再证明，这套方法论体系真实而准确地体现了当前中国文化产业发展的规律，能够有效地促进我们的工作成绩。所以，我不仅在自己的工作中始终注意贯穿这些原则与方法，也在这里倡导大家自觉而习惯地将之应用到各自的业务实践中去。如此，万变不离其宗，以此种商业模式为核心，辅以不同行业、不同项目的文化特色，就能催生各有特色、毫不雷同的成果来。

第一节 谋——顶层战略

扫码听书

古往今来，善谋者胜，远谋者兴。良好的谋划之于行事效果的重要性，不用解释大家都明白，尤其是从事文化产业的人。

谋略的主体是人，着眼的核心是事务的要素，是我们人类在解决发展矛盾过程中，为了实现预期目标、达到既定效果所筹划出的方法艺术。现实世界中，大到政治、军事、文化、社会、经济，小到做一桩事情或为人处世，都应该谋定而后动。

《孙子兵法》开篇就论述了“庙算”的重要性。古人于国家政治、军事领域高度重视谋略，今天我们运作具体的文化项目，谋同样是起始的第一步，因为方向和视野将在很大程度上决定事情的功效，好的开端是成功的一半，而谋划不周则可能南辕北辙或者是事倍功半。

谋处于“文化产业项目五行理论”操作流程的第一环，属于顶层战略，那么，要谋什么？

根据当前文化市场的特点和一般项目的共性，我将之归纳为关键的四个问题：有什么？没什么？做什么？怎么做？在项目酝酿和起步的时候必须尽量想清楚。

一直以来，我在与各个方面的同行们进行交流活动时发现了一个共性的现象：不论是在公开报告或演讲之后的私下交流，还是朋友们专程上门来向我讨教，各家单位的领导和项目主管们总是在叫苦，“我们做项目太困难啦！这个也没有，那个也没有，怎么办啊？”碰到这种情况，我总是善意地回问大家：“请问，你们现在都有什么？”或者“请你说一说你的优势？”

是的，现实中运作项目时，难免会遭遇资源短缺的困惑，没有

复兴文明・中国文化产业实战经验分享会张普然老师授课现场

资金，没有土地，没有人才，有时甚至没有思路！然而，更重要的是你要清楚地知道自己有什么！你其实一定是有什么的，至少也有项目所依托的相关文化资源。只有在充分发掘自己拥有的资源价值的基础上，你才可能顺利推进项目。所以，在谋的阶段，一定要彻底弄清楚自己有什么，围绕着已有资源来做文章，寻找和落实未有的要素。缺钱，可以想办法去找钱；没有土地，想辙去落实项目实施所需的土地；没人，从市场上引进或者是找高人合作。总之，无论是去找政府或者合作商，人家一定都会先问你有什么，然后才是缺什么并能帮到什么。假如真像自己误以为的那样一无所有，那么人家又凭什么支持你或者与你合作？

说到这里，请大家再回想第二章中阐述过的“借船出海”与“造船出海”两个理念。大家在做文化产业项目，手头总会有依托的基本资源，总不至于还不如刚起家时的刘备吧，我们要谋的就是怎样彰显手头现有资源的价值，让它来吸引旁人、吸引合作伙伴，进而把事情做好。

搞清楚了我有什么和我没有什么，接下来要面对的是做什么和怎么做的问题。

做什么？是一个典型的方向把握问题。大到文化企业的整体定位，小到具体项目的全面规划。

具体到项目上，牵涉到各个方面的资源和利益，路径可以有好几种可选择，然而一旦开始行动了就没有回头的可能，周旋的余地也明显不如谋划阶段更自由，所以必须深谋远虑。

怎么做？尤其是遇到困难如何顺利化解？也属于谋的重要内容。基本的原则是人常说的“做最坏打算，向最好努力”，如此便可进退自如。有时候，良好的谋略还可能在我们遭遇困难时大放异彩，最终起到峰回路转的效果。

法门寺景区

总之，谋的核心内容就是对项目进行合理的整体定位，看清自身条件并优化自身条件，把握好广度与深度之间的关系。

我们接下来再看两则著名案例，体味谋之环节的品质优劣可能在事情结果上出现的差异。

※ 分析案例　耗资 32 亿元“法门寺景区”换来了什么教训?

“法门寺景区项目”近年来在业界受到很多方面的负面评论甚至是诟病，这个项目也确实值得大家反思。

1987 年，名震天下的佛指舍利在宝鸡市扶风县法门寺地宫出土，被人誉为“世界第九大奇迹”。为依托这一珍贵汉传佛教遗产充分发展旅游事业，拉动当地经济，各方面联手，耗资 32 亿元人民币合力完成了法门寺景区一期项目。2009 年，法门寺景区正式开门营业，山门广场、佛光大道、合十舍利塔，三大景点气势非凡。然而，景区却在经营上陷入了困境，几年运转下来，游客规模并未如预期那样大幅增长，各项收入不尽人意，合作各方彼此出现龃龉，原先规划的二期项目也遥遥无期地搁置了下来。

这个项目的运行现状让人沮丧，坦率来说，就是因为在谋的环节出了若干重大纰漏。

这个项目运行前，曾被有关方面寄予厚望，期盼能就此打造世界佛都的名号，将地方旅游经济一举做大做强。然而，熟悉佛教传统的人都知道，佛教并无教徒信众们专程前往某处去朝圣的习俗，这一点上与伊斯兰教和基督教的情况完全不同。于是，缔造世界佛都或者第一进香礼佛圣地的设想本身就是空浮而无法成立的。

就法门寺景区项目的主建单位而言，也是在顶层设计时疏忽了。项目单位通常会纠结于不清楚自己有什么，而法门寺景区的主建单位却栽倒在没看清自己缺什么。他们有之前大获成功的曲江模式，

法门寺景区

有政府的有力支持，还有成熟可靠的融资渠道，但是，在法门寺景区项目上却缺少了至为关键的市场支撑。曲江模式的成功之处在于景区建设带动整个开发区地价上涨，最终通过卖地收入来回补之前的文化产业投入并实现可观盈利，继续投资到文化产业上，如此形成良性循环。这一模式要求相关项目具备两大隐形的前提条件，其一是必须有充足而独特的文化魅力，其二是只宜在大城市的近郊或者至少是邻近地区才好操作。法门寺的文化魅力是无可争议的，然而，它的所在却是远离西安的县镇，可以说是先天不足。主建单位在这一点上的失误是致命的，后来的情况也证明，景区是开业运行了，然而这里的地产却乏人问津，地价并未上涨，导致一期项目的大笔投入无法顺利回收，还贷压力凸显。

赚钱了，大家都好；没赚到钱，亲兄弟也难免锱铢必较！主建单位要还贷，要争取早日收回投资，于是只能挖空心思在其他能收来现钱的业务上做文章，哪怕为此背上骂名。于是，整个经营逐渐陷入恶性循环，景区的服务管理跟不上，名声被败坏，寺方有意见，游客不断投诉……

客观来说，当我们思考这个项目时，很容易发现，关键的错误还是出在最初的谋划上！至于后来逐渐暴露出来的很多尖锐矛盾，可以说是衍生性的，比如大众批评的过度商业化问题。事实上，这个项目本来就在相当程度上是按照商业景区项目来定位的，假如不是在谋上出现了失误，原本是应当有机会同时兼顾好精神滋养、文化弘扬和商业利益的。

诚然，在法门寺景区项目规划开发的一系列文旅产品中，文物与文化一直只是商业的陪衬和道具。文物身上有历史信号，如果被过度商业化开发，这些历史信号会逐渐减弱，甚至消失。而一旦这

横店影视城

电影《鸦片战争》剧照

些历史信号消失殆尽，其所负载的文化内涵也将不复存在。如果造成这样的局面，则我们搞文化产业也就势必面临皮之不存毛将焉附的窘境。从这个方面来思考，同样说明文旅项目的顶层谋划十分重要！那么，在进行顶层谋划的时候，除了要知道有什么、没什么、做什么和怎么做，细节上还要注意哪些方面呢？

细节需要落实在项目管理中的计划职能，即为了实现既定目标而对未来的行动进行规划、筹划和安排的一个工作过程。在项目的计划阶段，须站在宏观的角度，对项目的基本面进行分析，进行项目运行前的周密筹划，通过项目策划报告的形式，体现对项目的“庙算”。项目策划报告的内容主要包括：有什么？没什么？做什么？怎么做？借船出海，还是造船出海？这些重大问题都要一个一个落实。同时，任何一个项目，在制订计划的阶段，都必须慎之又慎，须知并不是我们投入全部的热情与资源，就能够换来理想的结果。每一个文化产业的项目都有自身的特点和规律，仔细考察，认知这些规律，才能做出准确的判断，进而可能做出有价值的规划来。

※ 分析案例　横店能成功的主要因素是什么?

做好了顶层谋划的每一个层面，一个文化项目就具备成功的极大可能。横店影视城就是一个非常典型的成功案例。

横店影视城，是全球规模最大的影视拍摄基地、中国唯一的“国家级影视产业实验区”，被美国《好莱坞》杂志称为“中国好莱坞”。同时，它还是集影视旅游、度假、休闲、观光为一体的国家AAAAA级大型综合性旅游区。

1996年，为配合著名导演谢晋拍摄历史巨片《鸦片战争》，小镇横店建造了第一个影视拍摄基地——广州街景区，并对社会正式开放。以此为契机，1997年又建造了秦王宫景区以支持拍摄历史巨

横店影视产业

片《荆轲刺秦王》。之后，香港街、明清宫苑、清明上河图、华夏文化园、明清民居博览城、梦幻谷、屏岩洞府、大智禅寺等景区陆续诞生，横店集团累计投资多达 30 亿元人民币，不仅建成了 13 个跨越几千年历史时空、汇聚南北地域特色的影视拍摄基地和两座超大型的现代化摄影棚，还顺利实现了从单一影视基地向影视主题旅游公园的战略升级。

那么，横店具有什么先天性的优质历史文化资源吗？

没有。横店所在的浙江省金华市东阳横店镇并不像西安、北京这样的文化之都，在影视城出现之前，这里就是一个名不见经传的小地方。一个小乡村，以工业起步并致富，却因一个副业闻名全国，这是一个因电影文化而崛起的新形态的文化旅游区，这个奇迹还一路被众人见证。奇迹背后，业内人认为是“横店模式”让其有了不同凡响的规模。那么，什么是横店模式？

横店模式奠基于其影视基地业务。横店集团创立了这样一种新型的影视服务模式：拍摄一部电影或电视剧时，导演只需要带着最小化的剧组班子“拎包入住”横店即可，其他所需的一切，包括装备、场地和人员，全部可以在横店就地“配套外包”，横店影视管理中心能够给剧组提供覆盖制景、道具、服装、化妆、车辆、设备租赁、演员队伍、后期制作等全程环节的专业服务。以演员为例，除剧组选定的主要演员外，横店不仅有多达三十万的群众演员可以扮演路人，一般演员和特技演员也可以毫无困难地随时上岗。相比传统剧组大而全的架构，横店影视基地最大化地为制片方提供了工作便利，最大化地降低了拍摄制作成本。于是，横店轻松地战胜了全国各地的众多影视基地，口碑相传，越来越多的剧组选择在横店完成摄制工作。

更绝妙的是，横店集团管理层敏锐又精明，很快认识到了横店影视基地蕴藏的巨大商业价值：人都有好奇心，都渴望能近距离接

横店演艺产业

触明星偶像，都希望有机会能现场旁观影视作品的制作过程。在横店频繁出没的各路演艺明星就是能够满足人们娱乐好奇心的资源，正在拍摄中的电影、电视剧就是能引来围观的资源，横店处于江、浙、沪、闽、赣四小时交通经济圈内，完全可以凭借手中特殊的文化资源来发展旅游产业！

于是，经过又一番谋划，横店影视城旅游区横空出世了！游客来横店的主要目的是想邂逅影星名人，想看看拍电影是怎么回事。好的，横店满足你。此外，原本为影视拍摄服务的八大景区同样能吸引游客，再添上《暴雨山洪》《梦幻太极》和《梦回秦汉》等大型演艺节目，还有各种游乐设施，全方位地让游客充分释放其兴致。就这样，立足于好奇心和娱乐性，横店影视城最终成为能在“食、住、行、游、购、娱”六要素上全面满足观光游客的著名旅游景区。这里，同样再度印证了发展文化旅游的内在逻辑：旅游只是形式，文化才是灵魂。

这就是让人赞叹的“横店模式”！它第一阶段的成功归功于出奇制胜的新型影视服务模式，第二阶段的成功还是在于精心围绕自己拥有的特殊资源充分谋划。

我们认同并推崇历史文化资源的开发与利用，但并不是说，只有从古至今沉淀下来的货真价实的遗址、文物才是文化资源。横店本没有任何醒目的历史文化资源，横店影视城出现前，当地的其他文化资源也属贫瘠。然而，横店人却无中生有，立足影视服务这个出发点最终聚合创造出了人们喜闻乐见的珍稀文化资源，把当地文化产业做到风风火火，带动地方经济长足前进，其中的韵味值得所有文化产业从业者借鉴。

第二节 术——战术方法

扫码听书

做任何事情，都要讲方式方法，力争因地制宜、遵循规律。术也是一种道，要尊重规律，不能拍脑门想做什么做什么。正确的方向一定要有正确的方法将其落实，战术运用得当才能使项目平稳着陆。“文化产业项目五行理论”之“术”，涵盖的是战术层面的具体实施方法，与谋一样，缺一不可。很多时候，一个项目或者一项事业都是谋对了方向，却用错了方法，典型如诸葛亮挥泪斩马谡的悲剧——错不在马谡，而在孔明，出祁山必扼守街亭要道，在战略（谋）的层面上诸葛亮深知其中利害，但在术的层面上却错用守将，导致战术上一败涂地。

术的本意，是穿越城镇的道路。城镇中的道路与野外的道路不同，面对的是各种错综复杂的建筑用地，尤其是在古代的小村镇，民居建筑往往没有统一规划，这就需要修建道路的人根据遇到的具体情况灵活对待，时刻调整修路的方案。术所蕴含的传统文化的哲学内涵，与我们今天进行文化产业的规划开发有着奇妙的联系。在产业规划时，需要针对整体项目的商业模式和盈利方式的设计与每个子项目之间的关联都要有机考虑，设计之初就要考虑投入产出比例和社会效益与经济效益的关系，不做重复劳动。而其中的核心理念，就是找到并围绕供需双方建立和谐的平衡点，建立成熟可行的商业模式，在投资者、工作者和消费者三者之间实现共赢。

那么，什么是文化产业的商业模式呢？

商业模式，是管理学中的重要研究对象。在分析商业模式的过程中，主要关注一类企业在市场中与用户、供应商、其他合作伙伴的关系，尤其是彼此间的物流、信息流和资金流。用一句话来概括，

三维立体商业模式

商业模式是创业者创意，商业创意来自机会的丰富和逻辑化，并有可能最终演变为商业模式。任何一个商业模式都是一个由客户价值、企业资源和能力、盈利方式构成的三维立体模式——客户价值主张，指在一个既定价格上企业向其客户或消费者提供服务或产品时所需要完成的任务；资源和生产过程，即支持客户价值主张和盈利模式的具体经营模式；盈利公式，即企业用以为股东实现经济价值的过程。

※ 分析案例　是什么支撑小米的营销神话?

小米模式是互联网商业模式取得辉煌成功的一个案例。2010 年 4 月，以智能手机为核心业务的小米科技诞生。自成立开始，小米科技就以指数式增长，销售收入从 2011 年的 5.5 亿元增至 2012 年 126.5 亿元，直至 2013 年 316 亿元。而其创始人雷军在经营小米时所总结的一套“互联网思维”更是声名鹊起。

小米现象级的爆发是怎么得来的呢？当时，国内智能手机市场主要有两种生态：一是高价格高性能，如苹果和三星；二是低价格低性能，如酷派等国产安卓机以及众多山寨机。如果小米能够把握这中间的空白地带，以低价格高性能好服务的姿态进入，是能够借这一股智能手机的风暴迅猛发展的。小米当时的前进蓝图是，搭建一个融合谷歌、微软、摩托罗拉和金山的专业团队；先做移动互联网，至少一年之后再做手机；用互联网的方式做研发，培养粉丝，塑造品牌形象；手机定位是发烧友手机，坚持做顶级配置并强调性价比；手机销售不走线下，在网上销售；在商业模式上，不以手机盈利，借鉴互联网的商业模式，以品牌和口碑积累人群，把手机变成渠道。换言之，小米想做的，就是从硬件领域，迂回包抄软件和互联网领域。表面上看，小米是手机公司，其实它是互联网公司。

MI
小米
XIaomI.COM

小米公司
关注 931 | 粉丝 1380万
微博认证:小米科技有限责任公司
主页
微博
视频
相册
关系
5位我和他共同关注的人
所在地
北京 海淀区
公司
北京小米科技有限责任公司
更多基本资料

小米公司
小米公司官方公众号，为你推送新品资讯、最新要闻，敬请关注。
5篇原创文章 3位朋友关注
进入公众号
取消关注
小米双十一
狂欢开启！
为你服务

小米科技

它想做的，就是在手机的量，准确地说，是手机内 MIUI 的量达到一定的层次后，靠软件和互联网服务，比如电子书、视频、游戏、各种软件等赚钱。

与此同时，小米在营销方法上也进行了创新，创造了社会化营销的高峰。所谓社会化营销，是指用社会化媒体（论坛、微博、微信、博客等）传播，区别于传统主流形式（报纸、电视、广播、杂志等）。与传统主流形式相比，新兴的社会化营销具有低成本、互动性强等特征。在小米的“互联网思维”体系中，社会化营销是非常核心的一环，可以说是促成其成功的关键。同时，社会化营销又是与其他环节密不可分的，在这些环节的共同作用下带动小米创造了一个又一个销售奇迹。自创立之日起，小米就开始积攒社会化营销的经验，而通过社会化媒体，小米建立了一个粉丝矩阵。这些可达上千万、可精细化运营的粉丝，支撑了小米的营销神话。

小米科技的案例告诉我们，清晰的产品定位思路和成熟可靠的商业模式已经“合体”，所能够产生的产品价值是无可估量的。而回头来看文化产业，这两条依旧是适用的。套用“文化产业项目五行理论”来看，思路一目了然：小米对自己清晰的产品定位是“谋”对了路，而互联网商业模式的思维方式则是选对了“术”。

文化产业是以文化创意为核心资源的一种新型产业形态，其本质上毫无疑问是一种产业。文化产业的发展要遵循产业的内在规律（一意多用、产业链经营等），按照市场运行的法则来推动。文化产业的市场主体是文化企业，在文化企业经营中，能否选择合理的商业模式组合直接决定企业经营的成败。从企业整体价值提升的角度来理解企业的盈利能力和经营战略的合理性，而不是将商业项目的盈利能力作为企业的本质，更符合企业经营以及商业的基本逻辑，

小米手机
红米
平板·笔记本
电视
盒子·影音
路由器
智能硬件
服务
社区
手机 电话卡
笔记本 平板
电视 盒子
路由器 智能硬件
移动电源 电池 插线板
耳机 音箱
保护套 贴膜
线材 支架 存储卡
箱包 服饰
米兔 生活周边
小米笔记本Air
送3个月1T小米云空间，轻薄全金属机身
¥3499
立即购买
长假出游好帮手
红米Note 4 4GB+64GB
小米电视4A 系列
内容
图书
哈利·波特与被诅咒的孩子
29.37元
MIUI 主题
小米5c尊黑版
9米币
游戏
米柚手游模拟器
免费
应用
2017金米奖
视频
查看全部
红米Note 4X 环岛挑战
小米之家里发生了一件怪事
小米MIX 概念手机背后的故事
一面科技，一面艺术

小米科技

也更符合文化产业自身的成长规律。

因此，文化产业研究者和文化企业经营者需要把握各种文化产业领域的商业模式，了解商业模式的基本特点和方法。特别是把握文化产业领域的基本商业模式，例如把企业作为整体价值进行经营的商业模式、价值增值产业链经营的商业模式、产业集聚的商业模式、品牌先行的商业模式等。各个行业领域的文化企业可以在实际经营过程中，结合自身的特点加以选择、借鉴和创造性扩展应用，并创新适宜自身发展的商业模式组合。成功的商业模式所设定的价值目标一定是顾客价值最大化与企业价值最大化的结合点，文化产业的商业模式也不例外。它要求针对目标顾客的需求偏好，为目标顾客创造价值，同时也为企业创造价值。

基于这样的思路，文化产业的商业模式构成包括这样几种要素：价值主张、目标客户、关键能力、核心资源、渠道通路与合作、版权制度和资本运作。其中，价值主张包含了两层含义，其一是文化企业通过系列产品和服务所能为特定客户细分创造的价值，其二则是文化产业具有传递精神文化的特殊功能，因此其价值主张包括了传递价值。换言之，实际上就是经济价值和社会价值的共生共赢，也就是说，对于文化产业来说，经济价值和社会价值都天然地要求追求最大化。目标客户则是那些文化产业所服务的具有不同精神文化消费需求的客户群体。文化产业的产品是为了满足客户的需求而产生的，对企业来说，目标客户群需要且愿意为不同的文化产品付费，这需要在项目规划设计阶段就预先予以考虑。在此基础上，结合自身的关键能力、核心资源、渠道通路，就有可能设计出符合市场规律的项目规划，多管齐下达成经济效益和社会效益的共同获得。而到了这一阶段，往往就诞生了文化产品的品牌文化 IP，此时就需要运用版权制度善加保护和利用，以达到创造更大价值的目的。

首页　商店　乐园

影视　数码　迪士尼英语

明星

米奇和他的朋友们

迪士尼公主

赛车总动员

小公主苏菲亚

冰雪奇缘

星球大战

迪士尼官网

媒体网络	影视娱乐	公园度假区	消费产品	互动娱乐
迪士尼电视集团	迪士尼电影工厂	加州迪士尼	迪士尼消费品	游戏
美国广播公司（ABC）	迪士尼动画片工厂	奥兰多迪士尼	迪士尼出版	Disney Infinity
迪士尼频道	皮克斯动画片工厂	巴黎迪士尼	迪士尼商店	Club Penguin
ABC所属电视台	漫威影业	东京迪士尼		Where's My Water
ESPN	试金石影业	上海迪士尼		Disney.com
	迪士尼自然	夏威夷度假酒店		Babble.com
	迪士尼音乐	4艘迪士尼邮轮		
	迪士尼舞剧	1座迪士尼小岛		

迪士尼产业链板块分布

综上所述，在“文化产业项目五行理论”的“术”这一部分，我们需要解决的核心问题就是如何在错综复杂的市场条件下，找到适合文化产业、文化项目的商业模式。一般来说，我认为文化产业的商业模式是有迹可循的，首先，以文化企业为主体，将企业作为整体价值的商业模式。这种商业模式将重点放在企业本身上，企业生产什么样的文化产品不是最重要的，反而是文化产品由哪个企业出产才是关键。

※ 说明案例　文化企业如何提升品牌价值?

我目前专注于“国脉——汉文明探源”工程，整体的思考方向都是如何做好汉文化产业，将汉文明活态化、产品化，进而凸显我们复兴文明集团的整体价值。这时，复兴文明集团不是针对某个项目、某个产品而存在的项目型企业，而是一个整体包装经营的文化企业、一个品牌、一个文化 IP。个别的项目可能获利微薄，甚至不赚钱，然而“复兴文明”的品牌价值在各个项目的烘托下却必然趋向饱满。

当文化企业有了整体性的价值，就会自然地衍生出各种文化产品，这些文化产品依附于成功的企业文化品牌，形成繁荣的文化产业链。这种类型中最成功的，当属迪士尼。

※ 分析案例　迪士尼如何“智”造文化 IP 打开全球市场?

迪士尼公司给世人的第一印象是做动画片的，但其实它的动画片并不是商业主体，而是整个产业链条的起点。迪士尼的核心是文化 IP 的制造和输出。这个伟大的公司从米老鼠和唐老鸭开始，但其能够通过自己造血或者并购不断生产出现象级的文化 IP。比如前两

皮克斯玩具总动员

漫威美国队长

卢卡斯星球大战

年的《冰雪奇缘》（*Frozen*），最近几年的 Marvel（漫威）漫画人物和电影，以及 Pixar（皮克斯）的动漫人物。由于公司的产业链丰富，其文化 IP 的变现能力及可持续性都非常强。不仅仅是一部成功的电影，更有大量的周边产品、主题乐园，以及 Disney Channel（迪士尼频道）的内容输出来变现。任何伟大的卡通人物，都是有其生命周期的。而迪士尼逐渐形成了自己的造血功能，不受任何文化 IP 生命周期陨落的影响。

从收入的角度看，我们主观印象比较强的影视娱乐占比并不高。这一部分主要是流量入口。这些优质文化 IP 给迪士尼不断带来新的观众、粉丝。然后通过线上的 Disney Channel，以及线下的迪士尼乐园来变现。所以我们不能单独地来看待单个文化 IP 对公司收入的贡献，而是将其商业模式作为一个主题。比如迪士尼的电影，我们不能去简单思考这部电影是赚钱还是亏钱。迪士尼很有可能电影不赚钱，但是通过周边产品、电视频道的收费，甚至游乐园的门票和授权费获得第二和第三波的收益。

过去十年，迪士尼花费了 150 亿美元收购了 Pixar、Marvel 和 Lucasfilm 等超级文化 IP。特别是对于 Marvel 旗下文化 IP 的收购，为公司过去几年的电影、娱乐产品带来了巨大收益，也优化了其文化 IP 的结构。不再仅仅针对小孩，还有大量年轻人，甚至中年人喜欢的文化 IP。我们看到 2014 年全球票房最高的五部电影中，有两部都是 Marvel 制作的。而且大量的 Marvel 电影续集，各种串烧，也将其中文化 IP 的商业化价值最大化。

显而易见，迪士尼的商业模式就是通过制造文化 IP 获取流量，然后通过线上内容、线下游乐场、周边产品来完成变现，是一种早期的“O2O”商业模式。所以，对于迪士尼整个商业模式来说，某

张普然老师为云南昭通文体局做文化产业分享

一个环节不一定赚钱，但整体一定能够赚钱。这种链条式的结构，是值得我们中国文化产业借鉴和学习的。

现在很多地方搞文化产业，都聚焦于局部利益，缺乏长远的、宏观的眼光，更缺乏产业链式的思维方式。文化产业不是一锤子买卖，不是我们做一个成功的文化产品就能一直收取红利，而是需要我们立足于自身条件和资源，不断研发创新，不断丰富产业集聚，不断在文化产业的商业链条上添砖加瓦，巩固现有成果的同时，继续开拓新的文化产业领域，创造出源源不断的文化产品。

而论及文化产品的创新能力，归根结底还要靠人。

文化创意产业是源自个人创意、技巧及才华的行业，是文化、知识和技术高度关联的产业，由此决定，创意产业所涉及的每一个环节（生产、交换、分配及消费）都与人才密不可分，是一种极其依赖个体心智能力的文化创造活动。因此，文化产业说到底是以人力资源创造高附加值的现代服务业，在文化产业的核心要素中，人才、创意以及技术支撑下的文化创新至关重要。无论是物质文化遗产还是非物质文化遗产的保护和传承及其商业开发，从根本上讲，都离不开人的创意和创新，离不开文化的产业化能力、专业化水平和创新意识。只有把文化符号转化为文化生产力，创造经济价值，文化资源的价值才能得以凸显。正是人才重新赋予文化资源与时俱进的内涵和时尚价值及其具有时代特征的表现形式，使其成为社会主流的文化消费产品，从而真正兑现文化的经济价值和人文价值。

纵观世界文化和国内文化产业发达城市，皆因有着丰富的人才甚至创意阶层的存在。把丰富的文化资源转化为公众可以接受的公共资源，以及对当地特色文化资源的保护、传承和合理开发，无不需要人才。人才的培养离不开教育，特别是基础性的教育。在文化产业热的背景下，讲产业发展多，讲完善教育支撑体系少。众所周知，美国是

复兴文明《帝陵》纪录片拍摄与制作

世界文化产业第一强国，而支撑美国文化影响力的是激发人们创造热情的教育体制、层出不穷的创造性人才、有吸引力的文化产品。

所以说，能否拥有大量的拥有创新意识和创新活力的各类型创意人才，将成为夺取创意产业发展制高点的决胜因素。然而就我国而言，现阶段文化创意产业的人力资源是否能够切实支撑产业下一步的快速发展，如何优化产业人力资源的配置，促进产业人力资源提升就成为发展的关键。

然而，现阶段文化产业遇到的普遍问题就是人才分散，难以有效集聚。在文化创意产业从业人员中，认为因创意人才供给不足而制约文化创意产业发展的人员约占四成；管理者中认为创意人才非常缺乏和比较缺乏的占比达到八成。而与总量不足相比，人才结构性短缺问题更为突出。首先是缺少高端原创人才。在文化创意产业中，多数人才属于复制型或模仿型。这种人才结构导致原创产品很少，企业核心竞争力不足。其次是缺少管理人才。与传统产业相比，创意产业具有创新性、高增值性和高风险性等特点，其产业组织形式既有分散的个别劳动，又有简单协作的集体劳动和集中的社会劳动，创意人员具有较强的工作独立性，创意工作过程难以监督。这些特点，给传统管理理念和管理方式提出了严峻挑战。最后，是缺少经营人才。将创意产业化，需要能将创意内容产业化和市场化的经营人才。实践证明，创意人才往往不具备市场经营才能。现实中，从业人员往往是有内容知识的不懂技术，而懂技术的又缺乏内容知识。

造成人才资源局面如此艰难的原因很多，根源上的教育和培养机制还不完善是重点。目前，我国创意人才的开发途径主要是学历教育和在职培训。从学历教育看，大专院校虽然设有美术、广告、影视、艺术等相关专业，但由于创意产业刚刚起步，创意理念刚刚

团队建设

被人重视，传统的人才培养方式缺少对创新能力的塑造，培养出来的学生普遍被企业抱怨为“没有创意”。而在职培训方面，创意人员参加在职培训大多都是定向技能的培训，缺乏文化创意产业全盘把控的训练，而且培训时间又大多比较短，这就造成了普遍性的培训效果不理想。从这一环节开始，形成了薪酬、考核体系不科学、不合理，文创人才无法对口实现价值从而导致流动性过大、管理模式难以匹配等多环节的恶性循环，最终导致在文化产业中最重要的核心智力价值的低效和低能。

那么，针对现实遇到的诸多问题，当前的文创企业是否有可能解决人才资源和管理的难题呢？在我看来，其实还是有可为的。首先，从管理的理念上来说，社会对创意型人才的特质都还没有完全认知清晰，按照传统的管理模式来管理这类人才，显然有碍于他们最大化发挥主观能动性和创新能力。《简明大不列颠百科全书》中对创造型人才这样描述：与常人相比，他们有时显得很幼稚，有时则很文雅，又时有破坏性，有时则很有建设性，有时很疯狂，而有时却很理智。这样的描述，基本上能够科学地概括这一类型人才的群体性特征，这是一个富有激情和野心、追求个性自由的人群，同时他们也渴望着加入优秀的团队，参与刺激的市场竞争。只不过，文创企业的管理者必须寻求行之有效的管理方法，最大化地激发创意性人才的能力，同时尽可能规避掉可能带来的负面因素。

对于创意型人才的管理和激励，是“文化产业项目五行理论”中“术”的重要内涵。在中国传统文化中，“术”就有驾驭人才的含义。对文化创意型人才，企业的管理者要大胆放手，开放权限，给创意型人才可以发挥的空间，在企业内部管理中建立有效的激励机制，鼓励人才进行大胆创新。同时，也要以科学的方式把控整个项目的方向，将创意型人才的创新能量释放在适当的位置。换言之，也就是在战略上宏观调控，在战术上放手一搏，创意成功要给予及时的奖励，创意失败也不要求全责备，而调动团队的力量共同分析、总结经验教训，纠偏查漏。

总而言之，对于现代文化创意企业而言，依靠某个个体人才的时代事实上已经过去，中国文化产业的发展已经进入文创人才团队比拼的阶段，拥有一个充满活力的高效创意团队，是文化企业在即将到来的文创经济浪潮中站稳脚跟的基础。而当创意成熟之后，就要在产品线上精细打磨，并结合市场情况，套用成熟可靠的商业模式，如此则能够形成可持续发酵的文化创意生产模式，而且有了人才储备和商业模式的支持，这个模式可以轻而易举地在不同项目间进行复制，从而降低文化创新的成本。而所有这一切最终都必将获得很好的商业回报和社会效益，实现双赢甚至多赢。

第三节 孵——孕育项目

扫码听书

“孵”是一个文化由虚向实的重要环节，是由文化资源向文化产业转化的成果。换句话说，就是要将相关的文化概念转化为一个个具象化的、彼此有机关联且相互促进的项目，并将此产品包最终塑造成关联性的产业集群。

一般而言，这一环节的完成要落实在三点上：首先是认真梳理和精确辨识项目依托的文化资源的核心内涵及特质，然后是构造能够最有力彰显内涵与特质的核心项目，再延展出其他更为丰富的外围产品，最终形成红花绿叶相互映衬之势。文化资源的内涵特质如同质朴无华却蕴藏强韧生命力的种子，落地生根后才会焕发出锦绣风华。

同时，要对项目孵化建立完整的概念，“孵”包括了三个层次的内容：孵化出项目的内容即产品与产业；孵化出支持项目建设运行的金融模式；孵化出确保项目建成后社会效益和经济利益。

一般来说，很多企业往往忽略了金融模式和盈利模式这两项内容，或者是在这两方面的考虑不足，从而可能导致孵化出的项目内容最后沦为空中楼阁，或者是孵出了项目的形而缺少了血液和活力。至于如何才能孵化出卓越的项目金融模式和盈利模式，这里我暂时不展开来讲，欢迎有心的朋友来我的分享会上充分交流，毕竟每类及每个项目的特质不一样，金融模式和盈利模式也自然需要量身定做。

具体工作时，文化项目的属性不同，其内涵与特质也往往各具特色。面对不同情况，如何灵活地把握方向和布局，我们还是通过两则案例来说明。

《清明上河图》局部

宋城景区

我们知道，食、住、行、游、购、娱是旅游项目的常规六要素，运作文化景区项目时，通常都是在游和娱上重点做文章，然后以食、住、行、购来烘托。那么，具体到一个文化景区项目，在审慎明确了文化景区所承载的文化禀赋与文脉关系成就的文化特质后，将核心产品立足于游还是娱来彰显，抑或两者兼重，才能实现塑造最出彩的文化情境，让游客获得最佳文化旅游体验的效果？

※ 分析案例 《宋城千古情》：成功背后的解析

杭州宋城景区的成功之路值得我们借鉴。

杭州宋城是位于杭州市西南的一座依据《清明上河图》兴建的宋文化主题公园，也是中国大陆人气最旺的主题公园。它的巨大成功就在于秉承“建筑为形，文化为魂”的经营理念，通过其核心产品《宋城千古情》演艺节目强力提升了景区的文化品位和持续吸引力。

众所周知，在杭州，以西湖观光为主的旅游格局由来已久，要一下子改变人们的思维定式并不是一件容易的事情。专家们都认为，在杭州这样一个自然与人文景观都十分丰富的旅游城市搞主题公园，无异于自取灭亡。但宋城的开发者黄巧灵却不这样想，他认为：宋城根植于杭州这块历史沃土，又依托以大上海为中心的华东经济圈，只要找到消费者承受能力与公园给予的回报相称这一结合点，也就是公园的品位、档次、文化内涵等要真正让游客觉得钱花得值，没有理由不成功。而且，从大的环境看，当时杭州以观光为主的传统旅游方式已渐显不足，高品位的人文景观可以起到积极的互补作用。基于这种思想，黄巧灵创建了展示《清明上河图》原景、融合浓郁宋文化和杭州地域特色表演的主题公园——宋城，并提出“给我一天，还你千年”的推广宣传口号。

《宋城千古情》

《九寨千古情》

《三亚千古情》

《丽江千古情》

《丽江千古情》

杭州是东南文化名城，南宋定都于此，宋城所在的地方北依五云山，南濒钱塘江，自然风景秀丽。如何在这些文化内涵与人文特质上继续为宋城增光添色？宋城经营者选择了演艺，以杭州的历史典故和神话传说为基点，融合世界歌舞、杂技于一体，充分运用现代科技手段营造意境和震撼力，给来园区游玩的客人奉献了名为《宋城千古情》的展演节目。

《宋城千古情》是目前世界上年演出次数最多和观众接待量最大的剧场演出，海外媒体将其誉为与拉斯维加斯“O”秀、法国“红磨坊”齐名比肩的“世界三大名秀”之一。凭借这一成功的剧目，宋城的宋文化旅游体验氛围得到了极度的彰显，达到了让人流连忘返、吸引游客重复消费的良好效果。有了常年数字不断攀升的客流量，宋城景区内的餐饮、住宿、购物、游乐等其他经营内容自然也就轻松地繁荣起来。

杭州宋城的成功证明，文化类景区的核心吸引力在于其所承载文化的独特性，由此满足了游客内心向往的“独特的体验情境”。游客在游玩过程中通过有形的环境景观、无形的活动与表演等，听、看、触到这种文化的独特表现，通过听觉、视觉、嗅觉、触觉、味觉形成了全面而完整的旅游体验，进而上升到心理感受与思维判断层面，对这种文化形成感知并心生向往。这种独特体验意境的营造，就是景区的核心吸引力。

事实上，宋城集团不仅将自己在杭州的项目“孵”得流光溢彩，还把杭州宋城模式复制到了其他地方。目前为止，已经形成了杭州宋城旅游区、三亚宋城旅游区、丽江宋城旅游区、九寨宋城旅游区等十大旅游区，三十大主题公园，宋城千古情、三亚千古情、丽江千古情、九寨千古情、惊天烈焰、穿越快闪等五十大演艺秀，以及

复兴文明文化产业群项目“丝路大遗址”

中国演艺谷等数十个文化项目。

一般而言，大的项目总是由多个子项目构成，进而有机而立体地支撑整体的大项目，每个子项目的好坏直接影响整体项目的综合收入与社会影响。所以，在“孵”的环节一定要全方位考量，既要考虑整体项目，也要考虑分支项目，使项目本体构成一个有机的生态系统，实现内循环的同时每个小项目也成为整个产业生态系统中必不可少的一部分，使之共同促进、融合发展。

就旅游景区项目而言，一般会将旅游空间划分为“旅游目的地—旅游景区—景点”三个层次。旅游目的地通常由不同旅游景区、旅游交通以及附属空间构成，旅游景区通常由不同景点、游览通道以及附属空间构成。和旅游目的地以及景点相比，旅游景区的重要性体现在，它是一个相对独立的市场主体，方便进行统一的规划、策划和经营活动。“孵”的重点也当落实在旅游景区内的“产品包”上。

※ 说明案例 《丝路大遗址》：丝路文化 IP 如何产业化？

这个案例是我们复兴文明集团正在操作的“丝路大遗址”项目以及致力构建的“丝路文明文化产业”。

丝路大遗址是世界性的人类文化遗产，散布在古丝绸之路沿线的辽阔地域内。面对这一类型的历史文化资源，我们也是立足于相关遗址承载的文化内涵与特色，秉承丝路产品包思维，努力孵化从展示到开发的多种类型的子项目。

具体来说，我们选择了以精心制作的《丝路大遗址》纪录片来引导带动相关文化产业的路径。依托立体反映丝路文明迷人风貌的纪录片《丝路大遗址》，打造一部院线电影，完成一部全息展演、一个丝路文明展，出版一部图书，推动相关丝路文明复兴的建设，以及其他一系列的线上线下的文化产业项目，最终双重彰显丝路大遗址及丝路文明的文化价值与经济价值。

按照这样的“孵化”方式，任何一个具备基本条件的文化产业项目，都能够挖掘到足够多的资源来扩展自己的内涵，形成具体的产品包，成就一定宽度和深度的产业。

第四节 策——把握政策

扫码听书

我们在前面的有关章节介绍过文化产业的三类驱动模式，其中一类为政策驱动型模式。这是从宏观层面，从一国文化产业的基本运营特征来说的。“文化产业项目五行理论”中的“策”，则主要侧重于微观层面，强调文化企业在项目操作中要积极把握政策动态，解读政策内涵，发掘政策机会与资源。

※ 说明案例　当下日本经济快速增长靠什么?

我们的邻国日本，就一向注重政策对文化产业的引导和扶持作用。

我们知道，二战之后，日本经济实现了长达三十多年的高速增长期，被世人称为“日本经济奇迹”或者“日本经济起飞”。不过，在这一时期，日本政府对经济的注意力主要集中于“重大长厚”型制造业，走的是“贸易兴国”路线。进入 20 世纪 90 年代，日本政府则提出了“文化立国”的口号，将文化产业的发展置于越来越重要的地位。2007 年 5 月，日本更是出台了《日本文化产业战略》(以下简称“《战略》”) 这一纲领性文件，以引导和激励企业界及全社会积极投身日本文化产业的建设。

《战略》认为，文化产业不仅可以对外提升国家软实力，扩大国家影响，打造国家形象及本国产业品牌，对内也可以培育经济增长点，带动经济长期发展。全文起始便开宗明义地写道：“文化产业直接关系到我国的经济利益，以及通过软实力吸引别国民众而获得的外交利益。”“文化产业对海外的影响，可以促进 (受众) 对日本生活方式以及文化产业背景中的价值观、审美意识的共鸣，加深其

日本

对日本文化、艺术和传统的理解。这种受众对日本综合文化实力的‘憧憬’，能够为各种产业带来中长期正面效果。”

《战略》还强调，“在全球化加速的情况下，要解决安全、环境等国际问题，必须向世界宣传我国‘尊重多样性’、‘与自然共生’等价值观”。“（文化产业）不仅有助于经济利益和‘日本品牌’价值的增加，还可以加强日本与其他国家民众之间的相互了解，因此必须超越单纯的产业振兴层面，制订文化交流和对外宣传战略。”《战略》认为，日本是“文化资源大国”，日本的流行文化及生活方式在世界范围内受到好评，日本人的生活方式、风俗习惯、传统文化、艺术和工艺等，都是培育文化产品的土壤。但是，日本并不因此就是文化产业大国。必须将文化资源与产业相联系，与最新的科技发展和社会发展相联系，才有可能维持文化产业的活力。“如果培育得当，文化资源就是永不枯竭的资源。”

在具体操作上，《战略》提出四大建议：

① 以海外年轻人为争取重心。

在措施上，须积极在海外推广日语教育，同时重视将日本的传统文化数字化，方便各国年轻人通过互联网和手机了解日本。

② 加强在海外建设宣传平台。

这方面，不仅强调多类型、多窗口的展示渠道，更指出在内容上要接近对象国价值观，从而好让受众接受。

③ 将文化产业人才的培育起始时间设定为儿童时期，主张鼓励和支持儿童从事设计、手工、图画等活动，要求中小学校应进一步充实学生从事创造性活动的环境；其后才提到大学和专业机构的文化产业人才培育问题。

④ 重视文化发展中的“日本标准”。

就企业及产业发展而言，产品标准的意义远大于产品本身。人

日本图书

日本传统手工艺品

宫崎骏工作中

日本影视作品

格斗游戏教父铃木裕

日本动漫作品

称“经济动物”的日本人自然对这一点很清楚。

从《战略》这份重要的指导性文件可以看出，对外输出、走向世界是日本文化产业不变的主题。日本文化产业以内容产业为核心的布局和发展战略本身就蕴含着文化产业发展综合创新的战略构想。日本能够跨行业、跨部门整合出版、影视、音乐、游戏等产业力量和资源，大力发展能“被海外认同”并包含着日本新文化的动漫产业，出版漫画期刊，拍摄动画片，制作动漫电影，开发动漫游戏，打造手机音乐等，系列开发新媒体产品，就充分体现了日本文化产业发展的融合创新、综合创新特征。而这种持续性创新的动力和源头，都离不开日本政府对文化产业在政策端的大力支持和推动。

2012 年底，安倍晋三领导自民党在大选中赢回执政权。安倍晋三入主内阁担任首相后，更是将日本文化产业的发展推向了前所未有的高度。2013 年，安倍政府以官民合作方式组建了“酷日本基金”（Cool Japan Fund），积极推行“酷日本计划”，不仅继续鼓励输出日本已然广受世界各国欢迎的动漫文化、游戏产品，强调向全球积极推广日语、日本艺术和日本影视，甚至还将日本美食和日本时尚等多个领域在海外产业化列为未来的目标。可以这么说，在全球关注的安倍经济学中，“酷日本计划”占据着醒目的位置，构成了日本经济未来成长战略的基本内容。

随着认识水平的提高，我国政府对文化产业的重视和定位也与时俱进，确立了大力发展文化产业的宏伟目标。2016 年的两会上，《中共中央关于制定国民经济和社会发展第十三个五年规划的建议》（以下简称“《建议》”）重申，到 2020 年，要使文化产业成为国民经济支柱型产业。相关政策倾向，为当前和今后的文化产业大发展、大繁荣，提供了重要的政策支持。

日本动漫游戏周边

从文化产业自身的特性及发展规律来看，其具有文化创意产权化、文化生产跨界化、文化产品虚拟化、文化消费体验化、文化服务个性化、文化研发科技化的总体发展趋势。目前，我国在文化产业政策推动方面，金融扶持、财税支持、人才吸引、园区建设及相关硬件体系方面已有长足进步，今后应大力推动以市场为导向、行之有效的文化产业市场体系建设，着重推动文化资源、文化产权、文化人才、文化元素的跨领域、跨所有制、多元化整合与重组，以构建大型文化产业集团及小而精的文化产业市场化企业为龙头，大力推动文化产业的发展。

实践证明，大型文化产业集团对促进产业的整体发展，在产业带动、科技研发、人才建设、标准制定、产融结合等方面都具有不可忽视的影响，而大量小而精、具有自主知识产权的中小市场化文化企业是支撑一个文化产业强国的根基。对此，可以根据《建议》得知，未来的文化产业发展中，国家一定会在政策支持方面予以倾斜。包括但不限于支持具有示范带动作用的重大文化产业基础项目建设，加大对文化产业公共技术、人才培养、展示交易、信息咨询等能够真正发挥作用的市场化公共服务平台的支持力度，同时，还会针对活跃的中小优秀文化企业进行个性化帮扶，助推其实现可持续发展并不断升级。

这样的政策导向事实上鼓励了新兴业态的发展，对文化产业从业者有着莫大的推动和扶持作用。而在政策上深入鼓励与促进文化产业新兴业态发展，打造以创意产权化、文化产业化、产业集群化为核心的文化产业市场主体，也肯定在政策导向下将成为未来几年产业发展的主流内涵。同时，在政府扶持的侧重点上，也会有所微调。也就是说，会进一步向市场化主体倾斜，以引导文化企业真正建立产权清晰、权责明确、管理科学、市场驱动、产业联动的市场

辽宁盘锦石庙子村

化运营机制为主要着力点，打造一批示范企业，建设一批示范园区，真正以创意知识产权为核心，以市场化发展为导向，以市场自主运营为驱动，以产业集群化为依托，让中国自主知识产权、自主运营、具有中国特色和中国气派的文化企业不断发展壮大，走出国门，参与文化产业全球市场竞争的历练。

国家在战略和政策上积极谋求切实扶持我国文化产业的发展，为文创企业创造良好的经营环境和条件，提升文创从业人员的积极性和创新力。文化企业、相关企业或个人，则应该从国家的政策导向中寻找机会，争取让自己的项目或事业真正享受到政策红利。

※ 分析案例　乡村振兴，石庙子村给我们的启迪

国家政策支持和指导下的成功文化产业案例有很多，我们这里以辽宁盘锦的向海街道石庙子村为样本，看看这个村庄是如何受益于“美丽乡村”计划的。

我国从 2005 年开始推进的“美丽乡村”计划，其实质就是文化产业政策指导下的新形态文化项目实践活动。2007 年，各地美丽新农村建设开始步入快车道。石庙子村就是今日全国几百个各具特色的新农村中的一个典型代表。

石庙子村的上级向海街道将以华侨村、石庙子村为支撑点，以建海路为中心轴，带动“记忆时代”曙光村民俗和“农民拾趣”王家村民俗的快速崛起，建设北方最大民俗隆起带。按照向海街道党工委书记王卫兵的说法，石庙子村是一个“以慢为美，以缓为意，被时间优待的地方”。步入这里，碧波荡漾的水渠与依依垂柳相伴，独具朝鲜族特色的民居掩映在片片花海中，街上的男女老少怡然自得，尽情享受着略带草木香气的芬芳。一桌一椅、一饰一物，无不透露着闲散生活态度，暗合追忆田园的民俗主题。乡村最令人怀念

中华人民共和国文化部
MINISTRY OF CULTURE OF THE PEOPLE'S REPUBLIC OF CHINA

文化部首页 | 关于文化部 | 政务公开 | 文化资讯 | 在线办事 | 公共服务 | 互动交流

站内检索 搜索 邮箱登录

当前位置：首页->文化资讯->文化要闻

文化部2016年全国文化产业工作会议在北京召开

时间：2016-06-29　　编辑：杨倩

中国文化报记者苏丹丹报道：为全面贯彻党的十八大和十八届三中、四中、五中全会精神，深入贯彻习近平总书记系列重要讲话精神，全面总结“十二五”时期文化产业发展成就，做好“十三五”时期文化产业开局工作，6月28日至29日，文化部2016年全国文化产业工作会议在北京召开。文化部党组书记、部长雒树刚出席会议并讲话，要求以更大力度推动文化产业创新发展，实现文化产业成为国民经济支柱性产业。文化部党组成员、部长助理于群主持会议并部署当前文化产业重点工作。北京市委常委、宣传部部长李伟，中国工商银行总行副行长胡浩出席会议。

雒树刚指出，在党中央、国务院高度重视下，在各级党委政府的大力推动和社会各界共同努力下，“十二五”时期我国文化产业成效显著，为“十三五”时期文化产业工作奠定坚实基础。社会各界对文化产业的认识不断深化，文化产业在满足人民群众多样化消费需求、使中国梦和社会主义核心价值观更加深入人心、加快经济发展方式转变、推动经济结构战略性调整、促进创新创业、提升国家文化软实力等方面的作用更加凸显。

雒树刚强调，“十三五”时期是我国全面建成小康社会的决胜阶段，也是实现文化产业成为国民经济支柱性产业的决定性阶段，文化产业处于可以大有作为的重要战略机遇期。文化产业工作要以贯彻创新、协调、绿色、开放、共享的新发展理念为引领，推进文化产业领域供给侧结构性改革，紧紧围绕实现文化产业成为国民经济支柱性产业、完善现代文化产业体系的目标，以推动文化产业创新发展为主线，优化产业结构布局，全面提升文化产业发展的质量效益。“十三五”时期文化产业发展的主要任务是要进一步完善文化产业政策法规体系，推动文化产业结构优化升级，优化区域文化产业发展布局，发展壮大文化市场主体，扩大和引导文化消费，鼓励和引导社会资本进入文化领域，加快对外文化贸易发展，优化文化市场环境，强化人才培养和扶持。

雒树刚就做好“十三五”时期文化产业工作提出四点要求：一是坚持正确导向，着力抓好创作生产这个中心环节，从源头上把握好正确导向，始终把社会效益放在首位，实现社会效益和经济效益相统一；二是着力转变职能，正确把握和处理政府与市场、政府与社会的关系，做好简政放权、放管结合、优化服务等相关工作，构建健康、清廉、公开、透明的新型政商关系，进一步提振投资者和企业发展信心；三是加强统筹协调，更加积极主动地与综合经济管理部门沟通协调，争取各项政策和资金向文化产业倾斜，推动文化产业与文化事业、文化遗产保护传承相协调；四是积极主动作为，自觉主动地适应文化产业发展的要求，加强自身学习和对具体问题的研究，站在经济社会发展全局的高度思考谋划文化产业发展。

的是纯朴的民风民俗，这种民风民俗往往凝聚着乡村发展的厚重历史。向海街道正是把握住了乡村旅游的这种本质追求，充分挖掘华侨村历史积累的具有鲜明群体性、地域性特征的民俗文化，让来此的游客充分了解侨眷的历史经历与奋斗足迹，真正地体验宜居、宜游的快乐与幸福感。同时，还大力发展相关的旅游产业项目，如朝鲜风味小吃、朝鲜舞蹈队、朝鲜特色工艺品、儿童游乐园、蔬菜与水果采摘园等，将其植入民俗旅游产品生产和消费的每个环节，由此形成了独特的民俗文化再创造模式。

如果没有国家的政策导向、扶持和推动，很难想象，石庙子村这样的现代新农村文旅项目能够在不同的省份遍地开花。国家政策对文化产业的影响可见一斑。所以我们说，政府出台的相关政策很多时候其实就是产业风向标，文化企业及从业工作者一定要善于从中找到让自己顺势起飞的有利点。

目前，从国家已经出台的各项政策来看，我们将接下来几年文化产业的发展定性为“实现文化产业成为国民经济支柱型产业的决定性阶段”是毫无问题的，而这实际上也是“十三五”时期国家经济增长的必然需求。国家将在“十二五”文化产业发展成绩的基础上，对文化产业的整体规模不够大、创新能力和竞争力不强、结构布局不够合理、供需不够平衡、高端人才相对短缺、市场环境有待完善、部分政策有待细化落实、文化企业融资难等专门进行应对。

2016 年 6 月 28 日举行的全国文化产业工作会议上，文化部部长雒树刚重点部署落实了“十三五”期间文化产业发展的九大重点任务。

一是完善文化产业政策法规体系。加快制定出台文化产业促进法，抓紧编制出台文化部“十三五”时期文化产业发展规划。

国务院 新闻 专题 政策 服务 问政 数据 国情

首页 > 政策 > 政府信息公开专栏

索 引 号：	000014349/2014-00027	**主题分类：**	文化、广电、新闻出版\文化
发文机关：	国务院	**成文日期：**	2014年02月26日
标　　题：	国务院关于推进文化创意和设计服务与相关产业融合发展的若干意见		
发文字号：	国发〔2014〕10号	**发布日期：**	2014年03月14日
主 题 词：			

国务院关于推进文化创意和设计服务与相关产业融合发展的若干意见

国发〔2014〕10号

各省、自治区、直辖市人民政府，国务院各部委、各直属机构：

近年来，随着我国新型工业化、信息化、城镇化和农业现代化进程的加快，文化创意和设计服务已贯穿在经济社会各领域各行业，呈现出多向交互融合态势。文化创意和设计服务具有高知识性、高增值性和低能耗、低污染等特征。推进文化创意和设计服务等新型、高端服务业发展，促进与实体经济深度融合，是培育国民经济新的增长点、提升国家文化软实力和产业竞争力的重大举措，是发展创新型经济、促进经济结构调整和发展方式转变、加快实现由“中国制造”向“中国创造”转变的内在要求，是促进产品和服务创新、催生新兴业态、带动就业、满足多样化消费需求、提高人民生活质量的重要途径。为推进文化创意和设计服务与相关产业融合发展，现提出以下意见。

二是推动文化产业结构优化升级。围绕“互联网 +”，加快发展动漫游戏、移动多媒体等新兴文化产业，大力培育基于高新技术应用的新型文化业态。

三是优化区域文化产业发展布局。要以实施“一带一路”、京津冀协同发展、长江经济带等三大区域发展战略为契机，实施差异化的区域文化产业发展战略，引导各地走特色化、差异化的文化产业发展道路。

四是发展壮大文化市场主体。把文化产业发展与“大众创业、万众创新”紧密结合，加强文化企业孵化器、众创空间、公共服务平台建设，支持“专、精、特、新”小微文化企业发展。

五是扩大和引导文化消费。扎实推进文化产业领域的供给侧结构性改革，努力实现更高层次的供需平衡。

六是鼓励和引导社会资本进入文化领域。加快完善文化产业投融资体系建设，为文化产业创新发展持续提供资金支持。

七是加快对外文化贸易发展。从改善发展环境、强化公共服务、提升规模效益这三方面入手，不断夯实对外文化贸易持续快速发展的基础。

八是优化文化市场环境。着力完善多层次的产品市场和要素市场，加快构建统一开放、竞争有序、诚信守法、监管有力的现代文化市场体系。

九是强化人才培养和扶持。以高端创意设计、经营管理人才为重点，加强对文化产业人才的培养和扶持。

这九大重点任务，无一不是对《建议》的具体落实，是国家政策在执行层面的指导性意见和纲领。

解读这些政策及内含的导向信息，我们能够最终获得一个准确的文化产业方向判断：

中华人民共和国国家新闻出版广电总局

State Administration of Press,Publication,Radio,Film and Television of The People's Republic of China

站内搜索输入 类别

首页 | 新闻资讯 | 政务信息 | 办事大厅 | 互动交流 | 总局党建 | 视听阅读

News Information 新闻资讯 国务院要闻 | 总局工作 | 领导讲话 | 行业地方 | 视频点播 | 图片新闻 | 通知公示 | 新闻发言人 | 专题专栏

视界融合 智享未来 | 强化约束 倡优汰劣 确保正确舆论... | 国家新闻出版广电总局新闻发言人...

首页 > 新闻资讯 > 通知公示 > 通知公告

总局工作 

- 聂辰席要求抓细抓实做精高峰论...
- 聂辰席主持召开党组会议听取总...
- 田进出席第十三届中国国际动漫...
- 童刚到四达时代集团总部调研
- 吴尚之出席2017年侵权盗版及非...
- 周慧琳出席2017年第一期全国版...
- 中国与丹麦达成电影合作协议
- 国际台召开分党组理论学习中心...
- 阎晓明会见香港特区全国人大代...
- 华丽的蜕变——第十三届深圳文...

行业地方 MORE

- 中央电视台全面升温"一带一路...
- 中央电视台制作播出"一带一路...
- 新闻媒体：共同奏响"一带一路...
- 国际主流媒体热播"一带一路"...
- 出版界提速"一带一路"布局...

国家新闻出版广电总局办公厅关于征集

2017年度文化产业发展专项资金

新闻出版广播影视重大项目的通知

2017-05-03 来源： 浏览次数：31045 次 [大 中 小]

新广出办发〔2017〕25号

党中央有关部门办公厅（室），国务院各部委、各直属机构办公厅（室），各省、自治区、直辖市及计划单列市、新疆生产建设兵团新闻出版广电局，有关中央企业，总局直属各单位：

根据财政部办公厅《关于申报2017年度文化产业发展专项资金的通知》（财办文〔2017〕25号）精神，为做好2017年文化产业发展专项资金（以下简称"专项资金"）支持新闻出版广播影视工作，根据工作安排，经研究，现就开展新闻出版广播影视重大项目征集工作有关事项通知如下：

一、重点支持内容

（一）文化金融扶持计划

支持新闻出版广播影视单位与金融合作，鼓励银行、文化担保、文化融资租赁等机构为新闻出版广播影视单位提供融资服务，引导金融资本投入新闻出版广播影视产业。支持企业在项目实施中积极利用金融工具，对于获得银行基准利率贷款的新闻出版广播影视产业项目给予优先考虑，对新闻出版广电总局改革发展项目库合作基金给予优先支持。

第一，我国文化产业已经结束十多年来的热运营状态，发展速度持续趋缓，日益回归常态化的发展速度。

第二，整个产业的发展动向是越来越融入实体经济，显示出与发达国家相似的常态化景象。十八届三中全会以后，融入实体经济实际上成为我国文化产业发展的突出动向。最突出的标志是 2014 年 3 月国务院印发《关于推进文化创意和设计服务与相关产业融合发展的若干意见》，明确了文化创意和设计服务与装备制造业、消费品工业、建筑业、信息业、旅游业、农业和体育产业融合发展的重点任务。实际上我国文化创意产业发展越来越显示出在经济发展的各个方面，走向了和实体经济融合的道路。文化产业和相关产业融合实际上是发达国家文化产业的一个最突出特征，这个特征在经济学上叫产业关联度。越是发达国家的文化产业和相关产业的关联度越高，和经济的其他部门或者整个国民经济的互渗性越强，像美国、日本这样的国家都在 50%~60%，我们国家文化产业和相关产业的关联度到目前为止没有超过 20%，所以关联度较低，这是非常态。文化产业孤立于或者孤悬于国民经济之外，独立发展，这是非常不正常的。我们认为这两年来，文化产业融入实体经济的态势是文化创意产业走向常态化的开始。

第三，我国文化产业正在回归文化市场，法制将成为“新常态”的根本保障。十八届三中全会关于推进文化体制改革的中央文件中出现了一个重要变化，就是国家文化政策的第一主题词从文化产业已经变为文化市场。作为文化产业界的人，大家都要将其看清楚。这个文化产业走进“新常态”最本质的含义就是要回归市场。“十二五”以来，我国政府出台的政策明显地具有从特惠性政策转向普惠性政策、从小文化转向大文化政策、从产业支持性政策走向市场建设性政策的趋势。这样的政策，发展的动态是走向“新常态”

首页 | 公开规定 | 公开指南 | 公开目录 | 行政许可项目公示 | 年度综述 | 公开年报

索引号:000014348/2017-00028	分类: 财务工作；通知
发布机构: 财务司	发文日期: 2017年04月28日
名　　称: 文化部办公厅关于做好2017年度中央财政文化产业发展专项资金重大项目申报工作的通知	
文　　号: 无	主 题 词: 文化产业 专项资金 项目 申报 通知

文化部办公厅关于做好2017年度中央财政文化产业发展专项资金重大项目申报工作的通知

党中央有关部门办公厅（室），国务院各部委、各直属机构办公厅（室），各省、自治区、直辖市文化厅（局），新疆生产建设兵团文化广播电视局，各计划单列市文化局，有关中央企业，文化部各直属单位：

为进一步加大文化领域供给侧结构性改革力度，推动文化产业转型升级，根据财政部办公厅《关于申报2017年度文化产业发展专项资金的通知》（财办文〔2017〕25号）要求，2017年文化产业发展专项资金（以下简称专项资金）继续重点用于落实党中央、国务院和宣传文化体育部门确定的重大政策、项目。其中，文化部牵头负责“实施文化金融扶持计划”、“支持特色文化产业展”、“促进文化创意和设计服务与相关产业融合发展”等三个重大项目的征集、遴选工作。按照财政部通知要求，对符合三个重大项目支持重点的政府和社会资本合作（PPP）项目、文化与科技融合发展项目，将优先予以支持。

为做好2017年度专项资金重大项目申报工作，现就有关事项通知如下：

一、主要目标

落实党中央、国务院关于推动文化产业发展有关要求，促进财政政策与产业政策有机衔接。调整资金投入结构，降低直接补助比例，提高贷款贴息、保费补贴等事后奖补比例，进一步放大财政资金杠杆、撬动效应。

二、支持内容

（一）文化金融扶持计划。主要采取贴息、风险补偿补助等方式，重点支持符合国家政策方向的文化产业项目通过银行、基金、融资担保、融资租赁等方式融资发展，以及相关机构在文化与金融合作领域的产品创新、服务创新、模式创新和机制创新，为文化产业营造良好融资环境，缓解文化企业融资难、融资贵、融资慢等问题。具体包括：

的，是在政策环境上的典型特征。

政策具有三个变化趋势。一是从特惠性政策转向普惠性政策，使文化产业的发展进入“新常态”。主要渠道支持文化体制改革的这种政策，或者是跟文化体制改革配套出台的政策，目前正在转向支持整个文化产业，所以文化体制改革配套政策实际上是专门针对国有化企业的特惠化政策，这种政策现在开始普惠化了，我们通过这两年的政策可以看得出来。二是从小文化转向大文化政策，以前政策主要指向文化部门所主管的文化机构，而现在它扩展到了文化产业。三是从产业支持性政策走向市场建设性政策。什么叫市场建设性政策？最主要的推动文化产业的政策是开放市场，某种意义上讲，对文化产业最大的推动不是产业政策，而是市场的开放。市场的内生动力比任何政府的推动力都要强大。所以文化市场开放，包括多层次文化市场的构建、资本市场的构建、文化金融的合作等等这些方面的措施，都是市场建设性政策。最终回归市场的最根本的措施，就是要把政策推动型的发展转向法律保障的发展。所以文化产业保障促进法已经进入了最后的阶段。

如果说国家对文化产业的扶持政策是大势保障，那么每年从国家到地方各级文化部门设立的文化产业发展专项资金则是对文化产业创业者最好的实际帮助。发展文化产业，资金是关键。对于东部沿海发达地区来说，资金自然不是问题，然而对于拥有丰富文化资源但经济落后的中西部地区来说，资金就成了最大的短板。调动社会资本参与热情的同时，针对自身项目特征和类别，选择对口的扶持资金进行及时申报，借力打力，是落后地区后发战略的一步妙棋。

我国政府自 2008 年开始设立文化产业发展专项资金，以贯彻落实《文化产业振兴规划》，专项扶持文化产业发展。

按照党的十八届三中全会关于正确处理政府和市场关系的要求，

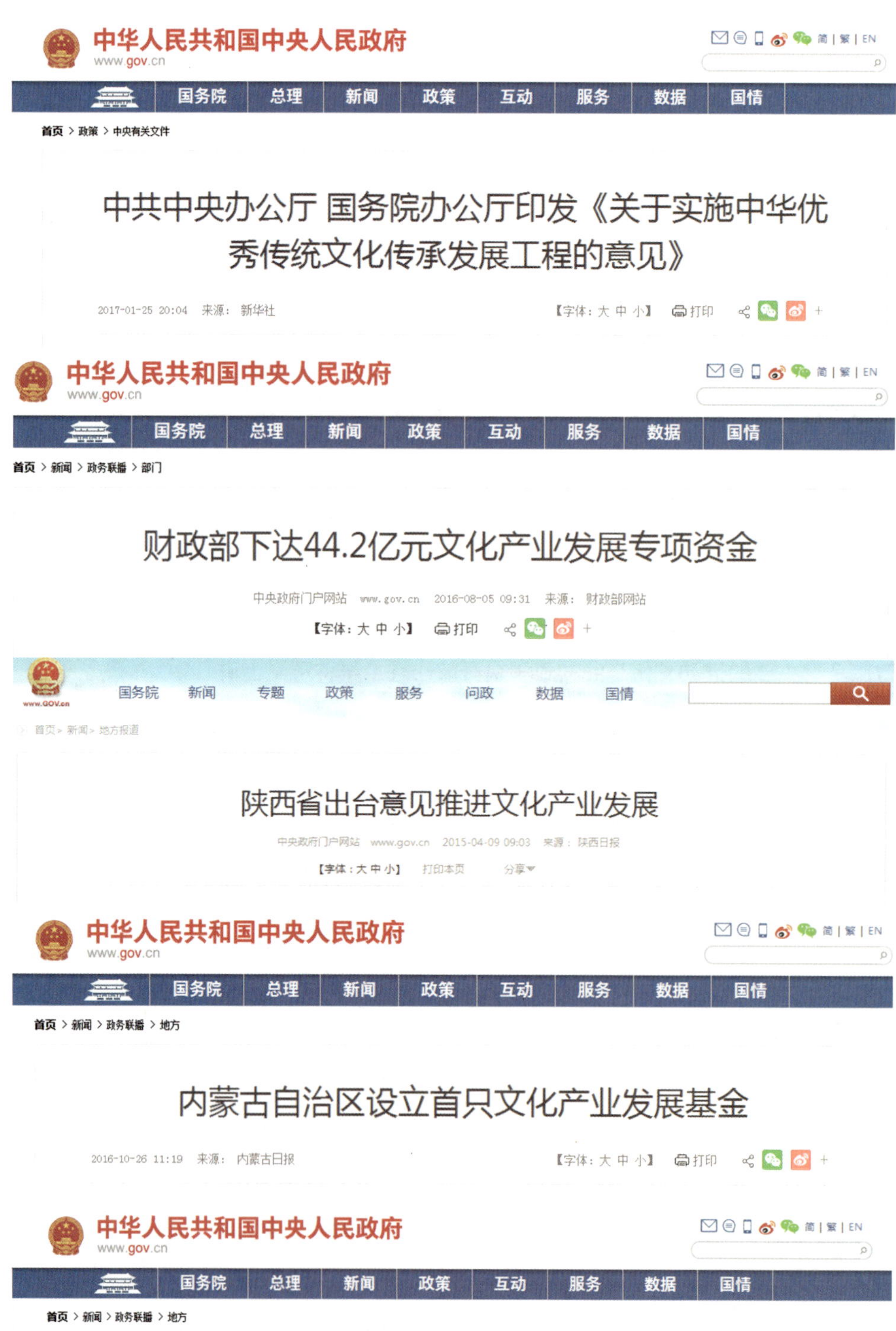

中华人民共和国中央人民政府
www.gov.cn
简 | 繁 | EN
国务院 总理 新闻 政策 互动 服务 数据 国情
首页 > 政策 > 中央有关文件

中共中央办公厅 国务院办公厅印发《关于实施中华优秀传统文化传承发展工程的意见》

2017-01-25 20:04 来源：新华社 【字体：大 中 小】 打印

中华人民共和国中央人民政府
www.gov.cn
简 | 繁 | EN
国务院 总理 新闻 政策 互动 服务 数据 国情
首页 > 新闻 > 政务联播 > 部门

财政部下达44.2亿元文化产业发展专项资金

中央政府门户网站 www.gov.cn 2016-08-05 09:31 来源：财政部网站
【字体：大 中 小】 打印

www.GOV.cn
国务院 新闻 专题 政策 服务 问政 数据 国情
首页 > 新闻 > 地方报道

陕西省出台意见推进文化产业发展

中央政府门户网站 www.gov.cn 2015-04-09 09:03 来源：陕西日报
【字体：大 中 小】 打印本页 分享

中华人民共和国中央人民政府
www.gov.cn
简 | 繁 | EN
国务院 总理 新闻 政策 互动 服务 数据 国情
首页 > 新闻 > 政务联播 > 地方

内蒙古自治区设立首只文化产业发展基金

2016-10-26 11:19 来源：内蒙古日报 【字体：大 中 小】 打印

中华人民共和国中央人民政府
www.gov.cn
简 | 繁 | EN
国务院 总理 新闻 政策 互动 服务 数据 国情
首页 > 新闻 > 政务联播 > 地方

青海省设立20亿元投资基金支持文化产业发展

2017-06-28 09:01 来源：青海日报 【字体：大 中 小】 打印

财政部一直在积极研究创新专项资金管理模式，着力解决财政资金在竞争性领域科学投放的问题，同时，考虑到文化产业发展要始终强调把社会效益放在首位，专项资金还不能完全引入市场化运作模式。由此，2016 年中央文化产业发展专项资金实施方式确定为“基金化 + 重大项目”的模式。其中，基金化是指引入市场化运作模式，培养遴选一批中央、地方和市场的优秀文化产业基金，引导和撬动社会资本支持文化发展。重大项目主要支持党中央、国务院有明确要求，或者宣传文化部门确定的重要工作。2017 年重大项目的申报评审工作由行业主管部门负责，并提出项目分配方案报财政部。

2017 年度专项资金申报除了往年的财政部办公厅《关于申报 2017 年度文化产业发展专项资金的通知》，还有另外两个通知，即国家新闻出版广电总局办公厅《关于征集 2017 年度文化产业发展专项资金新闻出版广播影视重大项目的通知》和文化部办公厅《关于做好 2017 年度中央财政文化产业发展专项资金重大项目申报工作的通知》。

按照财政部的要求，文化部牵头组织实施文化金融扶持计划、支持特色文化产业发展、促进文化创意和设计服务与相关产业融合等三个重大项目的征集、遴选工作。国家新闻出版广电总局则牵头负责加快推动影视产业发展、推动广电网络资源整合和转型升级、继续扶持实体书店发展、推动传统媒体和新兴媒体融合发展四个重大项目，其中重点影视项目由中宣部负责。推动对外文化贸易发展项目则由商务部牵头负责。财政部办公厅的申报通知也与以往不同。2017 年，文化产业发展专项资金最大的变化在于新增了市场化配置资源部分。因此，除了和往年“重点支持内容”类似的重大项目部分，通知还增加了文化产业基金和省级国有文投集团的申报。

由此可见，国家对于文化产业的资金扶持一直在进行深入的思考，管理方式在动态变化。大家尤其要意识到，下一步财政资金支持的重点将是“扶强扶优”，而不是“扶贫扶弱”。

关于把握政策机会和争取基金支持，还有些关键内容大家一定要在头脑中建立清晰的概念。目前，市场上有两种组织形式的基金，分别为公募基金与私募基金，同时就扶持方向而言又分别为产业基金与事业基金。一般而言，公募基金的风格是偏重于事业基金，看中社会效益而兼顾经济效益；而私募基金的风格则是偏重于产业扶持，对经济效益更为重视，同时适当考虑社会效益。在具体的基金项目申报过程中，只有做到有的放矢才能够提高申报成功的概率。

同时，具备条件的文化企业，应该建立专门的申报团队，来研究政策和申报基金项目。如果只是泛泛地当作一项普通工作来组织，效果难免不尽如人意。

总之，文化产业是国家发展的战略重点，时刻掌握这些政策的动向，是文化产业从业人员的基本业务要求。只有吃透政策内涵，将文化产业的发展绑定国家命运，从国家战略的角度去思考自身的定位，这样才能将企业做大做强，真正成为上能满足国家战略要求、下能满足群众文娱需求的优秀文创企业。

第五节 形——产品形态

扫码听书

通过谋、术、孵、策四个环节的把控，一个文化产业项目最终将以具体而多样的产品形态呈现在消费者面前。在这一环节，我们要追求的是相对优秀的文化产品，要领则在于把握好项目及行业的产品要素，以及形成关联化、立体化的产业缔造思维。

好形的概念之前已给出，就是好产品、好服务、好模式、好品牌及好文化。同时，要力争打破行业界限，形成以文化 IP 为核心的全产业模式的产品链。

要想实现具象化的好形，首先要弄清楚结构上的产品要素。文化旅游行业是大家相对熟悉的文化产业体系，我们接下来就先结合文化旅游产业来看看都能总结出哪些产品要素，进而指导产品层面的相关开发及优化工作。

我们知道，文化旅游是一种以富含文化内涵的目的地为客体的综合型旅游活动，其灵魂是文化，而旅游则是形式。同时，从宏观上看，当代文化旅游整体上呈现出多领域、多产业和多区域融合式的发展势头，国内很多文化旅游产业园区都已形成了多元集群式融合发展态势，比如深圳的科技创新型主题文化园，西安、洛阳的历史文化古都型产业园区，上海、苏州的古镇名城型产业园区，以及横店、宋城之类的影视基地型产业园等，无不表现为产业融合式发展。

文化旅游产业的要领在于以文化的地域差异性为诱因，以文化的碰撞与互动为过程，以文化的相互融洽为结果。它具有民族性、艺术性、神秘性、多样性、互动性等特征。文化旅游的过程就是旅游者对旅游资源的文化内涵进行体验的过程。它可以让人获得一种

曲江吃：仿唐御宴

曲江住：芳林苑酒店

曲江行：敞篷巴士

曲江游：大唐芙蓉园景区

曲江购：唐艺坊文创产品

曲江娱：《梦回大唐》演出

超然的文化感受，这种文化感受以饱含文化内涵的旅游景点为载体，体现了审美情趣激发功能、教育启示功能和民族、宗教情感寄托功能。

旅游产业包含了行内公认的六大要素：吃、住、行、游、购、娱。旅游业企业通常按照这六项要素组织自己的生产服务体系，在吃、住、行、游、购、娱六大方面形成一个个独立的、有形或者无形的产品，让人们体验文化感受的同时，促进文化消费。

然而，仔细体味之下，其实我们还可概括出新的旅游六要素：商、养、学、闲、情、奇，也可以叫作拓展要素。

“商”是指商务旅游，包括商务洽谈、会议会展、奖励旅游等旅游新需求、新要素。无论是世界旅游组织、国家旅游局对旅游活动的定义，还是旅游院校开设的旅游概论、旅游营销课程，都把商务会展列入基本的旅游产品，属于事务型旅游，与观光度假等休闲型旅游产品相并立。

“养”是指养生旅游，包括身心养护、体育健身等健康旅游新需求、新要素。“健康旅游”这个提法在中国确实比较新，目前还没有一个大众公认的定义。和“健康旅游”相关的词语有康体旅游、保健旅游、健身旅游、医疗旅游、美容美体旅游等。一百五十多年前，英国最早开展的滨海旅游、温泉旅游就是以康体健身为目的的。我国走向小康社会，“亚健康”状态增多，健康旅游会受到更多关注。

“学”是指研学旅游，包括修学旅游、科考、培训、拓展训练、摄影、采风、各种夏令营冬令营等活动。旅游的内容、目的和功能之一，就是“学”，在行走中“学”，所以古人会将行万里路与读万卷书相提并论。“学”的内容、对象极其广泛，古今中外、天文地理、社会人文无所不包。国务院国发 2014 年 31 号文件专门写了“积极

商务旅游

养生旅游

研学旅游

休闲旅游

情感旅游

探奇旅游

开展研学旅游”一条，“研学旅游”成为旅游新名词，比传统的“修学旅游”的内涵与外延更广泛。

“闲”是指休闲度假，包括乡村休闲、都市休闲、度假等各类休闲旅游新产品和新要素，是未来旅游发展的方向和主体。国务院国发 2014 年 31 号文件第三部分“拓展旅游发展空间”中第一项就是“积极发展休闲度假旅游”。“休闲旅游”是与“事务旅游”相对而言的，观光与度假都属于异地休闲的基本方式。

“情”是指情感旅游，包括婚庆、婚恋、纪念日旅游及宗教朝觐等各类精神和情感的旅游新业态、新要素。婚庆、婚恋、纪念日旅游及宗教朝觐等属于特定需求的专项旅游，其实是早就存在的旅游产品。

“奇”是指探奇，包括探索、探险、探秘、游乐、新奇体验等探索性的旅游新产品、新要素。新、奇、特历来是旅游魅力之所在。人们之所以离开惯常居住地去另外一个地方旅游，除非是商务会展、宗教朝拜和康体健身等专门目的，大多还是因为在新、奇、特的自然、人文和社会环境中能获得独特的体验。

事实上，商、养、学、闲、情、奇也只是基于现阶段实践的总结。随着文化旅游的不断升级，我们今后还可能会拓展出更新、更多的发展要素，这是旅游业蓬勃发展的大趋势。

对这些要素进行精心的梳理和总结，目的还在于将其更好地应用于产品的开发、优化及再开发。

按照文化产品的要素、功能和属性，通常可以归类为六大体系，分别为：①广电、出版、传媒行业；②动漫、游戏、新媒体行业；③历史文化遗产文博行业；④古镇、民俗、非遗行业；⑤娱乐、休闲、旅游行业；⑥演艺、展演、会展行业。

不同的部类还可以按照同样的思路和逻辑进一步细分。比如，

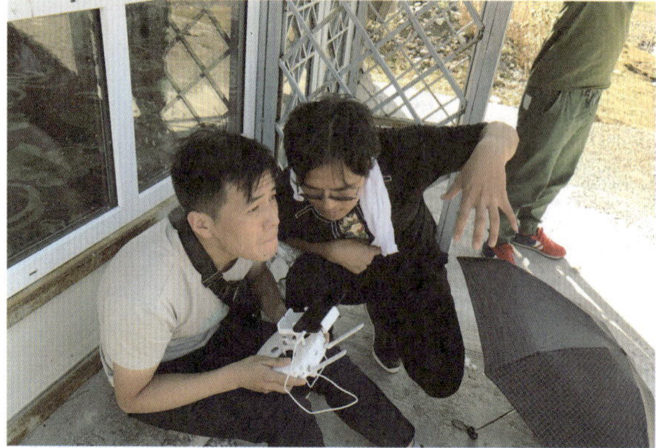

张普然老师《丝路大遗址》拍摄

我们就可以将文化旅游产品分为下面这几种类型：

① 适应精神放松需求的休闲型文化旅游产品。这类产品的功能是适应旅游者脱离原有“固定的”生活环境和“程式化”生活方式的需求（如北京的胡同文化旅游）。

② 满足旅游者文化好奇心的奇异型文化旅游产品。这类文化旅游产品满足旅游者对新鲜事物、特殊人文景观的兴趣，选择一些具有特殊性的文化题材，如奇风异俗、奇闻逸事、奇人奇物进行展示（如美国大峡谷旅游胜地）。

③ 满足旅游者求知、学习需求的修学文化旅游产品。修学文化旅游是以学习、研究某一项专题文化为目的的文化旅游类型，是开阔视野、增长知识、丰富阅历的重要方式。修学文化旅游的动机是出于文化求知，通过丰富和拓展知识层面，调整自己的知识结构，适应社会的文化需求，提高自身的文化修养。

④ 满足旅游者文化憧憬和追求的理想型文化旅游产品。旅游者的异地文化憧憬基于远距离的审美联想情感，这种距离不仅是地理上的，也是文化上的。

⑤ 满足发现自我潜能、挑战“文化极限”的发展型文化旅游产品。文化旅游产品的消费者通过文化旅游考察、体验与自己居住地不同的生活文化，增加新的阅历，形成新的思想，实现自己的精神价值。

把握产品要素是催生合理之形、科学之形、盈利之形的基础。更重要的是，突破行业界限，塑造文化 IP，建设全业态的产品共生共荣链条。

相比发达国家文化产业的繁荣生态，我国的文化产业发展存在一个明显的缺憾，就是受眼界与操作思维及经验的束缚，国内的文化从业者总是较多地、本能地自我约束于本行业、本领域，很少具

曲江文化产业示范区

曲江大唐不夜城

曲江寒窑婚庆文化产业园

备产品 IP 化、全业态化经营的意识，习惯于点对点的思维而不擅长一点对多点的操作。具体来说，就是做影视的就只做影视，搞出版的只晓得专注做出版，好像再做其他的、将一个产品跨界延伸到别的领域和行业都是不务正业。而欧美的优秀文化企业不是这样的风格，以大家熟悉的迪士尼公司为例，它的每一个文化产品都会呈现出多种的文化产品形态，都可以概括浓缩为一个超级文化 IP。这样的符号化的文化 IP 不胜枚举，从早期的米老鼠、唐老鸭到最新的哈利·波特，每一个 IP 都幻化成丰富多样的产品形式，从影视到游乐场到普通家用品及文具，方方面面地闪烁着光芒，为其 IP 拥有者创造源源不断的盈利。

这就是真正的好形，全产业模式的文化 IP。试问，我们哪个人不希望自己辛苦灌溉培养的文化产品能像米老鼠、唐老鸭那样成为不朽的 IP 符号！如此，才能让企业的产品更有生命力和延伸性广度，有多项收入。所以，我们一定要打破传统的文化产品堡垒，建立文化产业思维，这样才能长袖善舞、多财善贾。

当我们在自己的头脑中把这些脉络都梳理和厘清顺畅后，再于实践中开发和优化文化产品，就容易做到有的放矢和游刃有余了。

※ 说明案例　文化旅游产品具体怎么做?

以文化旅游产品的开发为例，来看看具体的做法。

从原则上来说，是围绕几种文化旅游产品类型与项目资源特性及开发意图进行综合性的全方位开发，将之落实为同时体现出经济、旅游和文化三者概念结合的产物而缺一不可，也就是业内所称的复合式综合性文化产品，从而供给消费者多元化的综合体验。

例如，博物馆 = 历史文化资源 + 旅游，让游客在游览馆藏品的同时体验和感受文化的魅力。

故宫

故宫文创产品

而文化资源 + 园林 + 城市公共空间 = 遗址公园，令游客在享受休闲之乐、领略自然之美的同时瞻仰历史遗址的风采。

旅游古镇 = 文化资源 + 小镇，当前的古镇旅游项目都是依托于古镇蕴含的昔日文化风情和当地民俗在做文章。

文化主题公园这类项目则是将休闲娱乐与文化体验作为核心的内容，总结成公式就是文化主题公园 = 文化 + 娱乐。

就城市经营与发展而言，我们还可以总结出其他的公式：

文化旅游城市新区 = 文化 + 旅游 + 城市环境。

文化商业街区 = 文化 + 旅游 + 商业。

文化产业园区 = 文化 + 产业。

总之，凡此种种，无不是以满足人们的文化消费需求为核心，结合项目资源特性和主营方向，呈现为各种新时代、新形态的文化旅游产品。这些产品形态，都是按照我总结的“文化产业项目五行理论”来全程建构的，全都属于“文化产业项目五行理论”中所描述的最终产品形态，是直接与消费者挂钩的产业前沿。

而如果仅仅是体验经济和旅游的交汇，尽管我们说任何旅游活动或多或少都有文化的元素存在，但如果不把文化内涵提升到应有高度，那么这种旅游产品无疑称不上是真正的具有文化内涵的文化旅游。

需要注意到，与其他产品相比，服务在旅游文化产品中占有相对较大的比重，所以有“服务是文化旅游产品的灵魂”一说。同时，即便是成熟的老产品也需要不断创新，保持与时俱进的姿态。还有，同一类型的产品，需要根据季节、气候等因素来调整，再结合地方的节庆或民俗活动来增删适当内容，使文化旅游产品获得持续的生命力。

NEXT IDEA
腾讯创新大赛
NEXT IDEA报名通知
让传统文化活起来！NEXT IDEA携手故宫，开启2016创新大赛。
表情设计、游戏创意、智能硬件、动漫创意等10项创新比赛，火热报名中，等你来战。
进宫报名

發現
朋友圈
少傅
我宫非典型雕塑文物
1分鐘前
萌朕
动作要快，姿势要帅
1分鐘前
♡皇后 ♡太子 ♡昭献贵妃 ♡王绂 ♡少詹事
皇贵妃
静化 · 沉淀

《穿越故宫来看你》H5

以下，我们再从两个具体的实例来体会文化产品的形之凝成。

※ 说明案例　故宫博物院：如何成为文创产品的领军者？

有针对性地开发文化旅游产品，打造最符合市场规律和消费者需求的产品形态，考验的是文创工作者的创意能力和市场敏锐度。在这一方面，北京故宫的文创产品开发走在了时代的前沿。截至 2015 年底，故宫博物院共计研发文化创意产品 8683 种，其中在 2013 年到 2015 年，故宫博物院研发的文化创意产品累计 1273 种。与此同时，故宫的文创产品销售额也从 2013 年的 6 亿多元增长到 2015 年的近 10 亿元。而“最可怕”的是，故宫一直以来秉持的态度却是“不以盈利为目的的盈利”！这一概念及其实际达成的成果让整个文化旅游行业感到震惊与沸腾，当资源型景区还深陷“门票依赖症”的时候，“故宫模式”的文创旅游之路无疑给所有景区带来了“柳暗花明又一村”的希望。

2015 年凭借“卖萌 + 搞笑”的高超技艺，600 多岁的故宫成为新一代无可比拟的网红，“朕知道了”“爱是一道光”“朕亦甚想你”“这是朕为你打下的一盆江山”等金句俘获了一众围观群众的心。2016 年，故宫再次凭借一个 H5 页面《穿越故宫来看你》成功刷爆朋友圈，明成祖朱棣戴着墨镜说 Rap，自拍加自嗨，后宫妃嫔用 VR 眼镜玩游戏，边玩边分享。几乎是在不知不觉间，故宫这个曾经我们提起来就“庄严、沧桑”，甚至带着“距离感”的名词，逐渐变得亲民、鲜活而灵动，甚至带着呆萌、有趣、搞笑的气息。而这背后正是让故宫获得可观营收的“故宫模式”，即“文化 IP 开发 + 电商”，故宫利用其自身丰富的文化 IP 资源，进行文旅创新开发，再结合阿里旅游、腾讯的渠道和流量优势，进行文创产品的销售、文化的传播和品牌推广。

张普然老师《丝路大遗址》拍摄

看起来热闹非凡的故宫文创产品的火爆销售，其背后的产品形态把握却是普通人不会关注的重中之重。故宫依仗其独有的文化资源，如故宫历史遗留的明清皇家文化、历代传世珍宝、皇宫顶级建筑群，以及故宫的人物这些丰富的文化 IP 资源优势促使故宫在文创开发上占有一定的文化优势。据相关资料显示，截至 2010 年 12 月底，故宫文物藏品总计 1807558 件，分为绘画、书法、碑帖、铜器、金银器、漆器、珐琅器、玉石器、雕塑、陶瓷、织绣、雕刻工艺、其他工艺、文具、生活用具、钟表仪器、珍宝、宗教文物、武备仪仗、帝后玺册、铭刻、外国文物、其他文物、古籍文献、古建藏品共 25 类，其中珍贵文物达 1684490 件。

坐拥庞大的历史文化 IP 是故宫与生俱来的巨大优势，但仅有这种“天赋”是无法完成对文化市场的细致把握的，更无法直接变成成功的文化产品。文旅产品的形态开发是一个系统化梳理、改编和重构的过程，就目前故宫对传统文化 IP 的开发来看，故宫的手段一方面是围绕文化 IP 周边来开发文创商品，一方面则是借力社交和泛娱乐来推广故宫潜藏的文化 IP 价值。故宫文旅商品的卖萌、耍酷、搞笑、接地气造型和配文，很好地迎合了当下消费群体的特点和需求。第一，现代社会，城市节奏快捷，人们生活压力极大，因此具有反差的物品反而能激起消费者的消费欲望；第二，随着中国逐渐进入大众旅游时代，80 后、90 后、00 后逐渐成为消费的主力军，而这一人群性格开放，追求自由，不喜欢拘束，因此更喜欢搞怪、卖萌、娱乐化的表达和文化；第三，历史文化传播需要更年轻化、亲民化，故宫文旅的开发使文物和古董更接地气儿，使历史文物不再高高在上，因此更容易获得大众和市场认可。

其实，这些尝试只开发了故宫文化的冰山一角。而这冰山一角

复兴文明“丝路大遗址”群项目《丝路花雨》全息展演

的出现也并不是偶然的，而是有一整套产品研发的流程的，是可控的。故宫博物院有专门的团队负责文创产品研发，故宫文化服务中心会针对具体的文化创意提出设计思路，与合作单位的设计人员共同对文化创意产品进行深化设计，把控整个产品的设计过程。在产品设计初稿完成后，依据设计要求对产品设计方案进行评审，邀请业务部门专家对产品设计进行把关，保证产品的文化属性。在生产转化阶段，还会确定工艺细节、选取制作材料等，样品打样通常也在四次以上，往往一件文化创意产品需要历经数月磨合，才能最终出成品。目前为故宫博物院提供文化创意产品设计和加工的企业已达 60 余家，故宫还将根据合作经营单位的证明材料和考察情况进行打分，并根据结果择优选取。

※ 说明案例　如何把握文创产品的思路和方向?

我们复兴文明集团正在紧锣密鼓地研发“丝路大遗址”项目。这里，也和大家说说我们自己就这个项目把握产品形态的思路和方向。

古老的丝绸之路是举世著名的文化遗产，在我国境内和中西亚地区留下了丰富的文明遗址。然而，由于沧海桑田，历史变迁，很多遗址都远离了当代国人的视野。故而，这个项目的首要任务是向世人展示丝路遗址的魅力，复苏尘封已久的云烟往事的片段，吸引大家特别是年轻人的眼球。于是，拍摄一部集娱乐、观赏、科教和展示价值于一体的优秀纪录片并借助电视和网络来传播就成为宣传和展示丝路遗址内涵的最佳载体，要比无法走路的博物馆、遗址公园等在效果上更为直接明显。

我们将丝路遗址的展示要点归类为政治、经济、军事、宗教和民生五大主题，力图从立体化的视角全面展示丝路遗址的历史作用

复兴文明峡口古城边塞文化旅游体验式景区

复兴文明焉支山民族融合文化旅游景区

复兴文明黄河部落民俗展演文化旅游景区

复兴文明印象崆峒仙剑民俗文化旅游景区

复兴文明乡愁·老集村文化旅游产业项目

复兴文明北凉故都骆驼城遗址公园项目

和不朽意义。然而，传统的纪录片格调相对古板，今天的80后、90后对历史文化的兴趣普遍相对有限，要有效吸引受众的注意力，内容上就必须充分满足这一人群的猎奇及娱乐的心理偏好。所以，我们选择了情节纪录片的形式，每一集都是依托一个融合真实、趣味和悬疑的历史小人物的故事来逐步展示相关主题的内在魅力，让险峻壮丽的风光、曲折动人的故事和迷离的历史悬疑来引发观众的情感共鸣和喜爱。

作为纪录片的烘托及衍生，我们同时出品一部一百分钟的大电影、一部丝路文明展、一部丝路全息展演、一部丝路大遗址图书等相关子项目，这些辅助产品将与纪录片形成相互辉映的关系。

从更广阔和深远的角度考虑，未来于线下就丝路遗址资源的开发还可以做很多文章。比如，在古都西安，政府和学界就在酝酿针对汉长安城遗址的大型综合开发项目；我们正与甘肃省歌舞剧团合作，打造实景与数字空间扩展演艺系统及应用示范项目“丝路花雨”，以凸显敦煌、河西走廊乃至整个甘肃的不俗魅力。条件成熟的地方，可以依托丝路遗址资源兴建博物馆、遗址公园、主题公园，条件尚不完备的地方，同样可以积极发展以古迹探险为形态内核的相关产品。甚或，将来可能形成一轮以丝路传说、故事和文化为支撑的影视创作潮流，进一步推进从文旅到城镇建设的丝路遗址开发范畴。总之，相关的产品形态会是软体与实体兼具、丰富而多元化的，有的是征集、典藏、陈列和研究相关遗产的场所，有的是方便公众亲近、欣赏古迹和娱乐身心的影视音乐产品，有的是立足于保护、科研和教育的特定公共空间，有的是集休闲、娱乐和度假等功能的文旅景区，但都是围绕着相关丝路遗址遗产的活态化来演绎的。

通过上述多个方面的阐述，我们现在可以就“文化产业项目五行理论”之“形”来得出结论了。什么是优秀的文化产品呢？

我们认为，符合当地文化特色，集文化价值、娱乐价值、实用价值、传播价值、示范价值五大价值于一体的，就是好的产品、好的“形”。文创产业从业者必须以这五大价值规律为导向去创作符合实际的文创产品。

CHAPTER

第六章

文化产业“六行业”

“SIX BRANCHES” OF CULTURAL INDUSTRY

扫码听书

在前一章中，我系统地将自己的文化产业项目操作理念逐一阐释给了大家。本章的学习任务，是从产业门类的角度来总结当今世界的文化产业发展盛况。

作为最新一次世界性经济浪潮和产业聚焦转移的重中之重，文化产业在全球来看都处于蓬勃繁荣的高速发展期。只不过，在国外，文化产业已经以各种各样的面貌发展多年，而在我国还只是近十年以来才明确提出的相关发展理念。因此，国外在文化产业的发展过程中积累的经验教训，遇到的问题与创新，都可以成为我们国家发展文化产业、复兴传统文明的参考对象，具有极大的学习与借鉴意义。

同时，我国大力发展文化产业十年来，很多城市、地区也取得了令人注目的斐然成就，在现代产业结合传统文化方面积累了不少心得体会，当然这个过程中难免有失败、走偏，但总的来说还是积攒了相当多的积极经验，甚至在某些领域形成了某种可以参考、复制的模式，这些都足以成为我们在下一个十年、下下一个十年可以吸取的宝贵财富。

当下我国的文化产业，可以归类为六大体系，分别为：

① 广电、出版、传媒行业；

② 动漫、游戏、新媒体行业；

③ 历史文化遗产、文博行业；

④ 古镇、民俗、非遗行业；

⑤ 娱乐、休闲、旅游行业；

⑥ 演艺、展演、会展行业。

在本章，我们将根据上述六大分类体系，放眼世界级中国文化产业，逐一选择经典的产业成功案例来进行分析，看看在同一领域我们还能够获得怎样的知识、素养和经验。

第一节 广电、出版、传媒行业

扫码听书

广播、电影、电视、图书、音乐、出版、新闻、传媒等，是文化产业中的传统板块。世人都知道，说起这一板块的发展，美国无疑是全世界的榜样和标杆。本节，我们主要就来看看美国的相关行业是如何达到登峰造极境地的。

在详细拆解美国广电、出版、传媒业板块的运营特色之前，我们先就本板块的各个具体分类有一个基本性的了解。

广播是指通过无线电波或导线传送声音节目的大众传媒体系。广播业诞生于20世纪20年代，在50年代达到行业发展的巅峰，目前受到网络新媒体的压制而趋于边缘化。广播的优势是主打听觉信息、受众对象广泛、传播成本低廉、功能多样；劣势是一瞬即逝，顺序收听，不支持随意选择且语言不通则收听困难。今天，广播电台的地位毫无疑问在被边缘化，但是也并不是说就此将走向没落，至少在私家车这一特殊生活空间领域还大有用武之地。

电视与电影构成了现代文化娱乐产业中最富活力的分支，可谓是集亿万公众宠爱于一身的super star。

电视体系凭借现代科技的进步于20世纪30年代诞生，很快就演化为以综合性视听节目为核心的新兴行业。二战的硝烟平息后，电视节目迅速风靡全球，成为各国娱乐文化及新闻媒介的先锋骨干，甚至可谓横扫各路经营传统项目的同类竞争对手，逼迫音乐、戏剧、演艺这些文化产业分支纷纷向其称臣靠拢。

华盛顿邮报社

纽约时报大楼

Google

苹果公司

至于电影行业的风光就更不用解释，娱乐之王的地位一时半会儿还不会遭遇真正的挑战者。

传统的图书及音乐出版行业是通过图文印刷以及唱片、光碟制作等方式向社会提供相关文化消费品。当前，这一行业也正在承受新技术的冲击并酝酿行业转型，比如实体书及实体书店就必须设法迎战电子图书的威胁，而音乐行业则整体上必须适应网络音乐全面崛起的新形势。

新闻传媒是指利用报纸、杂志、广播、电视、网络等各种传播载体向社会公众提供新闻信息及有用资讯的行业大类。这里我们引用狭义的新闻传媒概念，即传统纸媒，以区别于现代广电以及日新月异的网络新媒体。

新闻传媒体系随着现代新闻传媒理论的诞生而成型，于 19 世纪、20 世纪之交在德国和美国初成气候，并于 20 世纪 40 年代完成羽翼之丰满。就一般概念而言，这个行业的需求或者说社会职能在于以公众为对象，传播涉及社会事件、公共关系、思想宣传、舆论导向、商业广告、实用信息等多种性质的资讯。今天，传统传媒业正在经历重大的转型，以适应来自新技术、新时代的挑战，而且目前已经由 PC 网络传媒时代向移动端网络传媒时代进化。

以下，我们以美国影视行业为主来集中关注美国方面的行业发展情况。

※ 分析案例　美国是怎么打造文化产业链的?

1. 世界第一

美国文化产业体量之巨大，在全世界无出其右。美国作为全球经济的中心，凭借其无可比拟的经济优势，运用外交、政策、技术、文化等各种杠杆因素，在国内形成了成熟的巨大的文化产业链、文

哥伦比亚广播公司

好莱坞

美国广播公司大楼

百老汇

CNN

化市场和文化消费群体，创造了后工业时代一系列的经济奇迹，从而迅速确立了全球文化产业的主导龙头和中心地位。

2. 国民经济支柱

美国的文化产业早已跃居成为国民经济一大支柱，美国文化产业中无论是资本的投入和产出，还是技术信息抑或人力资源，都在全世界独居榜首。近三十年来，美国的文化产业一直保持强劲势头，文化产业产品连同其价值观，通过市场规模不断扩大迅速覆盖全球。影视业、广播电视业、报刊出版业、广告业、体育业、旅游业等十分发达。从消费文化的视角看，美国文化产业遵循的是一种“文化经济学”，它不仅仅是一个经济系统，而且是一种几乎使每种事物都服从于此的“文化”。

3. 内容精深

美国文化产业做得风生水起，其中尤以好莱坞代表的电影文化产业和百老汇代表的戏剧文化产业最为突出，为世界各国所津津乐道。美国拥有全球“文化巨无霸企业”的半数以上，控制了全球四分之三以上的电视节目的生产和制作，每年向其他国家转播的电视节目达到三十万小时，许多第三世界国家的电视中美国节目高达60%~80%。当前，世界大部分新闻节目都是由美国垄断。美国的哥伦比亚广播公司、美国有线电视新闻网、美国广播公司等媒体所发布的信息量，是世界其他各国发布的总信息量的 100 倍，是不结盟国家集团发布信息量的 1000 倍！

美国的电影在总量上虽然只占全球电影产量的 6.7%，却占据全球总放映时间的一半以上。全世界四分之三的电影出自美国的好莱坞。近些年来，电影附加产品收入逐渐成为电影业收入的重头，电影延伸产品的收入额已经超过电影本身的票房收入。据统计，1994 年，美国电影票房总收入不足 50 亿美元，而同年电影相关产品总收

电影《天国王朝》

电影《莎翁情史》

入高达 70 亿美元。如，《星球大战》三部曲自 20 世纪 70 年代公映以来，除 18 亿美元的全球票房收入以外，其主题产品、玩具、游戏、图书和唱片等，销售总额高达 45 亿美元。

除了电影，美国的艺术表演发展空间也特别广阔。剧院表演艺术在美国是文化产业中的一个重要组成部分，成为当代美国文化产业发展的动力之一。美国艺术表演产业结构包括剧院、艺术团体、直接服务机构、间接服务机构等一系列的相关行业，形成了一个特殊有效的运作机制，共同创造出不俗的艺术表演收入。以纽约的百老汇为例，每年百老汇有 30 多个新剧目问世。除新剧目外，每年还有数量不等的老剧目在继续上演。每个剧目的制作成本平均是 200 万美元，即每年的剧目总成本约 6000 万美元，而票房收入每年为 4 亿—7 亿美元，表演市场利润十分可观。

因此，对美国文化产业的发展现状进行认真分析和研究，了解美国文化产业的市场经济运作机制、政府配套政策体系和文化管理体制等方面的特点和优势，对于推动我国文化产业的发展具有极好的借鉴意义。

4. 开放多元，博采众长

我们之前说过，美国是一个年轻的移民国家，缺乏文化产业赖以成功的传统历史文化基础。美国 1776 年建国，在历史传统文化上不要说无法与中国、埃及、希腊以及欧洲、中东地区的国家相提并论，甚至在拉美很多国家丰厚的历史文化遗产面前也要败下阵来。然而，美国文化产业的成功却又令人不由得肃然起敬，其中一定有什么规律。

真正接触过美国文化产业的人会发现一个现象：美国人的文化产业其实并不在自己的历史上下功夫。普通的美国人对历史是没有太大兴趣的，因为他们本来就缺乏历史文化资源，于是干脆另辟蹊

电影《指环王》

电影《花木兰》

美剧《权力的游戏》

径，从别的方面去着手建设文化产业。

比如，别国的历史。在好莱坞，每年出产数量众多的历史题材影视作品，其中属于我们所谓的“传统历史文化”题材的，往往都取材于古老的欧洲。从上帝创世记的故事到古希腊神话传说，从英明神武的亚瑟王到为自由而战的威廉·华莱士，从《天国王朝》到《成吉思汗》，从《埃及艳后》到《莎翁情史》……好莱坞出产的传统历史文化题材的大片、佳片数不胜数。

然而，美国的历史？

除了一战、二战、南北战争、独立战争这几个典型的与历史有关的题材，好莱坞还真没有在美国历史文化上下太多功夫。

为什么？因为没必要。

美国文化产品的发展中，最大的优点和亮点就是善于“学习”和“创新”。其文化产业的发展，在继承本土主体文化的前提条件下，不断地汲取世界其他国家及地区的优秀文明成果，通过自我“内化”，摒弃简单的复制思维，大胆创新，改造成为极具美国特色的文化产品，以输送国际市场。如动画片《花木兰》和《功夫熊猫》等的成功制作就是典型的代表，影片特别注重保持故事神话性，但影片并没有原封不动地照搬中国的故事，而是对原来的故事内容和形式进行了大胆的艺术想象和创新，从而为全球消费者创造出了美国式的神话故事，市场影响力不可小觑。《功夫熊猫》的故事以中国为背景，景观、布景、服装以至道具均充满中国元素，在全球获得了几十亿美元的票房收入。这表明美国文化资源转化能力是其他国家难以匹敌的。

另一个方面，还有一个典型的现象能够非常贴切地说明好莱坞的文化产业对他国的历史文化资源有多么如饥似渴：好莱坞的演员资源之丰厚、优质堪称冠绝世界，而对于一名演员来说，进入好莱坞

电影《埃及艳后》

电影《成吉思汗》

的一项重要标准和技能，就是能够随时随地飙出一口地道的英式英语。这一点很重要。因为好莱坞的文化产业是完全开放、多元、自由、丰富的，任何一个演员都可能随时接到以古老欧洲文化为背景的片子，你要是不会说英式英语，这份工作就真的无法胜任。更何况，除了现实主义的历史文化题材，还有大量的以欧洲中世纪文明为背景创造的架空世界观奇幻作品，比如这两年来在全世界掀起观剧热潮的奇幻题材美剧《权力的游戏》，以及早些年诞生的经典奇幻史诗电影《指环王》，在这些世界观架构的影视作品中，一口流利的英式英语有多重要，观众一目了然。

好莱坞的多元开放，造就了鲜活的文化产业。因此，这个庞大的产业每天都在不断推陈出新，每天都在超越自己，每天都在创造新的奇迹。将别的国家和民族的优秀文化资源拿来变成自己的产业资源，这是好莱坞的生存之道。今天，国内流行一种说法，比如“中国的大熊猫中国人不去做文化产品，美国人做了，于是中国的下一代就被美国文化洗脑了”之类的观点，这样的观点不仅是杞人忧天，更是无稽之谈。做文化产业的人如果没有一种进取、包容、开放的心态，中国的文化产业始终处于一种“愤怒”“担忧”的情绪中不能自拔，那么中国的文化产业就永无出头之日。

实际上，文化是一种像水一样的东西，从来都是从高处流向低处。别人的文化产品能够成功输出到我们的市场上来，那说明别人的文化产品比我们自己的文化产品要先进，这有什么可“阴谋论”的？如果中国的文化产业从业人员表示不服气，愿意在市场上来进行一番较量，这样的心态毫无疑问是值得鼓励的，但如果抱着“他们就是要来颠覆我们的文化”这种诡异的心态，则全无必要。毕竟，美国人也好，中国人也好，在商言商，拼的就是产品的质量，不是意识形态。

A STEVEN SPIELBERG FILM
DANIEL DAY-LEWIS
LINCOLN
DREAMWORKS PICTURES TWENTIETH CENTURY FOX AND RELIANCE ENTERTAINMENT PRESENT IN ASSOCIATION WITH PARTICIPANT MEDIA
AN AMBLIN ENTERTAINMENT/KENNEDY/MARSHALL COMPANY PRODUCTION A STEVEN SPIELBERG FILM DANIEL DAY-LEWIS "LINCOLN"
SALLY FIELD DAVID STRATHAIRN JOSEPH GORDON-LEVITT JAMES SPADER HAL HOLBROOK AND TOMMY LEE JONES CASTING BY AVY KAUFMAN, C.S.A.
CO-PRODUCERS ADAM SOMNER KRISTIE MACOSKO KRIEGER MUSIC BY JOHN WILLIAMS COSTUME DESIGNER JOANNA JOHNSTON EDITED BY MICHAEL KAHN, A.C.E. PRODUCTION DESIGNER RICK CARTER
DIRECTOR OF PHOTOGRAPHY JANUSZ KAMINSKI EXECUTIVE PRODUCERS DANIEL LUPI JEFF SKOLL JONATHAN KING PRODUCED BY STEVEN SPIELBERG KATHLEEN KENNEDY
BASED IN PART ON THE BOOK "TEAM OF RIVALS: THE POLITICAL GENIUS OF ABRAHAM LINCOLN" BY DORIS KEARNS GOODWIN SCREENPLAY BY TONY KUSHNER DIRECTED BY STEVEN SPIELBERG
NOVEMBER
thelincolnmovie.com

传记片《林肯》

然而，事情往往还要分别来看待。美式文化产业博采众家、拿来主义的方法是不是适合中国？这就要打上一个大大的问号。与美国文化产业相比，中国文化产业恰恰不缺传统历史文化，但是我们的历史与文化却不能很好地进行市场化，不能在产业上做大做强，其中的原因是多方面的。对比美国文化产业的成功，我们可以获得很多启示。

首先，美国没有将文化作为一个“死亡”的“旧物”，而是能够不断创新，不断地从不同的文化中汲取有营养的成分，并将这种“营养”应用在自己文化产业的方方面面，从而达成产业的高速成长。正因为传统包袱小，在美国文化产业中，无论是文化产品、作品的创作者，还是负责推广这些产品、作品的人员，从来不会故步自封，从来都不会给自己设置不必要的障碍和没意义的禁忌。在美国，文化可以拿来变通，也可以拿来娱乐。这一点在好莱坞的电影工业中体现得十分明显。

来看一个有趣的例子。

2012 年，好莱坞分别出品了两部以美国第十六任总统亚伯拉罕·林肯为主角的电影。第一部传记片《林肯》是由著名导演史蒂文·斯皮尔伯格执导，由好莱坞巨星丹尼尔·戴·刘易斯主演，一举获得了 2013 年度奥斯卡金像奖的最佳艺术指导奖、最佳男主角两项大奖，以及 2013 年度金球奖的最佳男主角奖，是当年最具影响力的历史题材大片。在这部电影中，斯皮尔伯格用了一个非常严肃的标题向观众讲述了林肯生命中的最精彩的故事，也是林肯生命中最后的一段时光。从电影中我们可以看到林肯为了让法案通过，不惜一切代价，他愤怒、沮丧、流泪，甚至使用三名说客，用贿赂的方法劝说民主党成员，这些游走在宪法边缘的桥段也成为电影的点睛之处，充满着幽默与对政治的嘲讽。

TIM BURTON PRESENTS A TIMUR BEKMAMBETOV FILM
ABRAHAM LINCOLN
VAMPIRE HUNTER
★★★★
~The Sunday Express
15
EVIL FEARS THE HUNTER
15

电影《吸血鬼猎人林肯》

《林肯》是一部典型的充满了政治反思和文化追问的好莱坞严肃电影，展现了好莱坞电影工业宏大历史叙事的伟大传统，值得人们脱帽致敬。然而，2012 年的另一部关于林肯总统的电影，则令人瞠目结舌，它的标题是这样的：《吸血鬼猎人林肯》。

《吸血鬼猎人林肯》是一部充满了恐怖、惊悚元素的奇幻电影，由提莫·贝克曼贝托夫执导，由本杰明·沃克、卢夫斯·塞维尔等人主演。这部影片讲了这样一个稀奇古怪的故事：作为美国总统，亚伯拉罕·林肯发现吸血鬼正在有组织、有计划地想要彻底地占领整个美国，于是他决定以消灭他们为己任。事实上，林肯的妈妈就是被这样一个超自然怪物杀死的，这也是为什么他总是燃烧着如此仇恨的熊熊怒火的原因……他下定决心要彻底地制服这些狂妄、嗜杀成性的吸血鬼，还有被他们奴役的人类帮手。林肯开始发疯一样地锻炼自己的心智和身体，因为他知道自己选择的是一条最为艰难的生命之路，所以他必须让自己强大起来。林肯是个大个子，个头高达一米九多，再加上他的力量和对斧子出神入化的使用技巧，让他义无反顾地决定走上一条充满了荆棘的复仇之路，结果却把他最终引领到了白宫。 当整个美国都陷入吸血鬼的包围圈中，林肯的肩膀上多出了一个更为崇高的使命——拯救他的国家，然后解放数百万名遭到奴役的人，并与这些躲藏在阴影里数百年的不死之身展开激烈又英勇无比的战斗。如此看来，这位在全国上下最受爱戴的总统，原来还有着一个不为人知的秘密身份，即有史以来最伟大的吸血鬼猎人……

这部电影怎么这样？

这部电影就是这样。事实上，在好莱坞，很多在我们看来本该严肃得不苟言笑的题材，都能被开发成不同风格特点的文化产品，于是能够满足市场中数量庞大、口味众多的受众的需求。正是这种

KING
2010
TOSHIBA
H
TOSHIBA
TDK
UFC
SAT. AUG.28
PAY-PER-VIEW
Kodak
Bank of America
SONY
YAHOO!

百老汇街区

开放的态度，造就了好莱坞电影市场的繁荣。开放的心态和思维方式，决定了美国文化产业能够比别的国家和地区更加娱乐化，而娱乐化是一个国家文化是否发达的重要标志。说到底，文化产品最重要的功能，是娱乐人，如果一种文化产品无法令人感到愉悦，那它注定是要被市场淘汰的。长久以来，中国的文化工作者（是的，如果论及“长久以来”，我们大多数时候其实还没有所谓的“文化产业从业者”）对于文化的娱乐属性和功能有一种本能的排斥感，这严重阻碍了中国文化产业的发展。

习近平主席说得好，“提高国家文化软实力，要努力展示中华文化独特魅力。在五千多年文明发展进程中，中华民族创造了博大精深的灿烂文化，要使中华民族最基本的文化基因与当代文化相适应、与现代社会相协调，以人们喜闻乐见、具有广泛参与性的方式推广开来，把跨越时空、超越国度、富有永恒魅力、具有当代价值的文化精神弘扬起来，把继承传统优秀文化又弘扬时代精神、立足本国又面向世界的当代中国文化创新成果传播出去。要系统梳理传统文化资源，让收藏在禁宫里的文物、陈列在广阔大地上的遗产、书写在古籍里的文字都活起来。要以理服人，以文服人，以德服人，提高对外文化交流水平，完善人文交流机制，创新人文交流方式，综合运用大众传播、群体传播、人际传播等多种方式展示中华文化魅力”。让传统文化活起来，是中国文化产业的关键所在，也是我们应该向美国娱乐业取经的课题。而除开放型的心态与发展理念以外，美国文化产业还有什么值得中国借鉴的经验呢？

5. 管理科学，融资活跃

美国很早就梳理了科学的文化产业意识，而中国今天虽然从政府层面大力宣扬文化产业，但业界却始终还没有真正建立属于我们自己的文化产业意识。由于受传统文化和计划经济的影响，人们不

洛杉矶环球影城

洛杉矶迪士尼乐园

同程度地存在着重经济轻文化的思想，还没有把文化产业与经济发展联系起来，认识不到文化产业已经成为国民经济新的增长点，文化的产业意识不强，极大地阻碍着文化产业的发展。

而更重要的是，美国政府在文化产业的投融资方面，积极创造良好的投资环境，制定优惠政策，鼓励多方投资国际文化市场，鼓励非文化部门和外来资金的投入，吸引大量资本。美国发展文化产业有着完善的融资体制、多样化的融资方式和多元化的融资渠道，为美国文化产业发展提供了重要的保障，从而奠定了美国文化产业的世界霸主地位。

美国文化产业的投资主体多元化，表现在政府鼓励个人、企业、财团以及外资加盟文化产业。美国政府对于文化产业的支持主要表现在其对于非营利性的艺术领域的支持，即对文化传承的支持。其资助方式主要采用的是多元的混合资助方式，这种资助方式除政府直接对公益性的文化领域提供支持外，还积极地引导配套的社会资金及产业资金。美国政府尤其注重通过法律法规和政策杠杆来鼓励各州、各企业以及全社会团体对文化事业进行赞助和支持，明确规定与文化公益事业相关的单位或群体一律享受免税待遇。对以促进文化、教育、科学、宗教、慈善事业发展为目的的非盈利团体免征赋税，个人和企业对上述非盈利团体的捐赠可享受减免税收的优惠政策。美国三分之二的非盈利文化机构是通过国家对企业和个人向文化机构捐赠，实行减免税政策而获得资助的。

美国文化产业融资方式常见的有股权融资、夹层融资、优先级债务贷款、发行 AAA 级债券等。其中股权融资的时间期限较长，通常为五至七年，电影制作方一般会和投资方协议在特定的时期内回购融资方的股份，达到既能保全影片版权的完整，同时又能够使投资方有良好的退出通道。夹层融资的时间期限较短，一般为几个月，

张普然老师全国各地经验分享

通常采取次级贷款的形式，也可采取可转换票据或优先股的形式。投资方会要求制片商找一个权威性的销售代理商，评估未完工影片可能的未来收入，从而核定贷款额度，同时附加上专门的保险公司承保。优先级债务贷款是制片商把地区发行权卖给指定地区发行商时得到“保底发行金”，这相当于发行商的预支款项。优先贷款实际上是以预售发行权合约为担保，以保底发行金为还款来源。发行AAA级债券，一般由投资银行以影片的DVD销售收入和票房收入为基础资产，向投资者发行证券化产品。由于美国在文化产业领域是龙头老大，稳居世界文化产业的第一名，其良好的声誉和成熟的资金运营方式和企业已经取得的良好业绩，博得投资人的信任，从而吸引国际资本加入。

融资渠道的极大拓宽，保证了美国文化市场“新鲜血液”的供给与流通，是美国文化市场能够保持高水准、高效率出产文化产品的关键。而健康的营收渠道，彻底打通了美国文化产业的“任督二脉”，为美国文化产业数十年如一日稳定、高效发展提供了支持。

6. 立体化经营，系列化产业

美国通过影视、音乐等媒介形成一定的“文化印象”后，会很快地发展其配套的附加产品及服务。比如，美国好莱坞大片给我们带来了耳熟能详的一些电影人物、电影场景。针对这些电影人物、电影场景，美国能够推出众多的玩具、生活用品，甚至旅游景点，例如位于洛杉矶的环球影城、迪士尼乐园等等。这些不仅带来了直接的经济效益，促进了相关文化产业更全面、深入的发展，也进一步宣传了这些电影、卡通本身，使其更具文化的“沉淀”，甚至在一定程度上成为当地城市面向世界的一张闪亮的名片。

相关资料显示，美国电影总收入中，约20%是从影院的票房收入中获得，约80%是由版权的多元化开发和运营获得。这些版权开

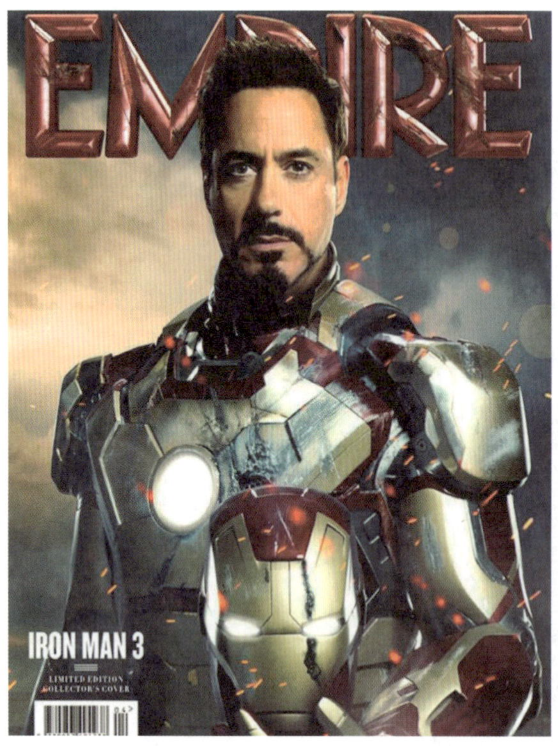

电影《钢铁侠》

电影《变形金刚》

电影《蜘蛛侠》

电影《超人》

发和运营收入主要包括录像带、光盘、唱片等电影副产品收入，服装、玩具、文具等衍生品收入，图书、游戏等改编收入，信息网络传播等数字版权收入。版权的多元化开发与运营，不仅拓宽了美国电影产业的收入渠道，而且延长了美国相关产业的产业链条，即以作品创作为源头，涉及文化产业、制造业、工业、服务业等各个行业形态。

将版权的多元化开发和运营运用得最好的当属迪士尼公司。据统计，目前迪士尼在全球有 3000 多家授权商，销售超过 10 万种与迪士尼卡通形象有关的产品，遍布玩具、卧具、文具等各个领域。仅在中国内地，迪士尼就已拥有 80 多家授权经营商，版权授权收入高达 4 亿多美元。而享誉全球的迪士尼主题公园已成为全球儿童的挚爱。

电影《超人》《变形金刚》《钢铁侠》《蜘蛛侠》上映后，全球范围出现了很多以电影形象进行设计的玩具、文具、用具各类商品，其中《钢铁侠》还推出了“电影—玩具—电子游戏”的运作方式。电影《哈利·波特》原由小说改编，电影的热映又反过头来催生了小说热，延长了图书出版的生命周期，同时催生了“哈利·波特”万花筒、铅笔盒、飞天扫帚、魔法棒、魔法帽等 500 多种玩具的热销。

7. 娱乐至上，商业第一

美国文化产业发展的一个主要特征，就是围绕着文化产业休闲娱乐的核心区运行——文化的功能不仅仅是教育、引导，对于文化消费而言，娱乐性是产品开发的重要前提。美国的文化产品虽然也存在着鼓吹美国精神、宣扬意识形态的倾向，但无一例外都是在娱乐性的前提下。娱乐的形式使消费者更加容易接受，从而获得市场的肯定，这实际是文化产业的定位问题。

如我们在前文所讲过的，不以盈利为目的的文化产业都是不成熟的。文化产业提供的应该是文化产品，是满足消费者需求的商品，要把文化产业与文化事业分离开来，区别商品与文化公共产品，对文化商品充分发挥其娱乐功能，以盈利为目的，而对公共产品的文化创造则应贯彻文化的教育功能，由政府及公共部门负责提供。只有真正做到了泾渭分明，文化产业才有发展的内生动力，才能够真正在市场上获得发展的空间。这就是“美国文化产业模式”带给我们的核心启示。而在中国，这样的思路也正在迅速为市场所接受。横店影视城、西部影视城等以影视文化为核心竞争力的文化景区正在茁壮成长，它们甚至已经被冠以“中国好莱坞”这样的头衔，以科学的影视文化运营模式思路来指导影视文化产业的发展。中国的影视产业正在变成这个世界上市场最广大的影视龙头产业，未来的中国影视行业最终将到达世界的顶点，成为能够影响世界影视产业发展的风向标。

第二节 动漫、游戏、新媒体行业

扫码听书

动漫、电子游戏（含电竞游戏）与新媒体行业是 20 世纪末新崛起的现代文化产业的重要分支，尤其是以全球青少年为主要消费群体的动漫游戏这二十年来发展极其迅速。

动漫，即动画与漫画的合称。

所谓动画，是一门年轻的综合艺术，最早发源于 19 世纪中叶的英国，1892 年 10 月正式诞生于法国巴黎的葛莱凡蜡像馆，后来逐渐成为集合绘画、漫画、摄影、电影、电视、音乐、文学及数字媒体等众多文化艺术门类于一身的现代艺术表现形式。

而漫画则属于历史更为悠久的一种艺术形式，是以简单而夸张的手法来描绘生活或时事的图画，有些还配有相关的文字描述。一般而言，漫画的创作者通常运用变形、比拟、象征、暗示、影射的方法，构成幽默诙谐的画面或画面组，以取得讽刺或歌颂的效果。

动画与漫画具有一个显著的共通点，就是相当的娱乐性，于是在个体生存压力普遍大的现代社会，逐渐融合成供大家悠闲时排遣娱乐的现代动漫，尤其受到青少年的喜好。

在此对游戏不再进行解释，每个人从小就接触过它的概念与内容。而电子游戏则是借助于现代电子工业、电脑技术及交互设备，于 20 世纪末诞生并迅速成长的现代文化娱乐活动。

电子游戏或者说电玩迄今为止已历经五个不同的发展阶段：主

日本动画《千与千寻》

日本动漫《晓之护卫》

日本新媒体 TeamLab

日本游戏《海贼王无双》

机游戏（或称家用机游戏、电视游戏）—掌机游戏—电脑游戏—街机游戏—移动游戏。可谓日新月异！从应用软件这个层面来界定，标准的软体游戏则从最初的单机版游戏相继升级到 PC 网络版游戏和当下风靡世界的手游版游戏。

由于电子游戏这一新兴文娱活动的群众基础异常雄厚，而且主力军还是青少年学生，在其流行各国后没多久，就与传统的体育竞赛相结合，诞生了游戏大赛或者说电竞游戏这一分支性节目。

新媒体行业，是指以数字技术、计算机网络技术和移动通信技术等为依托，以 PC 互联网络、手机移动互联网络、互动性电视媒体、移动电视、楼宇电视等新兴媒体及新型媒体为主要载体，按照工业化标准进行相关内容的生产、销售及再生产的文化产业分支。这一行业在今天已经构成了文化创意产业的重要组成部分。

本节，我们就以在这一领域风光无限的日本为关注对象，来体味和领略日本动漫游戏产业的发展风情。

在世界范围内考察文化产业的发展情况，美国毫无疑问位居第一，而日本文化产业紧随其后，以占国民生产总值百分之二十左右的水平位居第二。

日本人在文化产业上的成就确实是引人注目的。日本是一个文化大国，也是一个文化强国。这个岛国既不像某些“仇日分子”故意抹黑的那样没有文化和文明，也不像一些持“大国文化沙文主义”的人所宣扬的那样，只有“小打小闹”的文化。当然，日本的传统历史文化资源的丰富程度，肯定没有办法跟中国比，但在文化资源与文明资源的数量和体量都不如中国的情况下，日本人却做出了能够持续不断地影响世界的文化产业和众多人们耳熟能详的文化产品，这绝对是一个奇迹。

奇迹归奇迹，总要有迹可循。

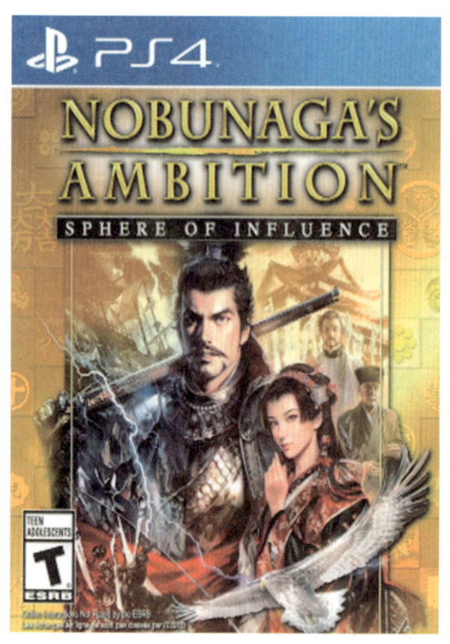

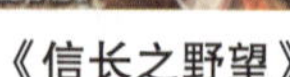
《信长之野望》

《太阁立志传》

《战国无双》

《鬼武者》

《战国 BASARA》

《天下统一》

※ 分析案例　日本是怎么打造文化产业链的?

首先，和美国不同，日本的传统历史文化资源之丰富，实在值得一提。在这里，我们简单地梳理一下日本的历史文化。日本历史，通常指的是日本旧石器时代到目前的历史。太久远的古代历史充满了传说的意味——据《古事记》和《日本书纪》记载，第一代天皇神武天皇于公元前 660 年建国并即位，即位日相当于现在的公历 2 月 11 日，因此就把这一天定为“建国纪念日”，即日本的国庆节。从公元 100 年开始，史书才有了以国家形式的记载。

根据考证，日本的历史经历了旧石器时代、绳文时代、弥生时代、古坟时代、飞鸟时代、奈良时代、平安时代、镰仓时代、南北朝时代、室町时代、战国时代、江户时代、明治时代、大正时代、昭和时代等十几个不同的时代，每一个时代都有代表性的遗址、遗迹、遗物等流传至今。而日本今天文化产业的发达，直接来源于其丰富的历史文化资源。

1. 突出日本历史，宣扬和式文化

公元 1573 年至公元 1603 年，日本处于“战国时代”。这是一个精彩纷呈的大乱世，割据各地的大名相互攻伐不断，战火纷飞，民不聊生，但这也是一个英雄争锋、人才辈出的时代，无数为人们所津津乐道的战争故事、英雄传奇代代相传。从历史文化资源的丰富程度来看，日本的战国时代丝毫不亚于中国的三国时代，甚至在战争与政治的博弈复杂程度上犹有过之。

这样的一个“大时代”在今天已经成为日本文化产业的巨大金矿。仅以游戏产业来说，日本各大游戏厂商取材自战国历史开发的电子游戏数量庞大，质量也非常高。其中尤以光荣特库摩公司的《信长之野望》系列、《太阁立志传》系列、《战国无双》系列，SystemSoft Alpha 公司的《天下统一》系列，CAPCOM 公司的

英雄熊猫

《战国 BASARA》系列、《鬼武者》系列等最为著名，这几款战国游戏在整个东亚游戏市场上家喻户晓。

不只是日本的游戏公司，欧美游戏大厂也都对日本战国历史题材有着浓厚的兴趣，加拿大 Magitech 公司开发的《武田信玄》系列、瑞典 Paradox Entertainment 公司开发的《战国》都是西方游戏公司出品的日本战国题材的优秀游戏，而英国游戏公司 The Creative Assembly 开发、日本 SEGA 公司发行的《幕府将军：全面战争》系列游戏，则甚至被誉为全世界最好的日本战国策略游戏。更令中国人瞠目结舌的是，在 2003 年由美国暴雪游戏公司出品的即时策略游戏《魔兽争霸 3：冰封王座》中，有一个游戏人物熊猫人，暴雪在设计这个人物的时候，最初参考的竟然是日本的传统服装，整个熊猫人看上去好像一名日本战国时代的“熊猫武士”。这在当时引起了中国玩家的哗然，在中国玩家强烈的抗议声中，暴雪最终不得不修改了设计，在很多中国设计师的帮助下，重新体会中国传统文化，最终合理地给熊猫人穿上了中式传统服装。

愤怒的中国玩家当时认定，暴雪最初是故意为之，意在侮辱中国。实际上，这种“阴谋论”大可不必——首先，暴雪从来都是一家对中国文化颇具好感的西方公司，他们的游戏在进入中国市场后都会做很好的本地化服务；其次，暴雪的设计师之所以会把熊猫人的服装搞错，实在不是因为他们不觉得熊猫是中国的标志，而是因为他们不了解中国传统文化中的服装、武器等元素究竟该是什么样，这也解释了为什么暴雪的设计师最终必须在中国设计人员的帮助下才能将熊猫人真正设计到位。

一句话，我们中国的传统文化元素距离真正被西方世界熟悉，还有很长的路要走。西方人对中国充满了好奇，但他们没有太多的渠道来了解这个古老文明。反而是日本，在长期健康的文化产业发

《火影忍者》

《火影忍者》漫画

《火影忍者》游戏

展过程中，不断地向西方输出自己的文化，导致西方文化产业界想要针对东方做一些设定时，都误以为日式风格就代表了东亚地区的文化形态。

这不能不说是一个遗憾，但从另一个角度也证明了日本文化产业有多成功。

2. 聚合各方资源，打造优势产业

不仅仅是游戏产业，在电影产业等其他文化产业领域，日本取得的成就也令人惊讶，尤其是我们耳熟能详的日本动漫产业，堪称全球翘楚。日本素有“动漫王国”之称，是世界上最大的动漫制作和输出国，目前全球播放的动漫作品中有六成以上出自日本，在欧洲比例更高，达到八成以上。在日本各种各样的文化产业当中，在电影院、电视台播放的各类动漫节目格外引人注目，各种动漫的人物形象充斥街头，早已超越了杂志和电视的范畴，渗透到日本社会的各个角落。

今天，动漫已是日本第三大产业，年营业额达 230 万亿日元。销往美国的日本动画片以及相关产品的总收入是日本出口到美国的钢铁总收入的 4 倍。日本动漫产业的一大特征在于主要以漫画为起点的巨大商业链，进而形成漫画创作与出版、动画片制作、动画片播出、动漫关联产品与衍生产品的开发这样一条成熟、科学的动漫产业链，并在动漫形象创作形成符号的过程中完成成本回收，从而形成健康的商业模式。

这个过程经过了几十年的考验和修正，已经趋于完全成熟。据统计，有 87% 的日本人喜欢漫画，84% 的日本人拥有与漫画人物形象相关的物品，动漫迷组织的动漫俱乐部多达数百，并定期发行会刊。在海外，日本动漫同样势头猛烈，目前全球播放的动画节目约有 60% 是日本制作的，世界上有 68 个国家播放日本电视动画、

MACROSS 初代的纪念 CD

《火影》Cosplay

《美少女战士》舞台剧

40 个国家上映其动画电影，许多日本动漫形象成为各国观众耳熟能详的明星人物。漫画家在著名漫画周刊上连载的漫画成为人气作品后，就会逐步进入电视动画化、DVD 化（OVA）、电影化（剧场版）等多种媒体形式，并进一步开发庞大的衍生产品如玩偶、游戏等。近年来，也有从小说、游戏反向推进到漫画、动画的成功作品问世。总体上说，日本动漫产业是动画、漫画、游戏不分家，基本齐头并进。如果没有完整的动漫产业链，《火影忍者》难以撑过十五个春秋。

此外，产业集成度高和聚集效应也是日本动漫产业的优势所在。今天的日本动漫产业从业人员，已经越来越多地选择集团化作战，减少了效率低下的个人创作，漫画创作多由漫画工作室完成，“团队漫画家”比个人漫画家更流行，也比个人漫画家更有效率。漫画工作室分工合作：文字作者提供故事（小说、情节）或脚本（电影剧本、剧情说明）；画手（漫画家）根据故事构思绘画；一部分助手负责联系漫画在杂志刊登、出版单行本（图书）、把漫画制作成动画、由漫画开发游戏娱乐软件及符号形象商品等工作，另一部分助手负责漫画的宣传推广、版权交易；职业经理人负责日常生产和经营的全过程。漫画工作室的突出特点是促进创作的可持续发展。漫画工作室体制和日本漫画出版流程有效相接，推动日本漫画产业的蓬勃发展。

3. 深化关联衍生品，形成深厚产业链

最终，所有的动漫产业相关行为都会在动漫关联产品与衍生产品的开发过程中形成闭合的商业模式。动漫关联产品与衍生品是日本动漫产业链中获利最丰厚的环节，也是动漫企业实现利润回收的关键所在。日本动漫产业经过半个世纪的摸索，已经形成独具特色的开发和营销模式，拥有非常成熟的产业链模式。除动画和漫画本身创造的价值外，游戏产品的产值也非常高。据相关统计数据显示，

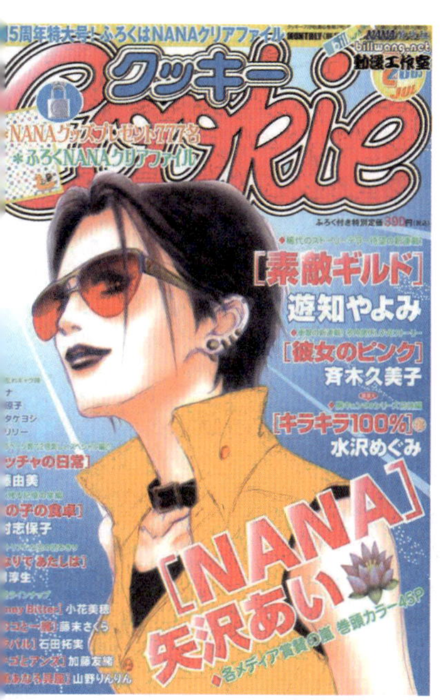

《娜娜》漫画版

《娜娜》电影版

《娜娜》TV 版

仅游戏业从业人员就有约 6 万人，每年游戏软件开发数量均在 1000 部左右。再加之 Cosplay 的兴起，日本动漫产业链的产值越来越高。

动漫关联产品主要是借动漫的人气，对原有表现手法进行改造，生产出与原内容有高度相关性的产品，如图书、音像制品等。衍生产品则是将动漫形象作为商标，充分挖掘动漫形象的人文价值和品牌价值。日本动漫关联产品形式丰富。如漫画师品牌专卖店，店里有与该漫画师相关的所有图书、杂志、动漫形象人偶、品牌玩具、文具等。日本动漫产业和游戏产业存在高度互动性，动画和游戏互借人气，或将人气动画改编成游戏，或将某款流行游戏改编成动画。动画改编的游戏往往从内容到背景及音乐都有极强的吸引力，但游戏改编的动画往往缺乏逻辑和魅力。日本动漫与影视剧的关联也非常密切。比如曾红到发紫的漫画《娜娜》在改编成 TV 版之后，由于拥有超高人气又迅速制作了真人版电影《娜娜》，由日本著名歌手中岛美嘉饰演女主角，反响强烈，之后又推出电影《娜娜 2》。这个例子很好地说明了日本动漫产业的产品开发机制。

此外，由于日本动漫中有大量优秀的动漫音乐，有些专门制作的音乐可以单独销售，于是有了专门灌制的 CD。由于声优在日本动漫中的高人气，动漫发行商还会单独发行 drama，制作声优演唱的动漫角色歌曲，灌制成 CD 发行。

在舞台剧和 Cosplay（角色扮演）方面，日本也做得非常出色。漫画和动画共同聚敛的超高人气能够给舞台剧带来票房收入，但舞台剧更多地是答谢动漫迷对作品的热爱，并以这种形式加强动漫形象的品牌认知。Cosplay 则多是爱好动漫的社团自行发起，基本局限于购买依据动漫人物形象而制作的相关服饰及道具，在舞台上走过场，也有简单的剧情演绎。庞大的动漫迷数量使 Cosplay 在日本发展成一个相对独立完整的产业。动漫中的服饰及道具在制作成 Cosplay 道具时还会以版权形式收益（其中不包含动漫迷手工制作的 Cosplay 道具）。

那么，动漫产品是如何进行销售的呢？在日本，有许多动漫专卖店，大多集中在一栋大楼内：人流量最大的一楼，卖青少年漫画；

日本动漫《进击的巨人》

地下一层销售成人漫画，其内容和思想都非常丰富，折射一些社会问题等；二楼卖动画片的音像制品，也有与动漫相关的游戏碟片出售；三楼是精品区域，多是销售公仔模型的商店；销售区域外，还辟有专门的体验区域，如提供仿真武器的拆装与试玩，喜爱军品的人，从小孩到大人都可以得到最大程度的满足，这便是目前最为流行的体验式营销。

4. 全力向海外进军

动漫产业一直是日本文化产业的主导，近二十年来也越来越受到世界的关注。美国《时代》周刊曾评价称，“日本正在从一个制造业大国向文化输出大国转向”。当各国经济体都涌向通信、电子、网络技术时，日本却在动漫产业上发力，这也获得了其国内上下的一致认可。经济学家认为，日本正借助动漫等新兴文化产业的崛起尝试着一种渐进式的经济转型。而在当前全世界经济向互联网时代转型的大环境下，日本动漫产业也产生了一些创新。

近年来，随着亚洲经济的复苏，尤其是中国经济的强劲发展势头，日本动漫产业的海外输出比例也在悄然变化着，亚洲地区以50% 份额位居日本动画海外输出的第一位，欧洲第二，美国第三。其中，日本动漫产业在对欧洲的内容输出中主要是动画输出。2013年日本动漫作品《进击的巨人》在北美的海外输出，也为日本动画制作方带来了巨大的利润，此作品还推动了日本动漫海外输出的份额。日本也因《进击的巨人》停止了在北美市场已持续六年的海外输出衰退期，该剧最终以 7000 万美元的收益在北美收官。鉴于此剧于 2014 年 5 月才经由 Cartoon Network 在北美地区播放，其实际收益应该更多。

5. 积极与新势力融合

重视动漫产业与新媒体的融合，抢占内容输出载体的高地。新

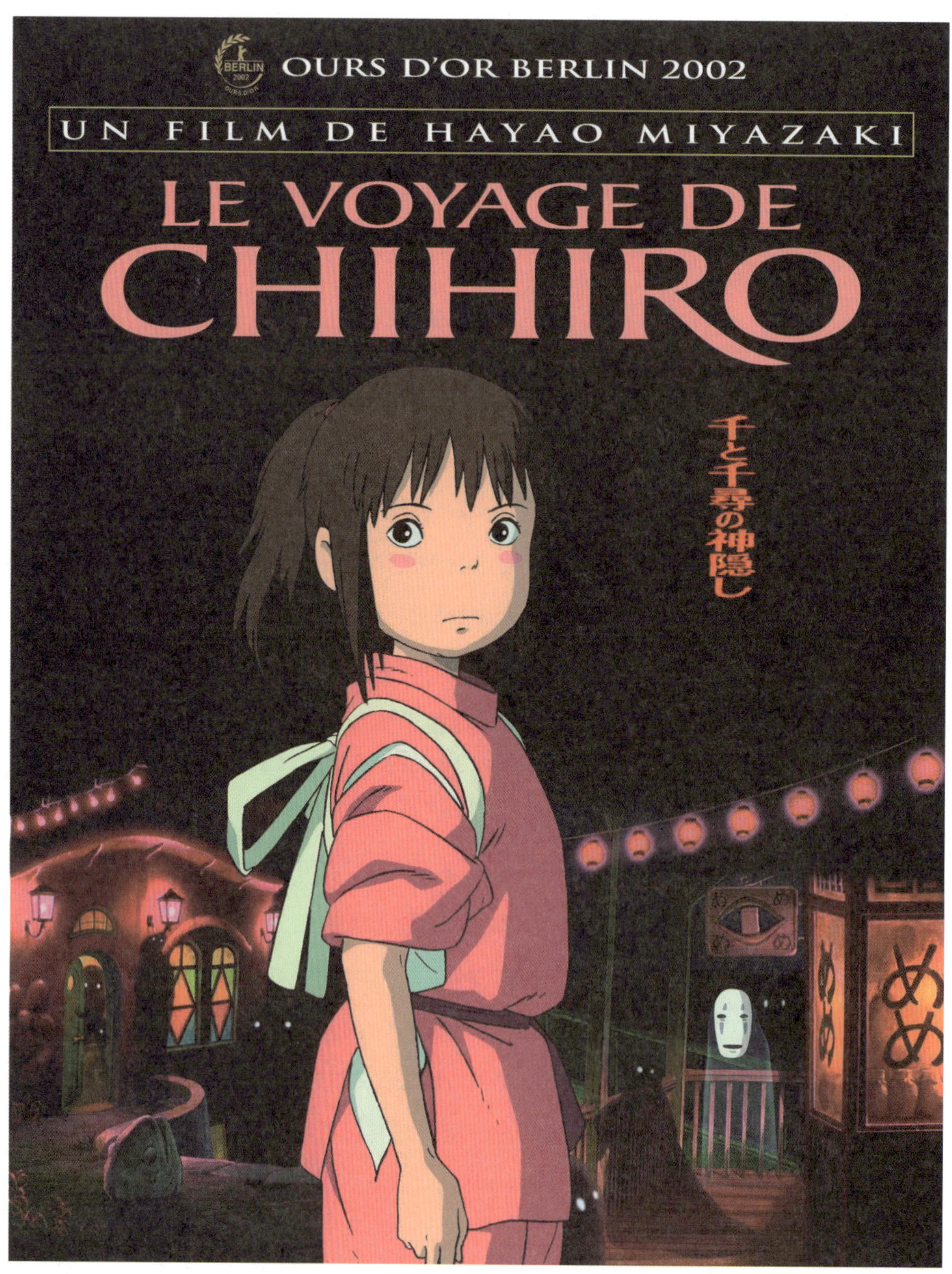
BERLIN 2002
OURS D'OR BERLIN 2002
UN FILM DE HAYAO MIYAZAKI
LE VOYAGE DE CHIHIRO
千と千尋の神隠し

《千与千寻》

媒体的强劲势头也波及了日本的动漫产业。据日本数字内容协会的报告显示，2013 年日本的新媒体动画开始占据主流，其市场规模达到了 1230 亿日元，2014 年该领域依旧保持着 20% 的增长速度。随着智能手机的流行，新媒体动画也迎来了更好的消费局面。越来越多的智能手机用户，愿意为有推送功能和视频订阅功能的 APP 付费。

日本动漫制作商重视产业与新媒体的融合，及时调整了出版载体的方式，将新媒体动画及时地在智能移动设备上推出，使顾客可以更方便地通过智能手机享用动漫作品。当前，日本的动漫内容输出市场的网络化程度非常高，一些网络订阅功能已逐步取代实体出版贩卖店的作用。经济分析家们预估，日本动漫产业中的新媒体动画市值有望于 2018 年达到 1981 日元。

6. 来自政府的助力

日本动漫帝国的崛起和繁荣，同样离不开政府在政策上的鼓励与推动。在全民认识到动漫产业乃至文化产业的巨大创新和创收能力的前提下，日本各界频繁地举办各类地方艺术节，极大地带动了文化产业、动漫产业的发展。1995 年起，由日本文部科学省文化厅主办、CG-ARTS 协会承办涉及动画片、漫画、电子网络游戏、新媒体艺术四部门的媒体艺术节，每年都会如期举行。活动上会评选出四个部门的优秀作品，并举行隆重的授奖典礼，还会由日本文部科学省文化厅长官亲自颁奖。如宫崎骏先生就曾因《千与千寻》获得过此项活动的大奖。此外，如日本数码协会主办的 Contents Grand Prix、Digital Media 协会主办的 AMD Award 等活动也是定期举办，此类活动都对促进日本的动漫创作起到了积极的推动效果。

日本 70% 的动画产业集中在东京，为此东京成立了东京国际动画节组织委员会。自 2002 年起东京都政府每年会举办一届东京国

钢之炼金术师

际动画节，此活动涉及动漫作品展示与展览、动漫商业演讲、动漫学术演讲、动漫作品评选和授奖活动、动漫国际交流等内容，目前已成为每年一次的全球性动漫行业盛会。此外，广岛国际动画电影节在全球也颇具名气。2006 年的东京国际动画节上，参赛作品就涵盖了日本、德国、韩国、中国等 19 个国家及地区的 200 多部动漫作品。当年的年度大奖（东京国际动画节的最高奖项）由影院动画片《钢之炼金术师》捧走。该活动自 2005 年起还增设了“特别功劳奖”，以奖励那些对动漫事业有特别贡献的人，如动画配音演员、动画片音乐作曲家等。

同时，日本政府还在国策及立法上对动漫提供支持。自 2000 年起，日本政府提出了振兴软产业的改革方针，主推日本的内容产业，还将其上升到国家战略的高度。为此，日本政府相继通过了《文化艺术振兴基本法》（2001 年）、《知识财产基本法》（2002 年）、《内容促进法》（2004 年），还提出了《内容产业振兴政策——Soft Power 时代的国家战略》（2004 年）。日本政府通过这类长期的国家战略和各项立法，确保了动漫等新兴文化软产业或内容产业的权益和发展。如 2013 年 4 月的“Cool Japan”促进会议上，日本政府的大众文化科，就将京都与冲绳设定为“国际大众文化特区”，此计划或将使动漫产业成为当地经济的救世主。

可见，为了扩大日本动漫产业，增强其在国际上的影响力和传播，日本各界包括政府在内都对其动漫产业在资金、政策、组织上给予了极大支持，共同发力助推了本国动漫产业的繁荣。

※ 分析案例　韩国是怎么打造文化产业链的？

根据韩国文化体育观光部的统计，2008 年到 2012 年五年间，韩国文化创意产业创下了高达 18.5% 的出口年增长率，截至 2013

《武林外传》

《龙门镖局》

《来自星星的你》

年底，韩国文化创意产业的产值就达到了 91.53 万亿韩元，约折合 855 亿美元，从而让西方同行都惊异韩国新势力的醒目崛起。

这里，我们可以通过热门韩剧对新媒体的应用，来窥测韩国文化产业快速发展的情况。

喜欢韩剧的朋友一定都追过《来自星星的你》（以下简称“星”剧）这部韩国现象级神剧。在专业研究者看来，“星”剧之所以大放异彩，除了剧情本身的缠绵悱恻、令人难舍，还有一个不容忽视的成功因素，就是韩国制作方充分注意到了新媒体的崛起，在营销上更是巧妙借助了新媒体的力量。

概括来说，“星”剧制作方在构思、制作和播放这部电视剧时做到了即时化、跨屏化和互动化，从而取得了病毒式的营销效果（Viral Marketing）。

即时化的经典体现在于：2014 年 2 月 25 日剧组拍摄完最后一个场景，两天后即 2 月 27 日就播出了大结局的最后一集，近乎是边拍边播的节奏，制作和播放流程之高效让人惊叹。同时，编剧还在播放制作过程中根据观众的反馈和喜好调整剧情与人设，与观众形成了积极互动，提高了收视率。

此外，“星”剧在首播时创造了“弹幕”剧评这一方式，让观众一边看一边吐槽，完全体现了新媒体时代的特色。这一模式也很快被我国学习和吸收。

试以国内三部经典的喜剧来对应分析，我们可以看出“星”剧创作团队的高明和对新媒体时代的敏感。

《武林外传》是一部经典剧，它当年之所以走红除了剧情新意多多，很主要的一点就是反映了 PC 时代、BBS 风格的新风尚，让以 70 后、80 后为主的 PC 时代观众感到熟悉又亲切。

而到了宁财神创作《龙门镖局》时，则尽力体现移动时代初期微博风尚的特点，以满足 90 后观众群体的存在感与共鸣感。

最新一部大红大紫的《万万没想到》则属于移动时代当下期的节奏，玩起了弹幕剧评，当然也是效仿韩国的“星”剧新时尚。

“星”剧在跨屏化（Multi Screen）上的努力同样是抓住了新媒体时代的观剧者行为特征，大家不再像从前那样嗑着瓜子守着电视屏幕，而是会同期使用智能手机或 Ipad 作为标准的跨屏搭配，从事聊天、追索剧情信息以及网络剧评等。

互动化本属于娱乐行业里面的传统概念，而在“星”剧的播放中，宣推团队真正做到了利用网络新媒体引导观众的新互动化潮流。才放映了第一集，女主角扮演者全智贤的剧中服饰，包括大衣、包包、高跟鞋、化妆品、眼镜、发夹等就被“幕后引导者”在网络上炒得热闹非凡，带动真正的观众也乐此不疲地积极参与，甚至电商平台也迅速跟进推出了相关商品。

正是因为“星”剧在利用新媒体上敏感地玩出了很多新花样，才很快掀起了新一波的“韩流”热潮。

第三节 历史文化遗产、文博行业

扫码听书

以美国、日本为代表的外国文化产业做得风生水起，仅我们梳理出来的成功案例就不胜枚举，令人目不暇接。我们国家的文化产业起步较晚，但优势正在于起步晚而能够吸收借鉴国外的经验和教训，让我们少走弯路。从这个意义上来说，中国文化产业的起点并不一定很低，反而能够在很短的时间里就做出一些令人注目的成绩。国内文化产业的现状如何？我们是否已经逐渐摸索出了行之有效的属于自己的产业模式？中国的文化产业从业者十年来有没有创造出成功的文化产业案例，诞生为人们所熟悉并喜闻乐见的文化产品呢？

当然是有的，以下，我就专门结合历史文化遗产文博行业来回顾一下我们在国内文化产业初创期的十余年走过的道路，以及取得的成绩。

所谓历史文化遗产文博行业是指依托历史文化遗产开发各种形式的文化、休闲、娱乐产品的创意行业分支。今天，全球最为常见的形式主要是影视节目开发，在我们中国包括历史剧、神话／玄幻剧、古装剧、年代剧等多个热门类型，附属于其下的还包括文学、音乐及游戏等其他类别。除此以外，利用历史文化遗迹开发现代文旅景区也是国内比较流行的方式。在这一节，我们主要关注历史文旅景区开发这一类型。

巨型诗史
58集电视连续剧
刘陵
汉景帝
窦太后
汉武帝
汉武大帝
对白剧本
他的国号成了一个伟大民族永远的名字
他建立了一个国家前所未有的尊严
编剧／江奇涛　历史顾问／求实　总导演／胡玫
上
中央编译出版社

电视剧《汉武大帝》

历史文化遗产文博业的目的是传承与弘扬，而不是简单的保护，核心的手段是在创新中传承，关于这些基本理念我们在之前的章节中已经详细探讨和阐述过。

在我看来，从事历史文化遗产文博行业的核心要领在于使我们悠久璀璨的中华文明活态化，也就是让古人的故事、生活、思想及喜怒哀乐活生生地重现在我们的身旁，具体的体现形式可以是历史文化景区、影视作品、历史文化背景主题公园、演艺节目、特色风情街、专题历史文化活动等等，这样才能达到复兴中华文明的目的。

※ 说明案例　怎么讲历史故事更有市场?

古装剧、历史剧是国内影视作品的一大类型，通过这些影视作品，观众不仅获得了娱乐享受，同时也能轻松地认识古人的服装、生活、思想、情感等等。比如，《汉武大帝》不仅让我们体会到当年的大汉雄风与汉武大帝的雄才伟略，也让我们体味到汉代服饰、礼仪、建筑、风土人情之美。一部《武林外传》，不仅让我们欢笑连连，也让我们感受到古人的生活、情感及喜怒哀乐。

历史背景的主题公园或历史文化景区也具备同样的效果，让我们在享受休闲旅游的乐趣之余，同样能身临其境地感受古代的风土人情，可以住进古色古香的客栈，欣赏具有古风韵味的街道与场景，品尝富有古人趣味的膳食，观赏古装表演。

包括专题性的历史文化活动，比如一场关于陆羽与茶文化的交流，都能让人们在接受历史文化知识的同时近距离体验昔日的文明繁华。

这些就是中华文明活态化的具象表现。

在从事复兴中华文明的伟业之时，我们一定要丰富自己的头脑和手段，力求以多元化的产品形式来表现我们优秀而伟大的文明成果。

西安曲江

《芈月传》

关于这点，也是目前国内在发展历史遗产文创业上的一个薄弱环节，很多项目性质雷同，缺乏想象力与创新感，导致文化资源重复建设的情况屡见不鲜。再有，就是视野不够开阔，跨界混合开发能力不足，很少形成立体化的产业链，没能打破不同项目、不同行业的隔膜而连成规模。这点可归纳为联动性的欠缺。

所以，在实践中需要追求两点，其一是多元化的表现形式，其二是同类产品的差异化。

※ 说明案例　一个成功的旅游景区是怎么做到的?

曲江文投集团是西部唯一的大型品牌文化企业，是西安市政府建立的从事历史文化资源开发的专业运营平台。这些年来，曲江文投集团在复现西安盛唐文明方面就做得非常到位。

针对盛唐文化遗产的开发，曲江文投集团先后建成了诸多著名的历史文化景区，但每一个项目又都具备不同的文化内核，真正实现了立体化与差异化。

大明宫遗址公园的内核是唐代宫廷文化，大唐芙蓉园重点表现皇家园林文化，法门寺项目弘扬佛家文化，寒窑景区注目于展示唐人婚庆文化，曲江池遗址公园的内核是唐代休闲文化，曲江不夜城体现唐代市井文化和现代文化的结合，大雁塔景区则是博大精深的综合集萃。

通过这些系列化的旅游景区项目，曲江文投集团向游客集中展现了活态化的大唐文明，而且每个景区都各具魅力，避免了重复雷同的弊端。

所以，对绝大多数历史文创人而言，我们还要继续努力，应该借鉴曲江文投集团的做法来完善手中的工作。

《大秦帝国》连环画

※ 分析案例 《大秦帝国》文化 IP 如何打造文化产业链?

2015 年末，由东阳市花儿影视文化有限公司、北京儒意欣欣影业投资有限公司、北京星格拉影视文化传播有限公司联合出品的古装大戏《芈月传》引发了全国性的观剧大潮，并让人们将目光和注意力尽情投注在了秦文化中。秦文化，尤其是早秦文化大放异彩，博得了满堂彩，引发了空前的全国性秦文化热潮。

中国传统历史文化中，秦是一个比较特殊的历史文化符号。这是一个充满了争议、矛盾的特殊时代，既有纵横捭阖、横扫天下的豪情壮气，也有泯灭人性、大肆杀戮的血腥暴力。这是一个极易引发话题的文化现象。而陕西作为秦文化的发祥地和秦朝定都之地，更是有着说不尽的秦风秦韵、挖不完的秦文化资源。

也许是冥冥之中自有天意，我作为历史文化产业的“淘金者”最初来到陕西这块神奇的古老土地上，接到的第一个与传统历史文化紧密联系的项目，也与秦相关。2010 年初，西安曲江大秦帝国文化传播有限公司与西安曲江出版传媒股份有限公司、陕西师范大学出版社强强联手，计划共同推出长篇历史小说《大秦帝国》的连环画版，我有幸主导了这个项目的研发。

《大秦帝国》共 6 部 11 卷，504 万字。这是目前唯一 一部全面、正面表现秦帝国时代的长篇历史小说，作者孙皓晖老师曾是西北大学法律系教授，是获国务院首批特殊津贴的专家，是 2013 年第八届中国作家富豪榜上榜作家。他积三十年文史沉淀，历十六年写作之功，以如椽之笔，为整个中国文化市场奉献出了一部经典力作。

《大秦帝国》描述了在礼崩乐坏、群雄逐鹿的战国时代，面临亡国之患的秦国于列强环伺之下，崛起于铁血竞争的群雄列强之林。从秦孝公开始，筚路蓝缕，彻底变革，崇尚法制，统一政令，历一百六十余年六代领袖坚定不移努力追求，扫六合而一统天下，建

《大秦帝国》连环画

立起一个强大统一的帝国，开创了一个全新的铁器文明时代，使中国农业文明完成了伟大的历史转型。在这一过程中，秦廷与秦人挟刚健质朴之姿、秉创新求实精神，才完成了这场伟大的帝国革命。

我刚到陕西，就听说了这部规模宏大的史诗著作，第一时间找来，细细研读。一读之下，竟然深深地为秦文明的雄浑、霸气所折服与吸引，手不释卷地一口气读完了全部《大秦帝国》的故事。掩卷而思，我激动不已，对历史和文化的激情如同大潮一般久久不能平息。大秦文明所蕴含的强大文化力量在我的大脑中萦绕，我敏锐地感觉到这是一个值得深入挖掘的文明资源。

谁知人生就是如此幸运，很快我便收到了曲江方面关于改编创作《大秦帝国》连环画版的邀请，立即组织团队，轰轰烈烈地开始了我的秦文化产业之旅。在综合了《大秦帝国》原著以及对秦文明进行了进一步深入了解之后，我认为这部连环画作品是可以做到这样几个成就的：第一，这是一部向秦帝国第一传记致敬的连环画巨作；第二，这是一场新艺术精神与古典英雄史诗的激情交融；第三，这是一个注定要被载入史册的大图书品牌。

当《大秦帝国》以连环画的形式呈现，两千多年前的泱泱文明在丝丝入扣的笔触下演绎着黑白线条的优雅曲延，帝国远去的金戈铁马、江山红颜鲜活饱满地跃然纸上，于是，一幅幅跳跃着历史韵味的画卷便在读者面前徐徐展开。正如孙皓晖老师所说："这幅历史画卷，是我们曾经的文明风景线，你打开它，你就进入了一个新的时空境界。"

《大秦帝国》连环画版的首册，改编自孙皓晖老师的力作《大秦帝国》第一卷《黑色裂变》。连环画内容尊重原著，演绎极少。主要讲述了秦孝公嬴渠梁和左庶长商鞅这对千古君臣兢兢业业、克服万难、大刀阔斧地对国政进行改革，使得当时国力羸弱的边陲小国秦

大秦帝国之裂变

国逐渐强盛，开启了秦统一六国征程的故事。在美术风格方面，我决定采用中国传统连环画形式，以手绘黑白线描形式为主，构图形式采用横幅构图，不但继承了传统构图样式，而且汲取了现代平面设计理念的优势所在，使得图书取得了传统与现代间的平衡，填补了原创连环画市场的空白，也为充斥着国外卡通动漫作品的国内动漫市场注入一股浓浓的中国风。

在潜心创作《大秦帝国》连环画的日子里，我渐渐萌发了一个大胆的想法：以秦文明之深厚广博，仅仅一部《大秦帝国》并不能真正将秦的文明资源完全利用起来，秦文明资源还有大量被闲置着，等待着被开发。仅就“大秦帝国”这块响当当的金字招牌来说，就从来不是一个孤立的存在，基于“大秦帝国”所产生的品牌效应、打造秦文化产业链势在必行。当时，《大秦帝国》电视剧第一部已经掀起了热议的话题，而以大秦帝国为切入点，通过影视剧、影视基地、遗址公园、动漫游戏、演艺秀场等一系列文化项目的投资运营，逐步实现从传承文化到传播文化、从运营文化到生产文化的产业链发展，这样才算充分利用了“大秦帝国”这个庞大的文化 IP。

抱着这样的想法，在完成《大秦帝国》连环画版之后，我继续在秦文明资源上投注精力。随着研究的深入，我意识到，秦文明资源有相当一部分其实并不局限于咸阳和西安，而是散布在从宝鸡到西安的这一整条文明迁徙和发展的线路上。秦国，是周代时华夏族在中国西北建立的诸侯国，其先祖嬴姓部族早在殷商时期就是商朝镇守西戎的得力助手，颇受商朝重视，为商朝贵族并遂为诸侯，后因嬴姓部族卷入了武庚挑唆的叛乱而遭到周公姬旦的惩罚，被迫西迁，沦为奴隶。周孝王时，秦先祖秦非子因养马有功被周王封为附庸。秦人此后世代为周王室养马并在戍边对抗西戎。公元前 770 年，秦襄公因护送周平王东迁有功，被封为诸侯，又被赐封岐山以西之

秦公一号大墓

秦雍城遗址考察

地。自此，秦国正式成为周朝的诸侯国。

秦人自西而来，秦文明的根系从西至东绵延不绝，深埋在古老的地层中，却不为人所知。秦人东来，最早生活在岐山一代，秦文公之后，经数代国君的努力，在讨伐西戎之战中节节胜利，岐丰之地皆纳旗下，又先后灭荡社戎，击败邽、冀两戎部，征彭戏戎，兵临华山，收复杜、郑之地，灭小虢，版图一直推进至关中东端。很多人不知道，秦在定都咸阳之前，还有两个老国都，分别是栎阳与雍城。其中雍城（今陕西宝鸡凤翔）是秦国早期最重要的城市，从公元前 677 年起，秦国在雍建都近三百年，有宫殿区、居住区、士大夫与国人墓葬区和秦公陵园。

在今天的宝鸡市凤翔县，我详细考察过著名的秦公一号大墓。这是迄今为止中国发掘的最大古墓，墓内有 186 具殉人，是中国自西周以来发现殉人最多的墓葬；椁室的柏木“黄肠题凑”椁具，是中国迄今发掘周秦时代墓葬中最高等级的葬具；椁室两壁外侧的木碑是中国墓葬史上最早的墓碑实物。尤其是大墓中出土的石磬是中国发现最早刻有铭文的石磬。最珍贵的是石磬上的文字，多达 180 多个，字体为籀文，酷似“石鼓文”，依据其上文字推断墓主人为秦景公。

而秦公一号大墓，又处于秦国旧都雍城的所在地，雍城遗址位于凤翔县城南雍水河北岸平地上，是全国重点文物保护单位。雍城在秦国的历史上地位举足轻重，自秦德公元年（前 677 年）至秦献公二年（前 383 年）定都此地，建都长达 294 年，有十九位秦国国君在这里执政，可以说雍城是秦国定都时间最久的都城。秦人并没有因为后来迁都而将旧都荒废，就连秦王政（秦始皇）的成年加冕也是在雍城内的大郑宫举行的。雍城遗址现已探明内有新、旧两城相连，南北长达 2 公里，东西 1—2 公里。目前，秦雍城大遗址开发项目正在有条不紊地进行，我再次有幸参与其中，倍感荣幸。

大秦文明园

越考察，越令人感到兴奋。

秦文化作为中华文明发轫期的重要文明源头，只有在陕西才能得其精要。而陕西拥有这样得天独厚的文明资源，还有什么理由在文化产业崛起的今天不成功？2013 年，时任陕西省委常委、省委宣传部部长的景俊海就反复强调，要积极传播中华传统文化，通过历史证据，对历史如实反映、客观分析，严肃地、科学地传播主流价值观，让人们在轻松娱乐中懂得历史，在潜移默化中接受主流价值观。大秦帝国发展历史波澜壮阔，创造了昂扬的时代精神，形成了厚重的历史文化。要通过影视剧、影视基地、遗址公园、动漫游戏、演艺秀场等一系列文化项目的投资运营，打通产业链，做大文化产业，形成文化产业集群。要以产业为核心，以市场为导向，以经营为理念，与市场完全接轨，重新发掘秦文化的成果，把所有与秦相关的遗址和文化归拢起来，集成大秦文化系列工程，形成一个文化集成、项目集成、产业集成，催生出一条完整的秦文化产业链。

近年来，陕西开始在秦文化产业领域发力。商鞅博物馆、栎阳城遗址公园等文化产业项目相继被提上日程，秦咸阳宫遗址的开发保护和产业利用也在有条不紊地推进。习近平主席提出要求陕西找准定位，主动融入“一带一路”大格局，陕西省西咸新区秦汉新城正在对这一命题进行积极的实践，而实践的目标就是大规模复兴秦文明。秦汉新城利用自身天然历史博物馆的先天优势，在保护好文物的同时，唤醒沉睡在文物上的历史信息，以建设“大秦文明园区”为载体，利用传统方法和科技手段，呈现秦朝历史的文明遗产，实现“让历史说话”“让文物说话”“记得起历史沧桑，看得见岁月留痕，留得住文化根脉”的文化展示、传承、教育与体验。

我曾多次与秦汉新城负责秦文化产业的相关领导、同行、专家交流，深感在这片土地上发展以“秦文化”为主题的项目有很大空

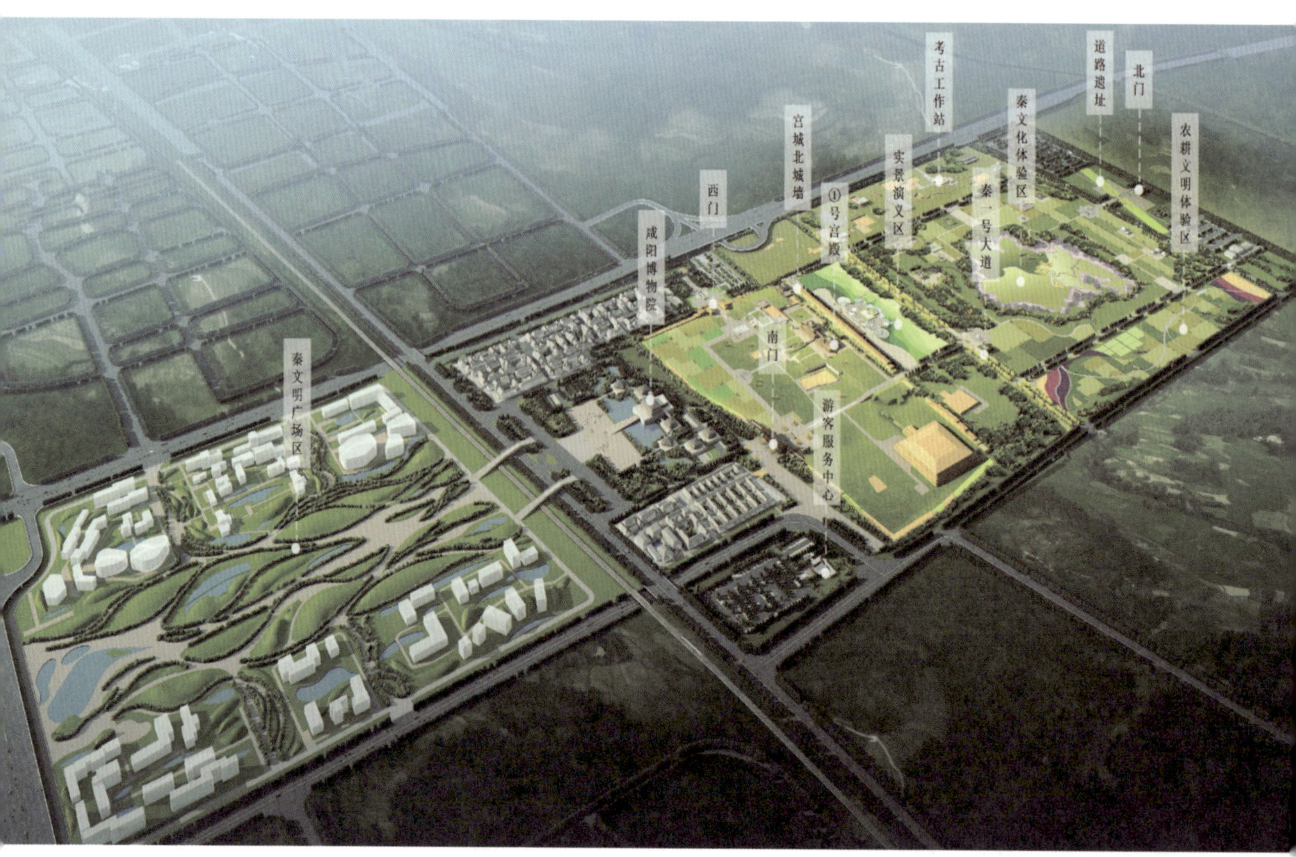
考古工作站
道路遗址
北门
秦文化体验区
农耕文明体验区
宫城北城墙
实景演文区
西门
①号宫殿
秦一号大道
咸阳博物院
南门
秦文明广场区
游客服务中心

大秦文明园

间。现在，秦汉新城正在积极打造“大秦文明园区”，实践将秦文明真正落实为今天的文化项目和产品，向社会推广。大秦文明园区位于秦汉大道以东、天汉大道以南、秦宫一路以西、渭河河堤路以北区域，占地面积约 7628 亩，由秦咸阳城考古遗址公园、咸阳博物院、秦文明广场三大板块组成，总投资约 108 亿元人民币，是具有国际化、市场化、生态化、人文化特征的大型历史文化旅游园区。

秦文明广场项目则位于秦汉大道以东、兰池三路以南、秦宫一路以西、渭河河堤路以北，用地约 1870 亩，投资约 43 亿元人民币，整个广场以“秦文化”为主题，包括六国宫酒店项目、健身健体中心、文化艺术中心、秦风情街、文化艺术体验区。

同样在筹建中的秦咸阳城考古遗址公园，由遗址保护区、历史文化体验区、配套区三大部分组成，总占地约 5040 亩，该项目目前已开始整体的文物考古规划方案及概念性策划方案的编制工作。文物区约 600 亩，历史文化体验区约 3240 亩，分为七大板块。其中《万古秦风》视觉光影秀，由《大秦帝国》编剧孙皓晖与北京奥运开幕式舞美总设计韩立勋联袂创意，以中国历史上“秦”文化为背景，通过音乐、灯光、多媒体装置等主要表现手段，展现古典与时尚相结合、唯美、浪漫、壮观、令人震撼的大规模情景视听幻影效果。配套区占地面积约 1200 亩，分为展览区、商务区、服务区等体验性三大板块，全方位展现大秦风貌。

整个大秦文明园区计划用三到五年时间投资建设，打造园区景区管理、影视拍摄、文化演艺、动漫游戏、体育赛事、商业运营、广告媒体等文化旅游产业链，力争成为传承东方历史文明的国际化基地、国家级智慧旅游范例、丝绸之路文化艺术交流中心。呼之欲出的秦文化产业园区立足于西咸，辐射整个关中，不久即将成为中国秦文明产业高地，令人十分期待。

第四节 古镇、民俗、非遗行业

扫码听书

古镇、民俗、非遗行业，在当代中国文化产业建设中构成了一个醒目的独立板块。

古镇，是指拥有百年以上的存在历史，较多保留古老风貌，且尚有当地居民生活于其中的居民定居点。

民俗，又称民间文化，是指一个民族或一个社会群体在长期的生产实践和社会生活中逐渐形成并世代相传、较为稳定的文化事项，可以简单概括为民间流行的风尚、习俗。

非遗，即非物质文化遗产，指的是各群体、团体有时为个人视为其文化遗产的各种实践、表演、表现形式、知识体系和技能及有关的工具、实物、工艺品和文化场所。

这些年来，国家从促进文化产业发展的战略高度，非常重视各地的古镇建设、民俗和非遗的传承与展示，特色古镇、美丽乡村、民俗民宿也就成为地方文化产业建设的热点，留住时光、记住乡愁等火爆的词语屡屡出现在人们的视听情境里。

然而，在全国百花齐放的鼓舞人心、大张旗鼓建设浪潮中，各地的古镇、民俗与非遗项目建设也暴露出一些缺陷，主要是一窝蜂而上，相互抄袭，缺乏创意，各类项目同质化现象严重，不接地气情况严重，在弘扬文化的大旗下干出了很多没有文化的事情。

所以，在这一节，我们需要掌握将民俗资源转化为文化产业的合理做法与一般规律，尤其是让我们聚焦“乌镇模式”，看看浙江乌

乌镇

镇是如何从全国众多的古镇中脱颖而出的。

众所周知，我们国家幅员辽阔，民族众多，不同的地方因历史酝酿和积淀而形成了不同的特色地域文化，当代的城乡发展水平也是落差显著。于是，民俗便成为反衬现代城市及当代文明的一种醒目的历史文化存在形式。

民俗通常是一个地方、一个民族悠久历史文化发展的结晶，它与一方水土息息相关，具有典型的地域性与民间性特征。今天，民俗文化不仅广泛存在于少数民族地区，而且在内地省份相对封闭的偏远地区或者是地域文化保存相对完整的地方也屡见不鲜。民俗文化蕴含极其丰富的社会内容，而且，作为历史文化资源的一种表现形式，同样可以进行挖掘和萃取，进而发展出相关的产品及产业来。

要利用丰富多彩的各种民俗来开发其经济价值，大家一定要注意两个关键点。

第一，要明白民俗的核心价值就在于能够满足现代人的猎奇心理！不论是背包客浪迹到一个古镇里，还是朋友们相约在一家民族风情园里聚餐，抑或是摄影爱好者自驾跑到一个偏僻山村里拍摄一场传统婚礼，大家都是在寻找与平常不一样的感觉。

第二，一定要看清楚特定民俗资源的基本属性。自然风情占比多，人文要素富有特色，抑或是自然与人文融为一体的民俗资源类型。如此，才可能立足于满足人们的猎奇倾向，落笔做好开发文章。就人文特色而言，民俗就可以外在体现为生活文化、婚姻家庭和人生礼仪文化、口头传承文化、民间歌舞娱乐文化、民间游戏、特色饮食文化、节日文化、信仰文化等。论自然风情，可能是大山中的封闭古镇，也可能是江南水乡。民俗资源的属性不同，开发时的方向与办法自然也存在差异。

丽江古城

凤凰古城

周庄

西塘古镇

平遥古城

※ 分析案例 乌镇文化旅游的成功靠的是什么？

民俗旅游便是最为普通的一种开发方式。到异地去体验当地浓厚的民俗风情与地方特色，获得一种自身向往的替代性体验，民俗文化当仁不让地成为这一文化旅游类型的主体。民俗文化旅游又存在集锦荟萃、复古再现、原地浓缩、原生自然、主题附会和短期表现几种类型，其中的原生自然类型在当今市场最受欢迎。

然而，民俗旅游仅仅是民俗文化产业的一种活跃形式，充分实现民俗资源的市场交换价值需要更为广阔的视野和思路。关于这点，当个人面临可加以利用的民俗资源时，一定要提醒自己多动脑筋。

云南丽江古城、山西平遥古城、湘西凤凰古城、水乡周庄、西塘古镇，这些都是依托民俗文化背景成功运营的旅游胜地，相关的古镇旅游模式也被业界津津乐道。不过，浙江乌镇走出的道路更为引人注目，这里我们也将其选作古镇文化资源开发的耀眼样本来进行研究。

乌镇，位于浙江嘉兴市桐乡。这座拥有六千年悠久历史的水乡小镇不仅位列江南六大古镇之一，更是素来享有“中国最后的枕水人家”之誉，这里的风土人情一直以来都保留着浓厚的吴越文化特色。

乌镇有着非凡的前世传奇，南朝梁太子萧统曾在此筑馆读书多年，并编撰了《昭明文选》这部可与《诗经》《楚辞》并列的古文学宝典。南北朝山水派诗歌大家谢灵运、齐梁文坛领袖沈约、南宋著名诗人范成大、现代文学巨匠茅盾都出自这个诗书传家、文采天地的小镇。然而，昔日的辉煌毕竟难敌风雨沧桑，随着时代的变迁，千年的古镇在时代的喧嚣中落寞了。时至保护与开发的前夕，乌镇已经破败萧条，陷入旧貌渐失、新颜难现的尴尬境地。经济上，乌镇也乏善可陈，昔日支撑古镇繁荣的基础——水路船运优势早已被

乌镇

快捷的陆上交通取代，而公路直至 1985 年才通到镇上；同时，以县城为建设重点的地方政治经济发展模式，也让乌镇不可避免地迅速被边缘化。

千年古镇遇到了千年难题：乌镇之路怎么走？

从 1997 年开始，发展文化旅游业作为一种选择，迅速进入乌镇人的视野。守着古镇这份厚重的文化遗产，何不抓住“文化遗产热”“怀旧寻根热”“旅游休闲热”之机，走旅游开发之路？古镇旅游应该可以成为乌镇发展新的“动力源”和“生长点”。然而，围绕古镇保护与开发，各方的想法却大相径庭：镇上居民盼望拆旧建新，早日过上现代化的生活；一些专家则认为，“只能保护不宜开发，否则会破坏古镇原貌”；旅游业人士则主张，”少听专家，那会束缚手脚”；更多人士则担心，周边古镇已相继开发旅游，名声在外，生意红火，乌镇再步后尘进行同质竞争，能否成功？大把的钱投下去却毫无把握，还不如多办几个工厂，多辟几条马路，多建一些新房……

上述矛盾，实际上正体现了我们这本书中一再反复强调的问题：究竟是创新带动传承，还是传承拉动创新？事实上，乌镇用自己发展所走过的路程，再一次证明了这样的真理：只有在创新中才能传承。

1999 年 2 月，桐乡市委就保护和开发乌镇达成了关键性的共识：古镇的保护与开发的起点要求高、涉及面广、内涵丰富，必须考虑全局性和长远性，要以“大旅游、大产业、大家办”的理念，举全市之力来支持和推进，并构建有效的管理体制和运作机制。“乌镇古镇保护与旅游开发管理委员会”就此成立，承担总体的规划、指导、协调和管理。在管委会之下，还建立了乌镇旅游开发有限公司，承担具体的建设、经营和管理。

理顺了思路，在“谋”一环拿出不俗设想的前提下，乌镇起步

乌镇

于基础的旅游开发。2000 年 11 月，一期（东栅）景区对外试营业，2001 年元旦正式对外开放。东栅景区取得成功后，二期（西栅）景区的保护与开发随后启动。不过，乌镇远景的设计师们这时就已显出高明的一面，他们定位的二期项目不是对一期项目的简单复制，而是确立了“保护最彻底、功能最完备、环境最优美、管理最科学”的标准，设定了二期的特色与功能跟一期景区错位互补的目标。四年后，投资近 10 亿元、占地面积 3.2 平方公里的乌镇二期（西栅）景区终于面世。相比东栅的“观光型”景区，西栅则呈现出当时国内罕有的“观光加休闲体验型”古镇景区。由此，古镇不再仅仅是“活化石”“博物馆”，而是完美地融合了观光与度假功能，成为一块远离尘嚣的安谧绿洲。

面临古镇保护与开发的普遍难题，乌镇人成功地保护了千年古镇的原貌和韵味，将其建设成了旅游度假热点，盘活了当地的民俗文化资源，形成了富有活力的各种相关产业。他们探索并总结出了很多珍贵的经验，如修旧如故、管线地埋、地方传统文化挖掘、控制过度商业化、管理运作模式的选择等做法，都是在全国古镇保护开发中首创或成功运作的典范，被联合国教科文组织专家誉为“乌镇模式”。

我们试着来分析一下“乌镇模式”。

千年古镇经历了年代更迭、延续演变，我们所看到的也就是几十年、百余年前的一个轮廓，而且这个正在动态演进之中的古镇，必然会新旧更替、百纳交织。这样的“残缺之美”如果原封不动地“保护”下来，既不合理也不可能，所以古镇保护必须要有适当的整治。乌镇的原则是，承接古镇文脉，保持古镇风貌，力求原汁原味，做到“整旧如故，以存其真”。具体的做法可归纳为“迁、拆、修、补、饰”五个字。所谓“迁”，就是搬迁历史街区内必须迁移的工

第三届世界互联网大会·乌镇峰会

厂、大型商场、部分现代民居；“拆”，拆除必须拆除的不协调建筑；“修”，用旧材料和传统工艺修缮破损的老街、旧屋、河岸、桥梁等，恢复其原貌；“补”，对历史街区内成片的断缺空白处，按旧制用旧料补建旧建筑，以连缀整体；“饰”，各类电线、管道全部地埋铺设，空调等现代设施全部遮掩。这五字法是乌镇的创意之举，很好地恢复和保持了古镇的原真风貌，得到了国内外专家的肯定和赞誉，也吸引了外地同行的参观借鉴。

当然，乌镇的成功不仅仅源自对古镇风貌的重建，古镇风景也并不只是一片老街旧屋。古镇是有灵魂的，有着源远流长的文化底蕴。那些曾经的辉煌场景，那些先辈人物的故事行迹，那些与如今不一样的生活形态，那些几近失传的非物质文化遗产，旧镇志上、古诗文中有详细记载和描述的有趣东西都逐渐得到了恢复和重现。在这样的文化底蕴的支撑下，乌镇的旅游经济扶摇直上。2015 年上半年，乌镇景区累计接待游客 387.29 万人次，同比增长 25.28%，其中东栅 194.99 万人次，同比增长 17.49%，西栅 192.30 万人次，同比增长 34.30%。上半年累计实现营收 5.39 亿元，同比增长 26.71%。而在 2016 年 10 月 1 日，乌镇还一举挤进了央视发布的全国十大拥堵景点的排行榜，排名第四，仅次于杭州西湖、北京天安门和平遥古城，力压成都都江堰、西安大雁塔、上海外滩、山东泰山等一众老牌景区。

乌镇凭借对民俗旅游的精良布局焕发了新生，但是乌镇人并没有躺在文旅模式上驻步不前，而是进一步寻求更加多元化、更为坚实的文化产业升级之路。他们以瑞士小城达沃斯为参考，启动了自己的会展经济时代。2014 年 11 月 19 日始，乌镇成为世界互联网大会永久会址，诗情画意的江南古镇在传统内核之外又搭上了新技术文化的快车。据有关部门推算，仅首届世界互联网大会三天就给

第三届世界互联网大会·乌镇峰会

乌镇带来了9亿元左右的收入。而2014年全年，乌镇镇政府工作报告中提到该镇服务业完成的营业收入也不过28.5亿元。

今天，乌镇年均举办的各种会议达到1000个以上，平均一天至少有两到三场会议举行。很明显，乌镇在会议、旅游等相关方面的收入，果如预料的那般大幅增长。势头之猛，俨然超过国内另一个会议经济的先锋小镇——博鳌。第二届世界互联网大会前夕，乌镇主管工业的副镇长接受采访时称，乌镇现在早已是省级互联网创新试验区，当年可能会被授予国家级的互联网创新试验区。短短一年，乌镇产业区就可能完成县市级到国家级的三级跳，而这种爆发显然与当地行政主导的强力支持密切相关。也就是说，乌镇互联网创业的繁荣和发展，是建立在政策层面上的成功，本质是一种政策红利；而不是像北京、上海、深圳、厦门等互联网创业基地那样，是在人才、市场等资源上充分自由竞争的结果。中国只有一个世界互联网大会，乌镇也只有一个，政策红利不可多得。

乌镇的成功经验弥足珍贵！它向我们展示了如何立足于本地的民俗文化资源生发出核心的产品，进而拉动其他并进，最终形成丰富的产品链，成就宽厚又富活力的综合产业平台，而不仅仅是只盯着最初的旅游这个狭窄的点。

古镇与民俗在我国是非常大的一个文化资源，理论上每一个地方都有条件开发属于自己的民俗文化产业。大家在具体的项目操作时，应该大力借鉴乌镇模式，从本地民俗资源的基本属性出发，构思好起步的发力点，谋划好各阶段与全局性的布局，如此持之以恒，也势必会逐渐衔接好各个产品板块并最终形成优良的整体产业布局架构。在“术”与“策”的环节，更是可以开动脑筋，灵活捕捉甚或自创机会，比如将本地的民俗文化产业发展与新农村建设、美丽

宽窄巷子

锦里

袁家村

乡村、特色小镇、精准扶贫等国家倡导的方向结合。

事实上，并非每一个古镇或者是民俗村落都具备乌镇那样惊人的能量。但是，这并不妨碍各地按照自己的条件来探索成长的道路。乌镇最初依托的是苏、浙、沪经济区，进而将影响力辐射到全国甚至扩展到全世界，而一个仅在本地小有名气的民俗资源点，是否可以先依托所在城市起步，进而把市场扩展到全省，以及走向全国，答案我想应该是肯定的！

※ 说明案例　乡村振兴与精准扶贫依靠民俗民宿如何带动？

四川成都长期以来以其闲适文化在全国著名，同时成都又是一座名副其实的古城，于是在成都就孕育出两处著名的怀旧民俗街区。

提起成都宽窄巷，由于同名连锁餐饮品牌的缘故，大家都不陌生。事实上，成都市青羊区的宽窄巷历史文化名城保护街区要更为灿烂多姿。

宽窄巷的经营者思路很明晰，仅仅是靠古色古香乃至原汁原味的古老民居与街景是不足以在全国众多的同类资源中脱颖而出的，真正能吸引人的是已经逝去的旧日生活和生活的变迁。所以，宽窄巷经营者一箭多发，视野远比一般同行深远，宽巷子定位为展示“闲生活”特色的功能区，窄巷子集中呈现四川风格的“慢生活”，而井巷子则用来充分表现民国时代的市井成都，让怀旧者、小资们与猎奇者同时都能得到满足。而且，这里不仅单纯宣扬昔日风情，还很注重凸显生活变迁，每年都举办跨年度摇滚音乐会、文化创意市集、街头音乐季、宽窄巷品茶会及宽窄大讲堂等丰富多彩的文化活动，为旧街区、旧生活注入了现代气息。

成都锦里是位于武侯祠附近的另一处著名民俗街区。这里则是以明末清初民居、川西民风民俗、三国文化遗彩为支撑，以餐饮、客栈和特色旅游纪念品经营为主体，享有“西蜀第一街”的美誉。

在陕西礼泉县，紧靠唐太宗李世民的墓葬昭陵，有一个叫袁家村的民俗旅游村。每逢节假日和周末，大批的城市居民驾车来此休闲娱乐。袁家村的核心魅力在于向游客提供原生态的关中美食，农家风情的家常便饭、野菜、粗粮等，伴以怀旧氛围浓厚的旧式关中特色建筑，给人们带来不同的口味与观感，让人们感受到别样的休闲乐趣。随着村落财力的丰厚，这里还建设了一座现代化滑雪场以丰富游客们的娱乐内容。

我们复兴文明集团，目前也在全力促成一个民俗旅游村的项目，就是安徽蒙城的老集村项目。这个项目以“四省舌尖汇聚处 皖北乡愁老集村”为主题，以“品美食、住民宿、赶大集、赏民俗、忆乡愁”为产业支撑点，发扬光大当地的民风民俗，将文化资源转化为今天的经济资源，取得社会效益和经济效益的双重回报。

第五节 娱乐、休闲、旅游行业

扫码听书

娱乐、休闲和旅游板块是文化产业的传统板块。

娱乐的概念其实非常宽泛，现代娱乐可被看作一种通过表现喜怒哀乐或自己和他人的技巧而使受众从中获得喜悦、放松及一定启发的活动。一般而言，娱乐的概念包含各类型的剧目、比赛和游戏、音乐舞蹈表演和欣赏等。

休闲，顾名思义，是人们在非劳动或非工作时间段内，以各种轻松、有趣及欢愉的方式求得身心的调节与放松，从而达到生命保健、体能恢复、心情愉悦之目的的一种业余生活。

旅游，是指人们离开常居地从事外出旅游观光的活动，是旅行和游览的二者合一。

本节我们主要关注的是现代旅游观光业。而在这一领域，让我们注目于马尔代夫，该国极富特色的海岛旅游业可为我们提供多方面有价值的启示。

当今世界，海岛旅游业的发展引人注目。太平洋、印度洋和大西洋上，散布着一处又一处的著名旅游度假地，马尔代夫群岛、泰国的普吉岛、印尼的巴厘岛、韩国的济州岛、日本的冲绳列岛、西班牙的巴利阿里及加那利群岛、中美洲的加勒比群岛和美国的夏威夷，都是世人耳熟能详的旅游胜地。

椰林沙滩、碧波蓝天、海洋生物、异域风情，对于生长在内陆的人们来说，海岛天然就让我们好奇和神往。于是，海岛旅游更容易吸

马尔代夫

引游客，只要经营者善于激发深藏在人们心底的拥抱大海蓝天的梦想。

我国有大小岛屿 7000 多个，总面积达 8 万平方公里。然而，除了海南岛、普陀岛等少数旅游胜地在今天已经家喻户晓，更多的岛屿尚处于默默无闻阶段，与世界上海岛旅游业发展充分的国家相比，我国的差距很大。反过来，这也意味着我们在这个领域存在很大的进步空间。

※ 分析案例　一个国家的 60% 外汇收入依靠文化旅游如何做到？

如何依托海岛的天然魅力来成功地经营文化旅游产业，我这里选取了马尔代夫为样本，这个印度洋小国的海岛旅游可谓是有声有色。

马尔代夫位处北印度洋的热带海域，全境有 1192 座岛屿，其中的 200 余个岛屿有人居住。这些岛屿，平均面积才 1 至 2 平方公里，岛上植物种类稀少，但周围海洋里的海洋生物非常丰富。鉴于本国的自然经济资源太过单薄，马尔代夫人只好另辟蹊径，依靠得天独厚的海洋风光来发展自家的观光度假业。马尔代夫政府于 1972 年首次开发班多斯及库伦巴为旅游岛屿，今天，旅游业已经成为该国的重要经济支柱，产值占比与税收贡献均超过三成，更是包揽了该国 60% 以上的外汇收入。

在发展本国旅游产业时，马尔代夫管理当局清楚地认识到：人们从世界各地被吸引到自家的诸多岛屿上，根本目的是感受这里纯净的海洋风光、质朴的岛民社会与和谐的海洋生态。所以，更要重视良好自然环境的保持，至少为游客们提供高品质的服务，这两项就是马尔代夫旅游度假业的根本命脉和对外核心竞争力！客户需要的是什么？马尔代夫又能提供什么？在这一基础问题上，他们的思路很清晰。

马尔代夫当局颁布环境监管政策：每座珊瑚岛上的建筑开发面

马尔代夫

积都控制在 20% 以内，即便是建造水上客房，也必须在岛上保留同等面积的空地；建筑物的高度不得超过两层，必须距离海滩 5 米以外；海滩上只有不超过 68% 的长度可被用来建造客房，至少 20% 要作为公共场地来保留，其余的 12% 作为备用的空地；禁止砍伐岛上的树木，最多只能是移植；渔业受到严格管制，对海沙、珊瑚礁、海龟和龙虾的捕捞与采集同样属于非法行径；任何机械化施工必须先通过环境评估。

正因为不遗余力地保护全境的自然环境，最大程度地满足顾客心中蓝天白云、水清沙幼的海岛情丝，强化了优势与独特性，马尔代夫奠定了其海岛旅游业坚固而可持续发展的基础。

在客户心目中确立了优势明显又色彩独具的产品特质或者叫作品牌形象，马尔代夫就有资格进一步精心构建和主导自家的差异化服务、品牌经营和瞄准中高端市场的旅游文化产业战略了。

马尔代夫岛屿众多、大小不一又坐落分散，基于这一自身条件，他们巧妙地构思了“一岛一店”的经营格局。每个岛上的酒店，都同时提供海滩上的一线海景客房、通过栈道与岛屿相连的昂贵的水上屋、位于岛屿内部的二线客房，满足不同消费水平的宾客的需求。同时，岛上的相关设施精心布局，大堂、各式餐厅和附属设施位于岛屿中央位置，岛屿的泄湖区被用作游艇码头、防波堤及潜水观光区，包括高档酒店的水上飞机着陆区域。健身房、网球场、舞厅、电影院、儿童看护中心、水疗中心，各种休闲娱乐设施配备齐全。从而使得游客足不出岛，就能尽情享受重归自然、静谧与欢畅的卓越体验。

每一个旅游岛都“与世隔绝”，没有城市交通与无序商业行为的困扰，如此就提供了纯粹又安全的旅游氛围。而且，游客登岛只能依靠游船或水上飞机，加上所有的能源与日常补给全靠外部的船运

马尔代夫

输入，这些因素自然而然地抬升了产品及服务的定价水平，客观上将奉行廉价旅游的背包客拒之门外，实现了中高端客户的自动筛选。

如此，马尔代夫人不走寻常路，没有选择大路货风格的风光游形式，而是成功使得自家得以在全球中高端旅游市场占据一席。游客一次往返其首都马累岛至旅游岛的游船票价高达 100 美元左右，乘坐水上飞机更贵，人均日消费水平超过 350 美元，这些都是马尔代夫岛屿旅游品质与地位的象征。

得到了外国富裕者的青睐，在市场竞争中处于有利的位置，就意味着稳定的客源与收入。于是，即便是 2009 年的全球金融危机对马尔代夫旅游业也未产生很大影响；在西方的传统节日时期，马尔代夫各岛的酒店依然能保持很高的入住率。

“公私合作”是马尔代夫休闲旅游文化的另一大管理特色，就是马尔代夫政府与酒店各司其职，共同完善基础设施，共同做好配套服务。马尔代夫政府用心负责物流、机场修缮与建设、垃圾集中处理等公共设施与公共服务，比如斥资修缮位于 Hulhule 岛的机场，将原先美军军用补给机场甘岛机场改造为主要用作往返欧洲的包机专线机场。而各个岛上的酒店，则有责任负责岛上的硬件设施、供水供电、污水处理、垃圾回收、沙滩养护、防治植被退化等具体的日常经营管理事务。这种合作管理模式的背景是各旅游岛较为分散，没有原住民，政府管理力量有限，而客观上则创立了一套适合并支持该国旅游文化产业的管理模式。

马尔代夫旅游业的成功对中国的旅游业有怎样的启示呢？

第一，要借鉴马尔代夫对其旅游业发展的科学规划，也就是“文化产业五行理论”中的“谋”的环节。在长达半个世纪的发展中，马尔代夫由政府主导，以大约十年为期，进行了四次长期的规

夏威夷草裙舞

济州岛火山

巴厘岛木雕

泰国海岛

划，首先以首都马累为中心进行规划和开发，逐步再扩展到全国。在整个过程中，把两个问题考虑得很透彻，即：游客需要的是什么？马尔代夫又能围绕着满足其需求做些什么？马尔代夫从而成功地扮演了规则维护者和服务提供者的积极角色。

第二，基于可持续发展的理念，牢牢抓住了环境保护这个核心。对旅游行业来说，其所依托的自然、人文资源都是珍贵的不可再生的财富，如果不能科学地规划和利用，不仅将造成巨大的资源浪费，而且可能彻底毁掉宝贵的资源。马尔代夫在实践中始终坚持环境保护优先于旅游海岛的建设，进而彰显了其蓝天碧水的纯净旅游环境，得以牢牢地吸引世界各地的游客。2011 年，马尔代夫宣布自己成为全世界第一个全国都是海洋保护区的国家，这是马尔代夫半个世纪发展旅游业的重要经验体现。

第三，不仅仅是马尔代夫，国际上凡是做得好的海岛旅游，都十分注重结合当地特点，打造属于自己的旅游文化，发展风格各异的海岛旅游特色。例如，夏威夷的特色是“打开心灵之门的草裙舞”，韩国济州岛以世界上寄生火山最多和“瀛洲十景”而闻名，马尔代夫以《麦兜故事》中小猪麦兜总是念叨的椰林树影、水清沙幼、蓝天白云而让大家印象深刻，而巴厘岛又以丰富多彩的食物、木雕、蜡染、油画、纺织、舞蹈和音乐让游客沉醉其中……这些世界著名岛屿的案例无不告诉我们注重发展海岛特色对创造世界知名度的重要作用。

最后，要把海岛旅游业做大、做强，提高海岛旅游核心竞争力，宣传必不可少。世界上很多著名的海岛旅游胜地都是通过精心的策划和积极的宣传为世人所知的。如，泰国的海岛旅游业就十分重视旅游宣传，在各景区、景点推出大量精美画册、招贴画以及宣传泰国风土人情的 VCD 片；在主要客源国家设立驻外办事机构；设置景

养老产业

区景点的路牌及店牌，用泰文、汉文和英文做标识；简化入境手续，放宽对游客逗留时间的限制。这些在宣传上的积极投入，使人们在泰国可以随处体会其浓厚的旅游氛围，了解其旅游的最新资讯，也感受到当地人民的热忱，为其海岛旅游业的发展锦上添花。

有谋有术，产品形态就丰富而动人了，最终也就成就了马尔代夫的中高端旅游度假产业形态。表面看上去无迹可寻，实则纹理清晰而水到渠成！

相比南亚小国马尔代夫，我们国家不仅有众多的待开发岛屿，还有雪山、戈壁、胡杨林、石林、原始森林等各种奇伟瑰丽的自然风景，不仅能够积极发展旅游，还有条件从旅游升华到大文化产业。关键在于，围绕相关资源进行开发时，必须彻底搞清楚消费者就某个旅游景区的核心需求是什么，如何来充分地满足大家的需求，进而树立鲜明的旅游文化形象，辐射出品牌魅力。同时应该像马尔代夫那样，将自己国家的优秀自然资源和人文资源视为最珍贵、最不可侵犯与亵渎的神圣天赐！只有秉持这样的敬畏之心，才能脚踏实地，在搞好文旅项目的同时，不愧对祖先，不愧对脚下的大地。

※ 分析案例　未来三十年最热门行业是什么？

养老产业是近年来国内发展相对迅速的新兴产业。这一行业也突破了传统的模式，积极地与休闲旅游行业相融合。

全球人口老龄化的趋势使得“银发经济”成为商界关注的焦点之一。我们国家由于传统上习惯于家庭养老模式而非国外的社会养老体系，所以养老行业的开发与成长空间更为广阔。

在这个新兴行业里，部分有资本实力和智力优势的参与者很快就创新出一种新的业态模式，将单纯的养老与医护、营养餐饮、度假休憩、旅游及怀旧相结合，实现了跨界混业经营。

湖北武当境内就有这么一座某外资养老基金旗下的另类养老旅游城。这里的物业原先属于一家房地产公司，房地产不景气了，老板守着一堆乏人问津的房子焦头烂额。后来养老基金接盘了，对整个地产与房产重新规划、巧妙调整，不仅建设了针对老年人服务的专业医护机构、温泉疗养设施、营养餐厅，以及怀旧风格的老街区、车辆、向阳院、筒子楼和文革区，同时也以独特的小镇风情吸引老人的子女们把这里当作度假旅游地，在探望父母的同时享受度假休憩之乐。同样的地方，换了经营思维，一盘棋就活了。

第六节 演艺、展演、会展行业

扫码听书

随着现代旅游文化产业的发展，诞生了依托于传统观光旅游却又内容独立的现代空间演艺、商业性展演行业、商业性会展行业。

空间演艺属于人类社会的一项古老娱乐活动。

早在新石器时代，先民们就习惯在农业丰收、狩猎成功或者战胜敌人的日子里以欢乐聚会的方式表达兴奋庆祝之情，族人们欢聚在一起，载歌载舞，笑语欢歌。

阶级社会出现后，出现了专门供统治者开心娱乐的宫廷演艺节目，比如国人都熟悉的商纣王和苏妲己，就喜欢不分昼夜地看宫女弄臣们的表演以取乐。

中世纪，欧洲、中亚、东亚、东南亚等世界各地都形成了民间空间演艺的传统，主要是在公共娱乐场所，比如酒吧、妓院、赌场，有时甚至是在街头，艺人们会当众表演艺术或者是艺能。

由此，传统的演艺产业逐渐形成并发展，具体的演艺产品形态通常包括音乐、歌舞、戏剧、戏曲、芭蕾、曲艺和杂技等多种类型。

展演的情况更为简单，是指以展览为目的的演出性活动。

舞台剧及舞台表演类别的演艺节目原本是一个相对独立的文化产业传统分支，随着现代影视娱乐产业的风光无限，这一古老的演艺行业逐步被排挤到边缘位置。所幸，现代文旅产业的兴起催生了一种新的需求，就是旅游景区内部的功能性演艺节目，使得传统舞台表演得以枯木逢春。

《印象刘三姐》

《印象丽江》

《印象大红袍》

在传统演艺模式下，人们是进入专门的剧场或者是集会的地方，作为观众欣赏相关的表演。而新型的空间演艺与展演则别开生面，旅游景区或者主题公园本身就相当于一个大舞台，更加开放而舒适，使得游客通过观剧获得休息、娱乐或者是接受关于景区文化背景方面的花絮性信息，所以才被称为功能性的演艺展演活动。

会展是指会议、展览、大型活动等集体性活动的简称。其概念内涵是指在一定地域空间，许多人聚集在一起形成的定期或不定期、制度或非制度的传递和交流信息的群众性社会活动；其概念的外延包括各种类型的博览会、展览展销活动、大中小型会议、体育竞技运动、文化活动、节庆活动等。会议、展览会、博览会、交易会、展销会、展示会等都是会展活动的基本形式。由于互联网的冲击，如今国内会展产业正在艰苦转型，从而从传统型的实体会展向虚拟型的网络会展平台方向发展。

本节，我们就以领风尚之先的“印象系列”“又见系列”“国风国韵”“会展 + 娱乐演艺 + 大数据”来感受下该板块的风情魅力。

※ 分析案例　大实景演出市场空前，你应该怎么做？

在 2003 年《印象刘三姐》问世之前，大型实景演出在中国文化界还没有多少人见过。《印象刘三姐》开创性的演出模式及其背后蕴含的文化展演带动地方旅游经济升级的“神奇功力”，令“印象团队”在十几年中先后接到了来自全国 30 个省区的近百个城市的邀约，而“印象”系列所开创的这种文旅模式也一直在以差不多每年一部的速度稳定地实现着异地复制。在这条优质的文创产品线上，已经有《印象丽江》《印象大红袍》《印象普陀》《印象海南岛》等多个实景演出。而“印象”团队做的也不再只是演出，更不是仅仅养活几个舞团，而是用每一场演出带动周边许多个文旅业态，实现区

《印象普陀》

《印象海南岛》

《印象西湖》

域文旅经济的整体升级和换代。

当“印象”系列如火如荼之时，原班人马又开发出了独立于“印象”系列的“又见”系列展演，并在山西平遥一炮打响。凡是看过《又见平遥》这部作品的游客，无不被其精美的场景设计震撼，被动人的剧情故事感动，为演员和编导人员别具匠心的创意所折服。2014 年 9 月 19 日，“又见”系列的新作《又见五台山》问世，正式将“又见”系列推向了高潮。

《印象刘三姐》十年演出以来累计观众已过千万人次，2014 年上半年，《印象丽江》接待观众 112.69 万人次，收入 1.2 亿元。《印象大红袍》在当年就实现盈利，而《印象丽江》《印象西湖》等每年盈利都在 5000 万元以上。《又见平遥》自 2013 年 2 月首演到 2017 年 10 月，已经演出超过千场，在旅游旺季上座率高达 95%。

作为同一个娘胎里出来的孩子，“印象”和“又见”两个系列的演出在内在气质和表现方式上却存在很大差异。“印象”系列实景演出是真实山水，把当地居民的真实生活情感给予升华，转化为舞台艺术，另类和创新从最初就是“印象”系列演出的基因。而“又见”系列往往基于实在的故事，以人物为核心，展现一段令人荡气回肠的陈年往事，让游客置身在真实的文化环境中，体验最直接的文化碰撞。

以《又见平遥》为例，这场演出讲述了一个关于血脉传承、生生不息的故事：清朝末年，平遥城票号东家赵易硕抵尽家产，从沙俄保回了分号王掌柜的一条血脉。同兴公镖局 232 名镖师同去。七年过后，赵东家本人连同 232 名镖师全部死在途中，而王家血脉得以延续。整个演出通过“选妻”“镖师洗浴”“灵魂回家”“面秀”等片段，凸显了平遥人的道德传统，以及因为这种传统而阐发的悲壮情怀。平遥的道义精神是在对民俗、史实进行高度提纯的基础上展

《又见五台山》

现的，如“送别”“选妻”。同时，讲述形式不仅有丰富的可视性，在文学上更有深蕴，运用了具有象征寓意的手段来表现。剧情最后升华到中华民族的“民族情”与“民族义”，使演出的视点及胸襟更高。

在整个演出过程中，观众随着剧情的流转不断变换位置，始终与演员一同“浸泡”在历史的氛围中。繁复和奇特的空间分割让观众“找不着北”，有进入迷宫般的感受：一会儿是街道，一会儿是大院，一会儿是城墙，一会儿又是黑空间。没有前厅，没有主入场口，没有观众席，没有传统舞台。观众从不同的门进入剧场，在九十分钟的时间里，穿过完全不同的场景，而且完全是步行。观众边走边看，表演者会深入人群，甚至与观众对话，让观众有机会成为戏剧的一部分。不同线路的演出，有些部分是不尽相同的。也就是说，观众只看一次演出的话，并不能看完演出的全貌。

演出形式的极大创新带来的效果是让观众、游客的观看体验耳目一新。这种“新”对于文化创意产业来说是至为关键的。由于“印象”和“又见”两大系列在创新方面的步子迈得极大，它们所带动的文化产业也呈现出与众不同的另类态势。例如“又见”系列在山西五台山景区落地的《又见五台山》作品，其运营成本一共 6.9 亿元人民币，从传统的文旅思路来看，作为一场演出，这样的运营费用不啻为天文数字。但是，我们看到的结果却是《又见五台山》创造出了远远超出 6.9 亿元人民币的商业盈利。这是一个良性循环的典型案例，优秀的文创产品必然能够带动当地旅游经济的高速增长，一个好的项目是值得掏腰包的。

不仅如此，“印象”和“又见”系列几年来已经逐渐形成了独树一帜的商业模式和产业链条。现在国内演出剧院都只是出租场地，通常不会养自己的舞团，而国内大部分舞团都由国家供养，但

《又见平遥》

"印象"团队的运作模式完全不同，每次到达一个地方，"印象"剧组都会先在当地成立一个项目公司，除在当地建立三四百人的艺术团之外，也都会在当地建一个可容纳 2000 人的剧场，并相应配备灯光师、音响师、保安、保洁等技术和服务人员。依托于每个"印象""又见"文化生态圈而生存的餐饮、酒店、车队共有 10 万人，成为一个独立的文化生态链条。在平遥，这种连带效应体现得淋漓尽致：平遥有 50 万人口，原来约有 7 万人从事与旅游相关的产业。但在《又见平遥》中，有 80% 的平遥当地演员，也有 200 人的管理团队，加上带动周边餐饮、住宿、旅行社、购物、客运等相关行业，这场演出带动的旅游就业人数也在原来基础上增加了 5% 到 10%。

从"印象"系列到"又见"系列，演艺文旅项目在不断发展的过程中，演出与观众的互动越来越多，既可增加观众的参与感，还能提高观众对演出的满意程度。从"印象"模式到"又见"模式，演出的形式由让观众"坐着看"到让观众"边走边看"，极大提高了观众的参与感，让观众能够融入其中，更容易接受表演背后深刻内涵的传达，让人们在欣赏视觉盛宴的同时，产生思想上的情感共鸣，最终获得经济效益与社会效益的双赢。而在追求经济利益的同时，企业也承担了一定的社会责任，将商业演出与精神文明结合起来，演出的"故事"便成为商业演出精神内涵的重要表现。如《又见平遥》，就是以"血脉"为主题，通过赵东家要保王家唯一血脉这个真实的故事，展现山西晋商的诚信。而观众通过观看这一演出，再去游览平遥古城时，便会有更深刻的体会，从精神层面得到了提升。

※ 说明案例　商业会展拿什么吸引眼球？

随着国内各地现代商业氛围的快速成熟，尤其是互联网赋予商家更为便捷经济的信息交流渠道，传统的商业会展行业遭遇全行业

国风国韵

深圳文博会展演

福田区

的寒冬，大多数习惯承办政府背景会展与一般商业展览的公司都陷入步履维艰的困境，必须解决展览内容与手段与时俱进的问题。

正如典型的汽车展销会一样，来参会的大多数人并非冲着汽车本身而来，很多人抱着相机来看来拍，其实关注的焦点是漂亮的车模。所有从事会展的企业都面临同样的问题，拿什么吸引社会公众热情参与相关展出，才可能进一步再谈展览的实际效果。

然而，就是在这种行业性萧条的大背景下，一样有一批聪明的企业和经营者，就像空间演艺行业经历了一段时期的阵痛后推陈出新再度焕发风采，这些商业会展行业的探索者也在通过创新的方式与时俱进。

深圳福田区文体局就与深圳市雅特杂技团合作，以深圳荔枝公园为大舞台，奉献出升级版的“国风国韵”。这个项目由福田区的宣传文体事业发展专项资金全程资助，展示的节目琳琅满目，包括杂技、京剧、川剧、黄梅戏、魔术等等，仅是杂技类别就多而精彩，有飞天、俏花旦、凤求凰、少女柔术、团体操等，同时将大量的商业广告巧妙植入，不仅赢得了观众的交口称赞，也有力地宣传了相关企业的商品与服务，真正做到了政府、传统演艺、商家与观众的多赢！

福田区文体局非常清楚，现如今的社会公众对具体的商品、商家可能熟视无睹，大家早已司空见惯了各种商业展览，除非利益直接相关，很少再有人会像从前那样见到热闹就去凑，甚至想在展会上顺手淘些厂商撤展前廉价甩卖的展品。所以，老的招商会展模式既很难找到热情参展的商家，又招徕不到熙熙攘攘的客流。

然而，随着收入的提高和生活的日渐富庶，人们对文化的热情高涨。聪明人必须顺应潮流，所以还是文化搭台的老套路，但是文

游乐装备展

家庭文化节

化的风采要更为醒目突出，而“商贸唱戏”则要更隐蔽，以免引人反感。于是就有了“国风国韵”这种新颖的会展模式，靠的是精彩的文化项目内容吸引来社会的注意力和现场客流量，而想传输给大家的企业、商品信息则悄悄地隐蔽在现场的每一个地方，让人们在欣赏文化的同时注意到企业和商品。

※ 说明案例　江苏新国际会展什么模式让同行赞叹称奇?

江苏新国际会展集团在商业会展领域也走出了一条让很多同行赞叹称奇的新路，他们的模式是“会展 + 娱乐演艺 + 大数据”。

这两年，吵吵大数据的多了，但真正明白大数据内涵与玩法的其实并不多见。而江苏新国际会展集团则显然把握了大数据力量的有效运作模式。

不同于传统会展的“会前大力招商 + 会期突击吆喝”的常规路线，江苏新国际立足于放长线“养粉”，用粉丝能量促进招商，会期集合释放“粉丝”能量来办会。

新国际会展集团有一块传统业务是举办各种现场演唱会、联谊会、政府性文艺汇演，他们充分利用这块的操作流程大胆规划了新的路线并有力落实。

几年前，江苏新国际会展集团就利用其长期举办现场演唱会的经验开始发展公益性的演艺活动，整合了舞台剧、儿童剧、曲艺等资源，每年为观众提供多达二百场的免费节目，但是要求所有的观剧者都加为会员。然后，他们凭借大数据的力量和众多名牌商家谈判，进而与商家展开深度合作。

根据他们的模式，凡是持有白金会员卡的会员只要在其他商家消费就可以享受六八折的优惠折扣，而新国际会展集团本身在里面只赚很少的钱。比如，某家的孩子过生日，一品轩的生日蛋糕定价

演唱会

野炊活动

168 元，而会员去买只需要 98 元，新国际会展集团保证一品轩每年在江苏各地能多卖出 50 万份生日蛋糕，每份己方得利 10 元，这样家庭省了钱，一品轩多卖出 50 万份生日蛋糕，新国际会展集团获得 500 万元收入。

他们在自己的会员专享网站与微信平台上每天都会推放全国各地的大量合作厂商的商品服务信息，分门别类却又不是淘宝、京东那样的电子商城。如此，等于是把举步维艰且笨拙陈旧的实体会展模式巧妙转化为灵活的线上虚拟会展，传统的会展只在展期才能实现有效展示，而这种线上的软性会展一年三百六十五天都可以做，他们的几百万会员无非是根据个人爱好和需求关注一下相关信息就一定能从中受益。这种做法远远领先于其他困境中的会展企业的普通思维。

就算是需要举办传统的会展，江苏新国际会展集团的做法也不走寻常路。比如，他们要做一个全省规模的游乐设施展销会，就采用完全有别于传统展销会的模式。一般办展销会租赁的场地是普通会馆，新国际会展集团租赁的场地是知名的景区，一般办会叫作游乐装备展销会，新国际会展集团的叫法是“嘉年华”或者“江苏省家庭游乐节”。会场上，各种各样可以随时亲身体验的节目，让游人、专业厂家与装备消费单位在一起玩上几天下来，既真正宣传了企业及其产品，又加深了购买方与供应商的关系，更别提主办方江苏新国际会展集团多赚到的钱了。

再如，他们举行大型商业会展及演唱会时，会与相对有特色的旅游景区谈合作，我把演唱会或者商展放到你这里来，我负责带来客流量，你负责免费提供场地做好相关服务。比如，一场安排在周末的知名歌星演唱会，新国际会展集团会组织观众提前两天就到景区，然后大家进行野营、野炊等各种户外娱乐活动，包括餐饮也是与品牌厂家合作，各种有品质保证的餐饮企业派出自己的服务团队驻场营业，价格与市区一样公道，而新国际会展集团也是抽很少的利润。这样，来玩的人既开心尽兴又没感到挨宰，餐饮企业变相做了品牌宣传，新国际会展集团则保证了大家吃得安全和有品质。这样，演唱会还没开，气氛就酝酿到位了，不仅演唱会挣钱，提前两天的野营、游乐与餐饮处处挣钱，表面上是场现场演唱会，其实是变相的户外商品、餐饮企业的宣传促销会。新国际会展集团自然声誉有加又大赚其钱，最可贵的是大大地增加了公司消费者（即会员和一般观众）的黏性。

这种凭借文化与大数据的力量来举办商业会展的模式完全是出奇制胜，令人耳目一新！

演艺与旅游相结合创造的不仅是文化消费本身，更是地方文化形象和文化品位，是一个旅游品牌的魅力和吸引力。确立鲜明的主题，深入挖掘，寻求独创的形式，是旅游演艺立身之本，而对于民族文化的深入探索，则是旅游演艺能够成功的基本要素之一。所以说，真正的旅游是要看文化的，这种文化的内涵不仅仅包括景观文化、历史文化和传统文化，还应当与时尚的、鲜活的、现代的、科技的文化相融合，以多元化的实现方式塑造创新的文创产品，并找到艺术与市场的接口，实现社会效益和经济效益的统一。一旦这样的产品形成，则成为旅游产业的品牌，获得了长久生命，成为广为流传的优质旅游产品。而在创新演出过程中，如果一种创新模式的推广效果好，能够形成品牌效应，那么其系列产品的影响效果就远远高于同类产品。但所有的创新都必须有的放矢，不能为了创新而创新。

CHAPTER
第七章

文化产业 “五层别”

“FIVE TIERS” OF CULTURAL INDUSTRY

扫码听书

众所周知，做企业关键的一点就在于准确把握企业的市场角色定位。

常言道，人贵有自知之明。作为创业者、企业人，只有心里清楚自家企业的斤两，在整个产业生态圈中的位置，才能更为清晰地把握前进方向和奋斗目标。

三百六十行，行行出状元。但是，每一个产业、行业的生态圈低层，也都一定存在着大量活得很累的经营者。人们常说：人往高处走，水往低处流，视野决定格局，思路决定出路。聪明人做事业不该光拉车不看路，而应该时不时地审视所在产业生态圈的情况，尤其是自己当下的发展状况，并进而力争上游，争取活得精彩。

比如，同样都是从事文化娱乐产业，在国外，体育竞赛圈子的人们就最为令人羡慕，而在我们国内，影视圈则长期雄踞文化产业之王的风光位置。为什么？因为这些行业的资本密集度最高，社会关注度也同样让别的行业根本无法相比，自然就水涨船高，相关的参与者从充足的市场资金大蛋糕中轻松切一块，就一定远远超过资金密集度贫瘠的其他行业。

那么，具体来说，我们文化产业企业在这一方面又该注意些什么？

这里，就涉及文化产业企业的五大层别的理念。

在我看来，当代文化市场上，文化企业就经营而言存在五种企业或层次：

一、产品型企业

这是最基础的级别，相当于业务员或者代销商的模式。因为企业缺乏核心创意与独特竞争力，于是只能生存于文化产业链的较低层级，做大路货风格的商品或服务项目。

现实中，这类没有文化的文化企业可谓比比皆是，从社区门口

文化产业“五层别”

的打字复印店，到旅游景点出售旅游纪念品的商店，还有形形色色的广告承包商。此类企业的基本特征都是附着在某类文化产品生态链上，往往多涉及文化产业外围的普通制造商或服务商。

因为门槛低，所以同行竞争激烈，进货要压钱，争取客户需要耗费精力和出让微薄的利润，业务缺乏保障，发展前途黯淡，只能苦苦挣扎而难以摆脱艰难谋生的尴尬境况。

为什么活得很艰辛？为什么难以取得成就实现自我？

皆因企业层级低，缺乏独立的生存价值。更根本的原因在于，这些文化企业其实没有文化，没有品牌，更谈不上拥有让人惊艳的文化 IP。

※ 说明案例　文化工艺品公司生意为什么不好做?

贺女士原先是一家工艺品外贸公司的经理，中国加入 WTO 以后，外贸行业放开了，身在内地的贺女士难以与沿海地区的同行竞争，于是延续性的转行，在写字楼里开了家文化礼品公司。然而，十几年奋斗下来，贺女士的事业起色有限，尤其是在 2008 年全球经济萧条和国内廉政反腐的双重冲击之下，国内外的业务都萎缩了不少。无奈之下，贺女士又得再度转型创业。这次，经朋友的建议和自己的考察，她创办了一家文化咖啡厅，用各种精致的文化工艺品将自己的店面装饰得很温馨，还引入了驻唱歌手和钢琴师为来店消费的客人们助兴。然而，咖啡厅虽然能稳定盈利，却依然是温饱有余而成长空间有限。

贺女士为什么非常努力却经营业绩一般？归根到底，不管她做文化礼品还是开文化咖啡厅，都是门槛很低且用户需求远谈不上宽阔的领域。

做文化礼品和工艺品生意时，与外国客户签单，贺女士面临着

景区文创商店

咖啡馆

义乌小商品城和深圳诸多同行的竞争，而维持本地客户，只有数量相对固定的潜在的消费需求，业务往往是季节性的，还有很多同行的眼睛也都盯着这点可怜的肥肉。所以，这种生意基本就没可能让人舒心畅气！

开办文化咖啡厅，同样面临众多的本地竞争者。这种创意一点都不稀奇，有资金实力和一定经验的人只要是愿意都能随时进入这个领域。贺女士能卖咖啡、蛋糕和西餐，别家老板一样能轻松做到；你动了很多心思将咖啡厅装点得文化气息不错，我花钱雇人同样能很快获得类似的效果；就算是能烘托氛围、招徕客户的歌手驻唱和音乐演奏，这些看起来有一定文化层次的核心资源其实也不专属于贺女士本人。

像贺女士这样的经营之痛，现实中可谓比比皆是。

二、服务型企业

第二级别类似于制造业中的代工层面。相关企业在特定领域有自己的特色，于是有条件依赖技能或手艺在产业链中获得一席之地。卖服务的企业往往在经营状态上衣食无忧，但还普遍达不到活得滋润的水准。

比如如今出版印刷行业的众多企业，还有传统的纸媒。由于图书、文章、新闻这些内容产品并非主要由出版社或报社自身来生产，它们在实质上处于内容供应方的发表平台的角色，也就是某种意义的代工企业。于是，除了行业内少数具有品牌优势或国家支持的企业，大多数的地方出版社和中小媒体都感觉活得憋屈，运营成本不低，广告客户流失，销量没有保证，同业竞争激烈，行业利润剧降，企业前途迷茫！尤其是在新时代、新科技、新对手的冲击下，整个行业都有朝不保夕之虞。

《盗墓笔记》

《鬼吹灯之精绝古城》

《明朝那些事儿》

原因何在？还是文化的浓度不够，经营同质化严重，品牌效应不彰。你能申报到执照，我也能；你能买得起常规装备，我家也不缺；你可以张罗来编辑和记者，我们一样能很快搭建这样的平台。然而内容，就成了稀缺的东西！

※ 说明案例　一天销售三百万份报纸靠的是什么?

反观做得好的出版新闻企业，无一不是在内容制造上有自家独特的绝技。比如英国著名的八卦小报《太阳报》(*The Sun*)，别看只是传媒大亨默多克旗下的一份小开型日报，却是全英国销量最高的报纸，每天都能销售超过三百万份报纸。不仅是因为《太阳报》定位于英国中下层读者，非常善于煽情，更不是因为老板默多克是巨富而烧得起钱，最根本的因素还是品牌的力量。

国内的民营书商磨铁出版社也向来为同行所仰慕，曾经成功炒作过《明朝那些事儿》和《盗墓笔记》等多套热销书，仅天涯明月的《明朝那些事儿》就给磨铁公司赚了不下 3000 万元。沈浩波的磨铁为什么能成功，而很多国家级的出版社却业绩寥寥？原因很简单！行业内的人公认：沈浩波是个难得一见的很有文化、很有思想的非传统型书商。

三、模式型企业

这一级别的企业通常将经营的中枢着眼于推销自家的成功模式，类似于培训行业。现实中，此类企业一般都是本行业的成功者，但也基本都属于中小型企业性质，自己无力树立强力品牌，难以在市场中占得更多的份额，于是积极兜售成功模式，以丰富自家的经营内容和盈利来源。

比如，在文创策划行业和文化经纪行业就活跃着一些有想法、

巴塞罗那球队

拜仁慕尼黑球队

有活力的民营中小企业，因组织得力，业务有一定特色，所以在一定的地域范围内相对大多数同行对手经营得更为从容。然而，由于资本、规模和管理水平的局限性，这些企业尚无能力塑造一流品牌，以及组织现代型、专业化、规模化的文化企业，从而提高全地域的绝对市场份额，于是经营者另辟蹊径，通过办会培训、企业咨询顾问等方式，将自身的模式与经验直接或间接地传播给同行或其他第三方，通过收取咨询费、顾问费、培训费等方式试图突破自身的经营瓶颈、突破地域局限性，达到扩充盈利和丰富自家经营内容的目的。

还有一种情况，就是因为行业的运作特点，不支持一家独大。于是，业内的成功企业就积极向同行兜售自家的经营模式，以扩大市场影响力，塑造自家的品牌形象。

※ 说明案例　足坛豪门到底靠什么赚得盆满钵满？

足球是全球群众基础最深厚的运动类型，欧洲各国尤其喜好足球赛事，为此存在数以千计的大小足球俱乐部。

对 AC 米兰、曼联、皇马这类欧洲足坛的豪门来说，取得某个赛季的国内联赛冠军算不上多大的难事，然而如何更多更快地赚钱却一直是件棘手的事情。因为自家所在的这个行业太特殊了！

但凡比赛就必须有对手，足球赛事再火也不支持只有几家豪门自己玩，红花还靠绿叶衬，联赛一定是十几家到二十多家球队大家一起来玩的。赛事分成是俱乐部的基本收入，然而，联赛组织者是按照“伙伴 + 名次”的模式确定分红，重在参与，只要是联赛的出力者，基本分成份额一视同仁，然后再是优者多得，按照名次给予不同的报酬。这样，那些小俱乐部自然是非常满意，但是豪门们就吃不饱了。

向建国六十周年献礼影片
沂蒙六姐妹
王坪作品
主演 范志博 刘琳 李念 张璇 曹苑 王莎莎
Cast FanZhiBo LiuLin LiNian ZhangXuan CaoYuan WangShaSha
Produced by WangPing ZhangBaoQuan GuGuoQing Director WangPing Scenarist SuXiaoWei Director of Photog
SunMing Production Design TongYongGang Music Composed by WangTongYu Sound WangDanRong QiSiMin
Producer ShenWuGang
山东电影制片厂 北京时代今典影视文化有限公司 华夏电影发行有限责任公司 出品
Shandong Film Studio Time Anteaus Meadia Co.,Ltd. HuaXia Film Distribution Co. Ltd

《沂蒙六姐妹》

遙映人間冰雪樣
暗香幽浮曲臨江
遍識英雄天下路
俯首江左有梅郎
琅琊榜
思君不見倍思君
別離難忍忍別離
主演：胡歌 劉濤 王凱
陳龍 吳磊 黃維德

《琅琊榜》

同时，欧洲球迷往往是分地域且一贯对俱乐部的忠诚度很高的。所以，办足球学校、贩卖球衣、围巾等衍生商品的收入也有瓶颈限制。

于是，大牌俱乐部就只能另谋出路。最便捷的办法就是向同行兜售自家俱乐部的经营模式，不仅是向国内的同行大力推荐，而且是在全球范围内积极渗透。我们中国的甲 A 和中超火热的那些年，大多数俱乐部就是主要引入欧洲大牌俱乐部的经营模式，有粉意甲的米兰双雄的，也有粉英超曼联模式或者走西甲皇马路线的。

借助这种模式贩卖，足坛豪门才得以突破条件障碍，将自家的影响力更为有效地辐射到其他城市、其他国家；同时在这些俱乐部的商业经营中，更加凸显了品牌优势，进而从广告、球员或教练转会费、电视转播权、衍生品交易中获得更为丰厚的利润。

四、品牌型企业

如同其他产业一样，文化产业中的大型成功企业往往凭借自己的号召力吸引其他伙伴加盟，借以进一步提升品牌价值和市场份额。另一种常见情况还有文化名人及明星在市场上刷脸挣钱的活动。这一级别的企业在一般业态下无疑是让大家羡慕的。

能够打造卓越品牌的文化企业通常都须具备一些先决条件：业务专业化水平高，拥有行业内的专业人才；企业管理规范，现代化、标准化程度高，内外皆井然有序；市场形象好，作品口碑好；员工薪酬福利好，能不断吸引外部的高级专业人才流入，在岗的人员士气旺盛。

※ 说明案例　山东影视如何在诸多影视集团中脱颖而出?

以国内的影视行业为例，山东影视传媒集团（以下简称“山

法门寺

女娲宫

影"）和欢瑞世纪影视传媒股份有限公司就是近年来品牌优势大放光彩的文化企业。"山影"的起步相对较晚，根本没法和"寰亚""寰宇"及"华谊兄弟"等老牌子相媲美，但是"山影"直接走捷径，在企业管理、人才待遇和业务选题上积极引入欧美模式，在较短的时间内吸引了一批优秀的专业影视管理人才，每一部作品都按照特定流程打磨，与编剧、导演和演员的合作也创立出一套令人不得不倾心卖力的模式，于是接二连三地拿出了好几部现象级的超级热剧，不仅公司赚得钵满盆翻，品牌形象也一举确立，进而公司业务更加顺风顺水。

同样是影视行业，缺乏品牌的很多公司，包括若干曾经很有名气的大型电影制片厂，如今在经营上却举步维艰，沦落到几年拿不出一部"自己的作品"，只能卖资质、卖牌照、让别人的项目挂靠在自己名下方便过审和发行的田地，赚点小钱糊口度日。

这就是有品牌和无品牌的差异。品牌形象好的"山影"门口，求合作的影视项目排队等着被青睐，都希望借其光环提升自家项目的质量和效益。没有品牌或者是品牌已倒的一些电影厂、电视台，在制片方眼中不过就是个花点小钱租用的跑道，作品出来了，跑道的名称都排在很靠后的位置。

五、文化型企业

这是最高级别的层次，也是真正的在卖文化。

这里的"卖文化"是很高的标准，指的是卖思想，即真正能够被公众趋之若鹜进而传播无限的卓越文化思想，或者是真正能够给社会带来不凡价值的真知灼见，而非自以为是、缺乏社会共鸣的文化想法。

美国兰德公司官网

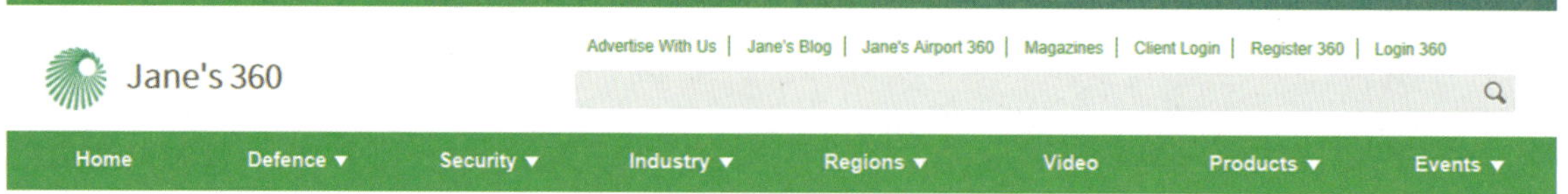

Afghan Air Force performs first night sorties in Super Tucano

ADVERTISEMENT

ADVERTISEMENT

英国简氏防务周刊官网

※ 说明案例　美英日：为什么如此重视文化思想？

比如大家熟知的各大宗教，其本质就是贩卖自己的思想哲学。世人来到一座佛门名刹，或者是著名道观，很多人必会烧香礼拜，钱你花掉了，当下却可能什么实质性的利益都没得到，可是为什么大家还会心甘情愿地这么做？因为人们拜服的是佛门道家那深奥玄妙的宗教思想体系，大家的内心早被其文化内涵给征服了。

美国著名的兰德公司，贩卖的产品就是思想与认识。它的旗下拥有 500 名覆盖各行业的专业研究人才，外围还有世界各地名校及研究机构的 700 多名顾问，兰德公司凭借这一超级阵容的思想列阵，做着完全与众不同的生意。兰德公司的服务客户一向是全球顶级企业，各国政要、军方以及选战中需要造势抢票的政治家。这种企业做生意才是真正的名利双收！

英国的简氏防务周刊也是专注于贩卖思想和公开军事情报的成功典型。它作为一家全球军事防务领域的研究机构和评定方，一年的盈利水平不亚于英国著名的军火巨头 BAE 系统公司。

我们的东邻日本也有若干此类的文化企业，日本人习惯称之为“综合研究开发机构（NIRA）”。比如三菱综合研究所和野村综合研究开发中心，都在本国的社会经济建设与政治博弈中扮演着举足轻重的角色。它们提供的专业报告何止是一字千金？而是高高在上，普通企业和普通人愿出万金也难求一字。

反观我们国内，这一级别的文化企业目前还近乎空白，但也为有志者提供了一个参考方向。

现实中，五层别的企业构成了金字塔式的层级体系，最下方是众多的以卖产品为生的企业群，顶尖只属于少数有实力贩卖思想的文化企业。

理解了文化企业的五层别，就方便把握自身的市场角色定位了。我们要做的是客观判断本企业当前位于哪个层级，当前实力适合在哪个层级发展，包括未来努力的方向。有条件谋求一个更高的市场地位，又何必在束缚手脚且竞争激烈的较低界别与他人抢食？自己明显实力还不足以向上突破，就当立足于活在当下，同时练好内功以便将来升级。如此，既不浪费能量也避免了眼高手低。

这里特别要强调的是，大家一定要有清晰的发展意识。须知，我们中国的文化产业可谓方兴未艾，所有文化企业都在发展大潮中享有充分的机会，但只有不断追求进步的企业才有资格最终拥有光明远大的前程。针对自己企业进行现实定位和发展规划，就像我们给成长中的少年买衣服是一个道理，不仅要体现出量体裁衣的原则，更要适当考虑未来的成长，打好提前量。如果眼光短浅或者是妄自菲薄，那就等于让长大长高了的人还穿着别扭的小衣服，更悲哀的是沦为永远长不大的侏儒。

CHAPTER

第八章

文化产业
“思想体系”

“IDEOLOGICAL SYSTEM”
OF CULTURAL INDUSTRY

扫码听书

明白人都知道，做事业要成功，既离不开行之有效的形而下的方法，更离不开形而上的高瞻远瞩的哲学。

在之前的章节中，我们逐次学习了“一核心、二驱动、三引导、四模式、五举措、六行业”发展文化产业的系统性方法，还用了专门的一个独立章节探讨了对文化产业企业五层别的认识。这一章，我们将来个思想升华，专门学习我们复兴文明集团发展文化产业的哲学，将相关的认识提升到哲学的高度。

是的，我们复兴文明集团除了有一套完整科学的发展文化产业的方法，还有发展文化产业的哲学。

何谓哲学？

所谓哲学就是对事物运转的内在根本规律进行的根本性的思考、探究和总结。哲学从来都是一种高超的尺度，让人们从理性存在物本身出发，去寻找理性的本质（本源）以及自存与世界其他存在物之间的关系。所以，哲学自古以来就享有逻辑系统世界观的美誉，它是对世界及万事万物的整体变化规律进行的逻辑性的深刻认识。

文化产业的发展有没有相关哲学？当然有！事实上，国内的文化产业同人以及学术界的朋友们很多已经就中国的文化产业发展研究和探讨过相关的哲学问题。

比如，有人认为，根据马克思精神生产理论的启示，文化产业就其本质而言，就是精神生产发展的现代形态。它通过精神文化产品生产和再生产的规模化、标准化、商品化、信息化等方式，使得依托于社会主义核心价值观的精神文化产品多样化、精神文化服务市场化。

还有人指出：从精神生产发展的历史进程来看，文化产业是精神生产发展的必然产物；从文化产业的现代特征来看，文化产业是精神生产的深化和发展。

这些都属于对文化产业发展哲学的探索。

张普然老师全国各地经验分享

包括对文化产业的定义，其实也是一种根本性的概括，也算是我们的哲学认识。有关专家指出：文化产业是指以文化产品和文化活动为主体对象，从事生产经营、开发建设、管理服务的部门。为提升人类生活尤其是精神生活品质而提供的一切可以进行商品交易的生产与服务，都属于文化产业的范畴。

还有学者从文化资本的角度阐述其对文化产业发展的哲学思考。这位学者敏锐地指出：文化资本在本质上是一种具体化的文化资源，而文化资源则是人类劳动实践的成果。文化产业的出现，为文化资本经济价值的实现提供了社会途径，文化资本自身价值实现的需要则促进了文化产业的发展。关于文化资本与文化产业的互动关系可以从三个方面来考虑：第一，物质决定意识，意识对物质具有能动的反作用，正确的意识会促进事物的发展。故而，先进的、积极向上的文化可以促进社会经济的发展，文化产业在经济格局中的作用越来越明显。第二，人民群众是历史的创造者。我们发展文化产业最根本的目的是满足人民群众日益增长的物质文化需求，所以应当面向人民群众大力发展大家喜闻乐见的社会主义大众文化。第三，规律是客观的，要求我们遵循客观规律去办事。发展文化产业，必须坚持以市场为导向，以政府宏观调控为补充，尊重市场经济的客观规律。

而文化产业人的相关哲学认识更为务实，比如就有行业专家明确地归纳出了四条文化产业发展哲学：①经济文化一体化；②文化资本主导化；③产品服务文化化；④产业发展人本化。

复兴文明集团一向的作风都是务实第一，习惯干实事、说实话的我从来不喜欢务虚的那套。所以，作为复兴文明集团的文化产业发展哲学，我只谈两点，更为接地气而富有实战价值。其一，是关于对文化 IP 的深刻认识；其二，是关于文化的“水”性哲学。

张普然老师《丝路大遗址》拍摄

第一节 文化IP理念

扫码听书

2014 年，“IP”一词在中国影视界大热，行业巨头们开口闭口都是 IP，喊出了“得 IP 者得天下”的口号。

2015 年，更是被好事者称为“IP 元年”，中国影视文化产业、动漫产业及游戏产业由此进入“IP 时代”，大 IP 运营思路在行业内不胫而走且大行其道。受影视、动漫和游戏三界的热情追捧，上游的网络文学大火，著名 IP 及各种非著名 IP 都卖了个好价钱！

2016 年，中国旅游业也不甘示弱，喊出了“2016 年是旅游 IP 元年”的口号。

IP 如此火爆，那么何谓 IP？

所谓 IP 是英文“Intellectual Property”的缩写，对应着中文的“智力财产”或者更为通俗的“知识产权”一说。而影视界和旅游界认可的 IP 概念一般是指享有广泛知名度的文学小说、影视作品及其人物、动漫游戏的名称和人物及内容、旅游品牌等等。

而令影视、动漫、游戏三界狂热的 IP 立体运营是指打通文学、影视、动漫、游戏及衍生产业之间的跨界运作渠道，将单一领域诞生的著名文化 IP 迅速扩展到其他产业去，从而将相关经济价值发掘到极致。常见的 IP 扩展模式包括：从小说走向影视、游戏和衍生商品，比如《鬼吹灯》和《盗墓笔记》系列；从影视扩展为游戏和小说，比如《侏罗纪公园》；从游戏扩展到影视，比如《古墓丽影》和《魔兽》；除在小说、影视、动漫和游戏等软体形式的行业间相互交叉转化外，实体属性的衍生商品转化也目类繁多，玩具、文具、灯具、雨伞、牙膏、汽车装饰品等可谓无所不被包纳，只要粉丝们买账就好。

电视剧《幻城》

电视剧《青云志》

由于概念的热炒和各路资本的一哄而上，影视界的 IP 热潮很快被有识之士批评为 IP 泡沫。2016 年的影视市场检验也反映出国内各家影视公司对 IP 的炒作追逐有些过头了。2016 年公映的多部根据热门网络小说改编的电影票房不佳，电视连续剧《青云志》和《幻城》等玄幻剧的收视率与口碑也不尽如人意，“IP 为王”一时半会还难以挑战“内容为王”的影视规律。

然而，我们要看到，尽管影视界的 IP 泡沫需要反思，但 IP 综合运营的思路是正确无误的，因为它代表了文化产业的特性。

文化产业和其他产业一样，最重要的事情是搭建一个优良的商业模式，而文化产业商业模式的灵魂其实就是 IP，或者说好的 IP 就是好的商业模式。反过来，没有优质 IP，文化企业就丢了魂，缺乏精魄徒具形骸，自然也就缺乏了生气。换句话说，缺乏优秀 IP 支撑的商业模式必然缺乏广泛性和持久性。

其次，就 IP 塑造而言，好的长久的供需关系则是一个 IP 的核心内容，缺乏真实、广阔而持续的需求的文化产业 IP 就不是个好 IP。

大家为什么要对著名 IP 趋之若鹜？比如，阿里巴巴影业集团问世不过数年，却在 2015 年出手豪绰，一口气掏出 10 多亿元买入了三十多个知名的网络小说 IP。

原因很简单！马云的阿里巴巴影业集团看穿了行业未来的兴衰趋势，掏钱为的是买一个灿烂的未来。

IP 的价值何在？

IP 的价值在于四大特性。

一、专属性

IP 因为涉及知识产权，只有获得相关授权者才能从 IP 的二次开发中获得收益权。这种授权方可专享的利益自然要比可为众人随便瓜分的利益值钱多了！

电视剧《三生三世十里桃花》

电影《摆渡人》

二、分享性

IP 的收益体现形式多样，可以在不同的领域兑现，比如一部著名的小说自然可以转化为影视作品，古装类、玄幻类的影视作品可以很容易转化为游戏，暂且不提其他的衍生性商品。

三、及时性

著名 IP 由于其一次产品就广受欢迎，所以等于已经拥有现成的市场和 IP 粉丝基础，可以当下就在其他市场上兑现收益，这也是其他类型的创意所根本无法比拟的优势。

四、扩展性

好的 IP 扩展性极强，而且上游的 IP 最具发掘价值。所以，大牌的影视企业、手游公司这两年来展开了 IP 收购大战，纷纷抢购上游的文学 IP。

阿里巴巴影业集团是 2015 年春才开张营业的，当年的经营业绩是净亏损 4 亿多元，但是千万不要低估了马云先生的精明。2015 年斥资买入的文学 IP，2017 年春天就初见成效了，由王家卫监制、张嘉佳导演的电影《摆渡人》上线后票房突破 5 亿元，电视剧《三生三世十里桃花》更是在 2017 年春天掀起收视浪潮，虽然因同档期的热门电视剧《孤芳不自赏》的竞争而没能达到“霸屏”的理想效果，但也实现了满大街议说桃花的热度，一部畅销剧就赚了个钵满盆翻！

反过来，现阶段，很多失败或者流产的文化项目就是因为在没有建立 IP 理念和商业模式的情况下而草草上马，最后导致毫无生机，落下一堆了无趣味的空房子、冰冷冷的设备。这种效益低下、无人问津的项目可谓比比皆是，从大城市到中小县城都有这种拍脑门建设的形象工程项目，实在是令人叹息。大家自己买房子时还都会认真思考自家的功能需求，做项目时却不从实际需求出发，就是把供需关系给搞反了！

《魔兽世界》游戏

《魔兽》电影

※ 说明案例 《魔兽争霸》电影靠什么让观众疯狂掏钱?

简单来说，文化 IP 的跨界转化体现了文化资源的分享共享精神，通过资源分享、价值共享从而轻松实现有关元 IP 的价值放大与快速变现。一部小说红了，改编为影视作品时自然要比纯粹原创的作品更有基于原作粉丝基础的买单保证；《魔兽争霸》系列游戏在全世界有着数以亿计的玩家拥趸，所以，虽然电影《魔兽》的内容和质量让行家无法恭维，但并不妨碍这部影片在世界各地的公映中大肆捞金。

由此可见，作为一个合格的当代文化产业人，一定要树立牢固而清晰的文化 IP 认识，在具体文创工作中，更是要注意文化 IP 的深度和广度。一个成功的文化 IP，可以从不同行业、不同层次发掘其社会影响力与商业价值，也就是说具备很好的发展空间，而不仅限于其起始阶段的所在空间和辐射能量，这也是文化资源可以取之不尽、用之不完的特性的具体体现。只有具备敏锐的文化 IP 意识，才能脱离局部而拥有更宽广的视野，才可能实现相关文化成果的跨行业、跨领域扩展。

所以，在文化企业或者文化项目经营中，要不遗余力地培养自身的“智造”IP 能力，同时还要善于与属于别人的 IP 合作，借助他人的 IP 为自己的事业增色。

※ 说明案例 为什么迪士尼斥巨资收购漫威?

全球文化娱乐产业的巨无霸迪士尼公司就历来是文化 IP 经营的超级高手，迪士尼公司不仅打造了米老鼠、唐老鸭、冰雪奇缘等不胜枚举的超级文化 IP，还不吝重金地收购了漫威漫画、卢卡斯影业等同业巨头，以使得被收购方旗下的蜘蛛侠、绿巨人、美国队长、X 战警、星球大战、印第安纳琼斯等超级 IP 丰富了迪士尼娱乐帝国的

微信客户端

IP 矩阵。迪士尼的聪明策略不仅使得其娱乐帝国的基础更为坚实华美，经济收益同样是有目共睹、举世羡慕的。

所以，从某种意义来说，文化企业经营的关键就在于成功制造属于本企业的文化 IP，彰显文化 IP 的魅力，扩展文化 IP 的价值。事实上，迪士尼不仅是全球最成功的影视 IP 经营者，其品牌本身已经成为举世仰慕的文化 IP 符号。

※ 说明案例　微信：超级 IP 的威力多惊人？

微信的崛起同样佐证了超级文化 IP 的惊人威力。

微信这一今天大家都离不开的工具是腾讯公司在 2011 年初才推出的，短短七年时间，微信的客户就爆炸式地发展到超过 6 亿个，覆盖 200 多个国家和 20 种语言，品牌级的微信公众账号超过 800 万个。

除微信具有免费及功能异常强大等显著好处外，微信的迅猛崛起显然在很大程度上依赖于腾讯公司早已成名的超级 IP——QQ 的背书和支持。根据腾讯公司公布的讯息，微信上市后最初一年的用户中超过八成都来自原先的 QQ 老用户。

依托一个原有的超级 IP，通过技术创新和产品升级再打造又一个超级 IP，进而一个变两个且青出于蓝而胜于蓝，腾讯公司以江湖民营企业的出身力压中国移动、电信和联通三家国企通信巨头。

今天，移动、电信和联通的传统短信业务近乎处于奄奄待毙的境地，而三大巨头作为承载微信的通信运营商却谁也没有对造成这一难堪处境的搭载客（微信）有所微词，更不敢封杀或者是采取类似抵制措施。

微信成功绑架移动、电信和联通，这也从侧面说明了超级 IP 的惊人威力！

张普然老师全国各地经验分享

第二节 文化『水』性哲学

扫码听书

文化如水，生生不息；上善若水，浸润万物。

在我看来，从事现代文化创意，有一门功课必须做足，必须过关，那就是深刻领悟文化的“水”性哲学并在实践中灵活运用。

众所周知，任何一个文明都一定是伴水而居，如果水源断绝了，文明也就必然沉沦败灭。比如甘肃高台县的骆驼古城、新疆吐鲁番的高昌古城和交河古城，在历史上都曾经是商贾云集的丝路重镇，而今天却只留下沧桑的遗址，就是因为哺育上述古城的水源中断了，于是文明就没有了，就灭亡了！

正如生命离不开水的滋润一样，我们的社会生活也离不开文化文明的浸润。社会的繁荣与进步，无时无刻不体现为文化文明的律动升华。从本质上说，这就是文化之于社会的必要性和生命力所在。茶没有文化叫作树叶，玉没有文化叫作石头，人没有文化就是群氓。这就是文化产业对社会的重要意义！中华民族几千年来绵延不息，不断前进，正是由于中华文明如同我们的母亲河黄河、长江一样生生不息地奔涌向前！

生命离不开水，文明离不开水，社会也离不开水！这意味着什么？商业思维敏锐的人应该明白，这意味着巨大的市场！

正如水是人的必备品一样，文化产业也是人类的必备品。个人没有文化就没有了前途，家庭没有文化就没有了家风，民族没有文化将消失，国家没有文化必迷失方向，人类没有文化将退化为动物群体。

文化的属性就像水一样，润万物，润万形，生生不息。

壶口瀑布

文化没有特定的形质，却可以化生成各种各样有形有质的文化产品、文化成果。这一点，也和水的特性相仿。水有三态变化，在不同的温度条件下还可以转化为寒冰转化为蒸气，犹如文化的跃升和嬗变一样。水可以根据承载它的容器而现出特定的形象来，文化也同样会在不同的环境条件下演绎，属性和形态根据时空来变化。

同时，水是天下至柔之物，却拥有水滴石穿的力量。文化看似柔弱，同样在悄然无声中一刻不歇地改变着世界。

水是灵动的，停滞就意味着陈腐与败坏。水的活力在于开放的环境和奔流的姿态，正所谓流水不腐、海纳百川。文化同样需要与时俱进、吐故纳新的胸襟才能跟得上时代的进步而鲜洁以出。

正因为文化具有上述的特殊属性，所以我们说文化如水，滋润社会而悄然无声，貌似柔弱却实质坚强，善化万形又万化归一，矫健奔放而不甘沉积。

充分把握了文化的如水特性，我们在做文化项目时就容易神清目明而得心应手了。

当努力让项目内含的文化元素充分表现出“为有源头活水来”的灵动姿态、“奔流到海不复回”的磅礴气势、“直挂云帆济沧海”的高远志向，而避免沦为古井深潭的滞涩情势或者是浅池窄沟的局促气象，更不可因缺了水分滋养而干巴枯萎。

开发文化资源时，要深度挖掘其文化内涵及特质，赋予其宽阔的产品转化空间，形成多元化的产品链并进而实现产业化。

在如水的文化世界里，最为风光旖旎的当属超级文化 IP 的辉煌魅力。不论是自身擅长不断地创造出一个个璀璨的文化 IP 符号，还是善于借用别人的超级文化 IP 来为自家增色，都会让这样的文化企业在举手投足间自然辐射出慑人的王者风范。这就是“上善若水”的境界与风光！

扬帆出海

水性至柔却滴水石穿，文化产业人也当秉承水的灵活与强韧，在具体工作中善于因势利导，巧用“借船出海”或“造船出海”思维，克服工作中的一时不利和困难。

水养成生命、润华万物，中国文化产业界的使命就在于兴云布雨，促进我国的社会经济繁荣，推动中华民族的文明复兴！

所以，文化创意工作者一定要将文化“水”性哲学铭记在心，体会其必要性和生命力。从事文化创意工作，绝不是简单的自娱自乐，绝不能沦为肤浅的形式主义，一定要使相关文化产品既有社会效益也有经济效益，既有现实意义也有历史价值，既传承了我们中华文明的宝贵文化，又让古老的中华文明焕发出崭新生命力，在创新中传承我们伟大的中华文明。

张普然老师全国各地遗址考察

后记

传承中华文化　复兴华夏文明

扫码听书

在西北大学图书馆六楼的办公室里，望着窗外的绽放的生机，我疲惫又兴奋着。

疲惫是因为从开始动笔到写完正文的最后一个字，这本书倾注了我大量的心血，更是我从业十余年的思索与经验结晶。兴奋则源于在年底的时候，终于完成这部十余万言的书稿，实现了自己的一个心愿。

从青年时代起，我就立志于弘扬和传承我们优秀的中华文明，内心充满了对国家、民族和中华文化的无比热爱。现在能以身体力行的方式推动我国的社会文化进步，能与同行们交流并传播自己的经验与思考，是我非常自豪和骄傲的一桩事情。

正如书名的寓意，撰写这本书是为了助力中国文化产业，希望同行之间充分交流，方便国内文化产业从业者开展实际工作，解决如何做好文化产业、文化企业及文化项目等相关现实问题。故而，在思考和撰述的过程中，我一直要求自己必须融合宏观视野与实践角度为一体，在内容上力求做到理论性与操作性俱佳，因为这样的书在今天才具备真实的价值，才能称为实用、有效的中国文化产业发展攻略。

天道酬勤，当写完正文的最后一章，我欣慰又自豪地看到：自

张普然老师全国座谈研讨会

己没有偏离目标，完成了上述自我要求。

“一核心、二驱动、三引导、四模式、五举措、六行业”是对文化产业特质、内涵及规律的系统描述，重点解决如何做好项目、做好文化产业的问题。文化产业企业“五层别”的重点在于帮助企业准确把握自我定位并完成发展规划问题。而复兴文明哲学作为形而上的思路强调的是务必要提高认识境界，从而善于在实际工作中智造文化 IP 并驾驭文化如水。

为了使分享的内容更容易掌握，本书行文中文笔尽量精简，叙事尽量直白，取例尽量贴近生活。只要读者和同行们将这些内容融会贯通，按照我分享的思路去努力把握，我相信大家在自己的文化创意及文化建设工作中一定会有不俗的建树。

需要做以说明的是，本书图片的著作权联系工作难度较大，尽管我们进行了各种努力，但由于时间仓促，仍未能与部分作者取得联系，在此我们表示诚挚的歉意。请相关作者见书后速与我们联系，以便及时奉寄稿酬。

在我著书立说的这些日子里，我受到了来自家人、同事、合作单位和社会各方的鼓励和支持，在此特别感谢大家！

张普然

于 2019 年 4 月